U0573581

新时代大学生思政教育研究

李馨雨◎著

线装书局

图书在版编目（ＣＩＰ）数据

新时代大学生思政教育研究 / 李馨雨著. -- 北京 ：
线装书局, 2023.12
ISBN 978-7-5120-5818-7

Ⅰ. ①新… Ⅱ. ①李… Ⅲ. ①大学生－思想政治教育
－研究－中国 Ⅳ. ①G641

中国国家版本馆CIP数据核字(2023)第255122号

新时代大学生思政教育研究
XINSHIDAI DAXUESHENG SIZHENG JIAOYU YANJIU

作　　者：李馨雨
责任编辑：白　晨
出版发行：线装書局
　　　　　地　址：北京市丰台区方庄日月天地大厦 B 座 17 层（100078）
　　　　　电　话：010-58077126（发行部）010-58076938（总编室）
　　　　　网　址：www.zgxzsj.com
经　　销：新华书店
印　　制：三河市腾飞印务有限公司
开　　本：787mm×1092mm　　　　1/16
印　　张：12.5
字　　数：290 千字
印　　次：2024 年 7 月第 1 版第 1 次印刷

定　　价：98.00 元

线装书局官方微信

前　言

加强大学生思想政治教育是高等学校培养高素质人才的一项重要内容和有效手段。进入 21 世纪以后，面对新的国际国内环境，大学生思想政治教育必须致力于创新。只有创新才能使大学生思想政治教育紧跟时代步伐，经得起实践的考验，真正收到实效。

本书以章节布局，共分为十二章。第一章是绪论，既包含了思想政治教育的概述，也包含大学生思想政治教育创新的原则、发展的历程、面临的挑战及创新的必要性；第二章对大学生思想政治教育的现状做了相对详尽的分析，包含了大学生的思想状况、存在的问题及原因分析；第三章介绍了大学生思想政治教育现实对策分析；第四章是大学生思想政治教育价值理念的创新研究；第五章是对大学生思想政治教育工作创新研究的分析；第六章主要从高校大学生思想政治教育模式创新研究进行分析；第七章介绍了大学生思想政治教育方法的创新研究；第八章对高校政工组织与大学生思想政治教育工作研究进行介绍；第九章介绍了大学生思想政治教育创新与文化素质教育研究；第十章探讨了新媒体与思想政治教育相结合的创新研究；第十一章对不同背景下大学生思想政治教育的创新进行研究；第十二章，作为本书的最后一章，主要是讲述了大学生创业教育中的思想政治教育研究。

本书在撰写过程中，参考、借鉴了大量优秀著作与部分学者的理论与作品，在此一一表示感谢。由于作者精力有限，加之行文仓促，书中难免存在疏漏与不足之处，望专家、学者与广大读者批评、指正，以使本书更加完善。

编委会

目　录

第一章 绪论

第一节 思想政治教育概述

一、思想政治教育的概念

思想政治教育概念的提出和演变有一个历史过程，早在1847年马克思、恩格斯创立第一个国际性的无产阶级政党——共产主义者同盟——时，就在同盟的章程中提出了"宣传工作"这一概念，表明无产阶级政党刚登上历史舞台就十分重视对群众的思想发动和教育工作。刘少奇曾经对这一概念做过解释，认为宣传工作就是思想工作。1902年前后，当列宁创立布尔什维克的时候，提出了"政治工作"和"政治教育工作"这两个概念。中国共产党诞生后，在很长一段时间里沿用上述各种不同的提法。1951年，刘少奇在第一次全国宣传工作会议上提出了"思想政治工作"这一概念。后来，毛泽东在《关于正确处理人民内部矛盾问题》一文中进一步阐述了这一概念。但在整个20世纪50年代，这一提法只是诸多提法中的一种，并没有成为统一的提法，直至1978年，党的十一届三中全会，"思想政治工作"或"思想政治教育"成为新时期思想政治工作领域统一的规范提法。

思想政治工作与思想政治教育，一般认为，这两个概念的含义相同，可以通用。但细辨起来，二者还是有一定区别的。前者的含义要宽广一些，后者的含义则要更狭小一些，它是思想政治工作的主要的或基本的内容，是受政治制约的思想教育，是侧重于思想理论方面的政治教育。

概括地说，思想政治教育是指社会或社会群体用一定的思想观念、政治观点、道德规范，对其成员施加有目的、有计划、有组织的影响，使他们形成符合一定社会所要求的思想品德的社会实践活动。

思想政治教育具有阶级性。思想政治教育具有明确的目的性和价值取向，它是为一定的阶级、政党、集团等的利益服务的。在阶级社会中，思想政治教育主要代表统治阶级的利益，并由统治阶级来组织实施。尽管非统治阶级也有思想政治教育，但是无论在广度、深度上还是在强度上都不能与统治阶级相比。马克思指出，"统治阶级的思想在每一时代都是占统治地位的思想。这就是说，一个阶级是社会上占统治地位的物质力量，同时也是社会上占统治地位的精神力量。"这就意味着，统治阶级和被统治阶级是没有真正的平等可言的，思想政治教育所灌输的主要是统治阶级的意识形态，其目的是为了更好地维护统治阶级的地位。"在贵族统治时期占统治地位的概念是荣誉、忠诚等等，而在资产阶级统治时期占统治地位的概念则是自由、平等等等。总之，统治阶级自己为自己编造出诸如此类的幻想。"而其他阶级的思想，也主要是为本阶级服务的。

在我国现阶段，思想政治教育作为党的工作的一部分，是为实现党的路线、纲领服务的，它是党以马克思主义思想体系、共产主义信仰教育人民，提高人们的思想道德素质，动员人们为建设社会主义、实现共产主义而奋斗的实践活动。

二、大学生思想政治教育的地位

（一）大学生思想政治教育是党的工作重心

列宁曾经讲过："我们是未来的党，而未来总是属于青年的。我们是革新的党，而青年总是更乐于跟着革新者走的。"在新的历史时期，作为中国共产党这样一个大党，要全面构建和谐社会，要领导全国人民实现国泰民强的理想，保证我们中国特色社会主义事业蓬勃兴旺，必须要有青年大学生参与，也只有赢得青年，才能赢得未来。我们一定要不辱使命，为国泰民强铺好基础性、先导性和全局性的基石。这就要使这些生活在"象牙塔"里的大学生们始终保持积极进取的人生态度、健康向上的理想追求、丰富饱满的精神状态和不屈不挠的奋斗意识。

邓小平指出"思想战线上的战士，都应当是人类灵魂的工程师。在当前这个转变时期，在社会主义精神文明建设和整个社会主义建设事业中，他们在思想教育方面的责任尤其重大。作为灵魂工程师，都应当高举马克思主义、社会主义的旗帜，用自己的文章、作品、教学、讲演、表演，教育和引导人民正确地对待历史，认识现实，坚信社会主义和党的领导，鼓舞人民奋发努力，积极向上，真正做到有理想、有道德、有文化、守纪律，为伟大壮丽的社会主义现代化事业而英勇奋斗。"高校思想政治教育工作者要始终坚持运用社会主义核心价值体系引导当代大学生的心理健康教育工作。胡锦涛《在新时期保持共产党员先进性专题报告会上的讲话》中，概括了新时期共产党员保持先进性的基本要求，第一条就是要"坚持理想信念，坚定不移地为建设中国特色社会主义而奋斗"，在高等学校中，如何加强对大学生的理想信念教育，显得尤为重要。我党始终注重高等教育的改革和发展，将人才战略确定为国家战略和时代战略，培育具有社会经济发展想适应的人才是我国建设社会主义富强国家的基础，是实现众多五年规划的坚实保障。

因此加强和改进大学生思想政治教育工作一直都是我党的工作中心，定期调研大学生思想政治教育工作的现状和问题，并且发布针对改进和完善大学生思想政治教育工作的指导和意见。当前，我党提出要以科学发展观思考和面对新时期的形势，这就要求要坚持把大学生思想政治教育工作摆在重要的位置，并且长期重视和促进实施，这是时代的要求，也是构建社会主义和谐社会的必要保障。

"高校思想政治教育工作与中国最广大人民的根本利益密不可分。教育不仅可以通过发展和解放生产力，繁荣社会主义文化，不断提高人民的物质文化水平，而且还可以直接为人民服务，不断适应和满足人民日益增长的教育需求。"一个国家的繁荣和富强离不开人才的储备，不仅需要具有专业理论知识和扎实的实践技能的人才，还要求这些人才具有高尚的思想品德和道德情操，更加需要坚定的政治信仰，以保证社会的稳定发展、经济的快速增长，因此大学生思想政治教育工作是其他一切建设发展工作的核心，只要做好这项工作，才能保证其他工作的顺利开展，也就是我党的工作重心。

（二）大学生思想政治教育是提升大学生综合素质的重要途径

"青年确实是我国社会中最积极、最活跃、最有生气的一支力量，确实是值得信赖、堪当重任、大有希望的。"提升大学生的综合素质，才能使这股力量更加强劲有力，更加胜任建设富强伟大的祖国的重任。大学生思想政治教育在提升大学生综合素质方面，承担着不可替代的重要地位。高等教育的最终目的是通过全面教育，使大学生的专业技能、理论水平和思想品德、政治素养等综合素质不断发展提高，成为伟大的建设事业的建设者和接班人。而思想政治教育是高等教育的有机组成部分，缺少这方面的教育，那么教育任务就无法完成，大学生综合素质就有所欠缺。因此大学生思想政治教育是不可替代的教育过程。现代社会和人类文明不断发展，大学生以其扎实的专业知识和多元的性格特性，成为推动发展的主要动力。尽管大学生接受了良好的知识教育，但是由于缺少深厚的实践基础和经历，年龄阶段的心智不成熟等原因，仍然存在许多不稳定的因素，比如大学生容易受到外界不良消极因素的影响和干扰，特别是境外敌对势力的虚假宣传、不健康文化的侵蚀、文化垃圾的腐蚀等。这些因素削弱了大学生的思想品德和道德情操，甚至歪曲了其政治追求，导致价值取向和行为模式的错误，具体表现在一些大学生冷漠无情、不思进取、公益心淡薄、奉献意识缺失和灵魂败坏等方面，甚至还动摇了民族认同感和祖国自豪感。如果不进行有效的大学生思想政治教育，即便培育出有丰富专业理论知识的青年，也无法发挥出其建设国家、推动社会发展的功能，而且还会将整个社会的风气和环境往消极的方向发展。因此加强大学生思想政治教育是目前高等教育的重中之重，是不可忽视的一个环节。只有通过对大学生价值观念、思想品德和政治信仰的塑造和影响，才能抵抗住大学生精神世界的扭曲、拜金享乐主义的盛行等腐败错误的侵袭。在大学生接受高等教育的阶段，不仅应该注重专业课程的教育，还应该将符合社会主义价值观的教育载体融入大学生的素质教育中，帮助大学生树立正确的人格品质、培育正确的伦理道德、增强正确的法治观念、坚定崇高的政治信仰，成为具有综合素质的复合型人才。

其次大学生思想政治教育的教育内容是科学的学习方法和分析问题、解决问题的思路和能力，通过大学生思想政治教育的落实，能够让大学生掌握更加科学的学习模式和学习策略，有助于大学生在掌握科学文化知识时，更加深刻的理解和运用这些知识。"思想政治教育应把着眼点由外灌转移到内塑上，把着力点放在激起学生自我塑造的欲望上，增加他们的自我投入意识，提高他们的参与程度，锻炼他们的完善能力，指导他们形成科学的理想观念和世界观、人生观、价值观，走外引内应、内外结合的路子，发挥师生共振效应，缩小教育投入与教育成效之间的差距，真正提高思想政治教育的失效。"具体而言，大学生思想政治教育培育了大学生明确的学习目的，指导大学生通过不断的学习积累，拥有建设社会主义强国的有效工具；并且通过培育良好的学习态度，使大学生在学习中寻找成就感和快乐感，帮助他们克服学习过程中的种种问题，调动了大学生的学习积极性；最后大学生思想政治教育培养了创新意识、团队协作意识和人文关怀意识，这是我国优良的传统文化的延伸，将大学生的理论知识、实践活动和精神境界有机的结合统一到一起，不断地提升大学生的综合素质。

（三）大学生思想政治教育是构建和谐社会的重要基础

我党在改革开放和全球化发展的新时期，提出了以马列主义、毛泽东思想和邓小平理论为主要的指导方针下，全面建设具有中国特色的社会主义和谐社会的伟大愿景，要求全党和人民群众切实贯彻和落实科学发展观，尽早构建出中国特色社会主义建设事业的整体框架和总体布局，推进全面建设小康社会和实现四个现代化的战略目标。"构建和谐社会是我们党在新的历史阶段提出的新的治国理念和治国方略。高校是培养和造就德、智、体、美全面发展的社会主义事业建设者和接班人的摇篮，是构建社会主义和谐社会的重要阵地。"当前社会不断发展，外来文化不断冲击，大学生的思维模式和价值观念不断受到来自于多方面的影响。一些负面的、消极的因素导致了大学生行为和思想的错误，造成了许多不和谐的现象。最近出现的几起恶性事件，比如上海复旦大学研究生遭到舍友投毒杀害，南京航空大学宿舍由于游戏起争执被杀害等事件，都反映出大学生在思想上存在的错误，造成了对社会层面不和谐的影响。我们知道，大学生个体在高校这个集体环境中，找到了适合自己发展的方向，学习积累到知识和技能，为将来人生的发展打下了坚实的基础，同时也为构建社会主义和谐社会提供了重要的保障，然而如果在大学这个自由的环境中，大学生没有在精神层面上得到良好的教育，造成了思想品德和道德素质的缺失，不仅不能为自身的发展打下良好的基础，甚至会破坏整个社会的和谐程度。因此加强大学生思想政治教育，不仅是站在大学生自身的个体层面上考虑，更加是为构建和谐社会的重要基础。

大学生思想政治教育的开展，不仅可以通过各种规范和条例来约束大学生的行为，还能够从校园环境、理论课程、教育工作者的引导等多个方面，对于大学生的思想品德进行教育。大学校园不仅提供了学习氛围浓郁的学习环境，还是大学生接受爱国主义、优良传统、先进社会思潮文化等积极因素的阵地，充分利用大学阶段对大学生进行思想政治教育，让大学生拥有科学的发展观，为实现自己的人生价值努力奋斗，为社会的和谐发展贡献自己的一分力量。构建和谐社会，不仅需要社会有生力量的参与，更需要作为社会建设中坚力量的大学生参与进来。大学生思想政治教育工作，不仅保证了大学生学习专业知识和实践技能的实效性，同时还塑造了大学生良好的道德品质和政治素养，提高了大学生的综合素质，使得作为建设者的大学生全面发展各项能力和水平，为构建社会主义和谐社会提供坚实有力的保障，是实现具有中国特色社会主义伟大强大的重要基础。

第二节　大学生思想政治教育创新的原则

思想政治教育原则是思想政治教育过程中必须遵循的一般指导原理，它贯穿于思想政治教育的目的、任务、内容、形式和方法的整个过程。它是根据党的教育方针、教育对象身心发展的规律、思想品德生成的规律、道德实践经验、教育学和心理学的基本原理而确立的。由于这些依据在不同的时代具有不同的内容，因此，思想政治教育原则不是亘古不变的教条，思想政治教育工作者应该灵活掌握"变"与"不变"的辩证法，及时总结思想政治教育工作的新原则，实现思想政治教育的创新。本书拟在坚持马克思主义立场、观点和方法的基础上，结合时代发展的特点，对思想政治教育原则做一新的概括。

一、方向性原则

所谓方向性原则，是指在思想政治教育过程中，坚持以马列主义、毛泽东思想、邓小平理论和"三个代表"、重要思想为指导，按照完善人、发展人的总目标，在思想道德修养上为教育对象指明方向，使社会主义思想道德成为激励他们进行道德活动的精神力量。思想政治教育的方向性是由教育的阶级性所决定的。任何一个阶级社会都要求教育者按照本阶级的利益原则和价值取向确定自己的思想政治教育目标。我国思想政治教育的目标是：培养学生遵守社会公德、公民道德和良好的社会主义思想道德品质，塑造社会主义理想人格，引导正确的道德实践活动，树立以国家、人民和集体利益为重的集体主义精神，提倡大公无私、毫不利己、专门利人的共产主义思想道德品质。

思想政治教育是一个非常复杂的教育系统，具有系统的一般特点。系统论认为，系统的一个重要特征就是它的目的性（也称为终极性或方向性）。钱学森指出："所谓目的，就是在给定的环境中，系统只有在目的点或目的环上才是稳定的、离开了就不稳定，系统自己要拖到点或环上才能罢休。"一般来说，个体最初落在哪个目的点或目的环上，它就会按照这样的点或环的要求生长，沿着它所设定的目标发展。所以，在思想政治教育过程中，谁抢先把思想政治教育对象拉入自己的道德轨道，谁就拥有对该对象教育的主动权，也就获得了开展思想政治教育工作的优势条件。当代大学生从小就以社会主义思想道德要求发展自己的思想道德观念，这为我们做好思想政治教育工作提供了良好的初始条件。

二、整体性原则

所谓整体性原则，是指在思想政治教育过程中，围绕"育人"这一中心工作，遵循整体构建的思路，强调思想政治教育要素之间的协调配合，充分发挥学校、家庭、社会的教育作用，发挥政工队伍、教师队伍、服务队伍的育人功能，全方位、多角度地开展思想政治教育工作，实现"1+1>2"的教育效果。系统的整体性是指整体具有孤立的部分机械相加所不具有的特性，它主要是由系统的组成成分按照系统的结构方式相互作用、相互补充、相互制约而激发出来的，是一种结构要素之间的相干效应，其通俗表达就是"整体大于部分之和"。也就是说，系统整体所具有的新的性质不是各个要素的线性相加，而是各个要素有机整合后的"矢量和"。恩格斯说："许多人协作、许多力量融合为一个总的力量。用马克思的话来说就是造成新的力量，这个力量和它的一个个力量的总和有本质的区别。"大学生思想政治工作是一项由许多人共同实施的、由许多环节联系在一起的、由诸多因素互相影响的浩大工程，其各种成分和因素相互依赖、相互制约、相互作用，如果我们不能从总体上把它们协调一致、任其杂乱无章、各行其是，甚至互相掣肘，那么即使各个部门、各个方面、各类人员再努力，也难以达到预期的目的。因此，我们应遵循整体性原则来开展我们的思想政治工作：第一，学校教育、家庭教育、社会教育紧密结合，使三方面的教育互为补充，形成强大的教育合力；第二，学校的各个部门齐抓共管，一切活动协调配合，形成"教书育人、管理育人、服务育人"的合力体系；第三，营造适合集体发展的道德目标，实践证明，共同的道德情感可以在人与人之间相互传递与感染，在潜移默化中建立起友好的人际关系和集体氛围，改善人与人、人与组织、组织与社会的相互关系，从而使人们的思想感情和行为相互协调一致、形成一种强大的向心力、把人们凝聚在一个组织中。

三、主体性原则

所谓主体性原则，是指在思想政治教育过程中，把各种思想政治教育要素都看成思想政治教育的主体，充分发挥教师、学生乃至思想政治教育环境的主体作用，通过创设和谐、宽松、民主的思想政治教育环境，有目的、有计划地规范、组织各种思想政治教育活动，使学生自主地、能动地生成和建构符合社会与个人双重需要的道德品质。高校思想政治教育的根本任务是使学生将社会的思想道德要求转化为个体的思想品德，这一转化过程是一个极其复杂的思想内部的矛盾运动过程。这种由不知转化为知、由旧思想转化为新思想、由错误思想转化为正确思想的复杂转化过程只有靠受教育者自己去完成，不可能由教育者和任何他人去替代。因此，高校思想政治教育应该把学生视为主体，努力发展学生的主体性。实际上，高校思想政治教育完全可以充分发挥学生的主体作用，因为主体的本质决定了他不会消极地适应现有的道德关系，也不会满足于自身已经达到的思想道德境界，他会在把握思想道德内在规律的基础上，按照社会和自己的双重目的和要求，采取适当的方式、方法和手段，自主地、能动地生成和建构自己的精神世界，实现道德的自由发展。所谓的"道德自由"就是在承认客观的道德的必然性基础上，个体内在的道德需要和外在的社会伦理要求和准则所达到的高度统一和本质上的一致，是道德主体积极性、目的性的充分体现。因此，高校思想政治教育应该发展、解放、帮助学生，引导他们追求幸福生活、开拓美好未来，它应该是与学生的自我发展生涯联系在一起的一种积极活动，而不应该成为禁锢学生、束缚学生的途径。

四、利益关怀原则

所谓利益关怀原则，是指思想政治教育要重视人的利益需要，在关注社会共同利益的基础上关怀个人的正当利益，实现义利的完美结合。义利关系一直是伦理学中激烈论争的一个重大问题。伦理道德是在利益的基础上产生的关于善与恶、正义与非正义、公正与偏私等观念形态，人们的思想道德行为每时每刻都存在着个人与社会、个人与集体、个人与他人之间经济利益上的矛盾。因此，思想政治教育应该调整、处理好个人利益与社会整体利益之间的关系，帮助教育对象分析利益关系，使他们树立国家、集体、个人利益三者兼顾的利益观，做出符合其根本利益和长远利益的选择。在思想政治教育过程中，我们既要重视集体利益的优先性，又要承认个人正当利益的合理性，在强调个人利益合理性的时候一定要注意不以侵犯社会整体利益和他人利益为前提，因为"每一个人的利益、福利和幸福同其他人的福利有不可分割的联系"。道德一开始就是一种调整个人利益与社会利益的行为规范。道德原本的用意在于维护社会共同利益的尊严。实际上，道德的崇高和价值就在于它是共同利益的维护者。

五、"黄金法则"原则

所谓"黄金法则"原则，是指在思想政治教育过程中，教育者按照"黄金法则"的基本要求开展思想政治教育工作，向教育对象传授"黄金法则"，使他们能准确地运用这一原则来指导自己的思想道德实践。在许多道德教育学家的著作和几乎现存的每一种宗教里，都有关于"黄金法则"的表述，在此，我们采用一种流行的说法，即："像你期望别人对待你的方式对待别人。"世界上许多教育学家和心理学家非常注重道德教育和道德发展中的"黄金法则"问题，都把"黄金法则"视为道德教育的根本，如皮亚杰的经典性著作《儿童的道德判断》就体现了这一重要思想。一直以来，"黄金法则"被人们当作最基本的伦理和道德教谕，所以也被人称为"道德金律"。我们在运用这一原则时，要注意以下两个问题：第一，我们要向学生传授积极的"黄金法则"。"黄金法则"具有三种形式（积极、消极和报复形式），类似基督教的教义"无论何事，你们愿意人怎样对待你，你也要怎样待人"被认为是积极的形式，类似儒家的"己所不欲，勿施于人"被视为消极的形式，而类似"以其人之道还治其人之身"则被视为报复的形式。我们要倡导积极的形式，尽量避免消极的形式，反对报复的形式。第二，要让学生正确理解"黄金法则"的意义。由于每个人的社会背景、生活环境、家庭教养、个体修为、兴趣爱好等的不同，导致每个人看问题的角度不同。"黄金法则"要求我们进入他人的角色，超越自我偏见，超出个人的主观性，达到道德评判上的客观性，不偏不倚。

六、生活—实践原则

所谓生活—实践原则，是指在思想政治教育过程中，通过丰富多彩的生活实际，采取教育对象乐于接受的方式方法，让他们在生活实践中体验道德、发展道德，达到思想政治教育的目的。思想政治教育过程实际上是人的道德社会化的过程，而人的社会化只有通过社会生活才能实现由"自然人"向"社会人"的转变，著名教育家陶行知先生一生致力于生活教育的研究，他认为"生活即教育"，"生活与生活摩擦才能起教育的作用，我们把自己放在社会的生活里，即社会的磁力线里转动，便能通出教育的电流，射出光，放出电，发出力。"离开了社会生活实践，思想政治教育就成了无源之水、无本之木。社会上大量涌现的新问题、新现象、新思想、新道德都来源于生活，都是生活诸形式的具体体现。因此，生活对人的教育是最直接、最有价值的，它既有利于学生对道德情感的真实体验，又避免了思想政治教育过程的"假、大、空"。所以，思想政治教育应从生活出发，采用生动活泼的、学生喜闻乐见的、富有艺术魅力的形式，以生活为中心来加以推行。只有这样，学生的思想道德认识才最深刻，思想道德行为才最自然，才能使思想道德观念更有效地内化为自己的思想道德信念，自觉实现由他律向自律的转变，达到道德自由发展的境界。

七、层次—活力原则

所谓层次—活力原则，是指在思想政治教育过程中，承认思想道德的层次性，允许思想道德追求多样化，使具有不同思想道德层次（指与社会主义思想道德相容的道德层次）的人都能在社会中找到适合自己生存与发展的空间，找到激发自己不断向高一级层次思想道德目标前进的动力，把思想政治教育工作保持在具有层次性的复杂阶段，从而保持思想政治教育工作蓬勃向上的青春活力。传统的思想政治教育观认为，道德或伦理就是纯而又纯、高而又高的东西，似乎只有先人后己、无私奉献才是道德的。其实不然，道德是具有层次性的。如果思想道德要求只是"大一统"的高标准，那么，人们的价值追求就会趋向于同一目标，这样就容易引发人与人之间的冲突。如果承认思想道德的层次性，则以将人们的思想道德追求分散为各种层次，这就大大降低了人与人之间的冲突概率，无形中也就增加了思想政治教育的吸引力和活力。我们以往的思想政治教育工作缺乏吸引力和活力，不是因为我们的理想太高，而是因为没有注意层次性；不是因为我们的导向不准，而是因为不允许多元思想道德观念的存在；不是因为我们的教育观念落后，而是因为教育方式方法的死板；不是因为我们的理论不科学，而是因为我们缺乏创新。在新的形势下，我们的思想政治教育工作需要讲究层次性，讲究创新，讲究活力，不能把思想政治教育对象管得过于严格，应该激活他们的思想，增加各种思想道德层次的吸引力，让他们多一些自由思考的时间，使他们在不同层次上表现出不同的青春活力，使思想政治教育工作保持旺盛的生命力。

八、冲突—进化原则

所谓冲突—进化原则，是指在思想政治教育过程中，正视思想道德观念多元化的冲突，注重思想道德冲突的存在，在教育者正确引导的前提下，通过创设各种不同的道德情境，让学生走进道德冲突场合，间接体验各种场合道德，辨析各种道德的利害实质，然后理性地走出冲突，树立正确的人生观、价值观和道德观。按照进化论的观点，进化的过程是一个不断出现冲突，不断选择又不断化解冲突的过程。同样，道德的进步也是在道德冲突中理性选择的结果。恩格斯指出："历史是这样的创造的，最终的结果总是从许多单个的意志的相互冲突中产生出来。"在经济全球化的历史条件下，各种道德观念，生活理念的冲突到处存在，各种思想道德的影响也同时存在于学生的头脑中。在这种挑战面前，我们不能畏缩不前，而应该积极在思想道德观念冲突的环境中开展教育工作，使学生在处理现实的思想道德问题，体验思想道德冲突的过程中增加对社会主义思想道德规则的认识和理解，不断提升自己的思想道德境界。

第三节 大学生思想政治教育发展历程

大学生思想政治工作从形成、发展、成熟到继承、改革、创新，近80年来呈现在我们面前的是一幅前进与曲折，成功与失败复杂交织的画面。这里确实有值得珍视的东西，应该把它作为民族的精神财富载入史册，同时又有值得永远记取的历史性教训，需要我们去揭示蕴含在它的后面的历史法则。

一、中华人民共和国成立前党对高校学生的思想政治教育（—1949 年）

中国共产党一贯重视对高等学校学生的思想政治教育工作。建党初期，党在高等学校学生中进行了普及马克思主义的宣传，发动学生开展反帝反军阀的斗争，组织学生到工农中去进行宣传教育，推动工农运动的发展。第一次国共合作之际，在上海大学、黄埔军校的青年学生中宣传马克思主义，进行革命形势和任务的教育，培养了许多革命事业所急需的干部。土地革命时期，党在革命根据地创办了苏维埃大学、中国工农红军大学等学校。在抗日战争时期和解放战争时期的国民党统治区里，党创办了抗日军政大学、陕北公学、鲁迅艺术文学院等高等学校，还包括在东北等新解放区接管了一批高等学校。党在这些高等学校中创建了学生思想政治教育工作，团结了广大青年学生，聚集进步力量，配合抗日战争和解放战争，进行战争形势和党的主张的宣传，揭露国民党的腐朽统治，提高广大青年学生的觉悟，从而开辟了第二战线，为革命事业培养出大批的人才，投入反帝、抗暴的爱国斗争中，迎来了中华人民共和国的诞生。

近 30 年间，党对高等学校学生开展的思想政治教育工作，创造了许多成功的历史经验，在军队中创建了一整套思想政治教育工作制度，之后又根据不同时期和不同地区的特点，对青年学生进行了卓有成效的思想政治教育，为革命事业培养了一大批党、政、军干部，形成了一系列优良的历史传统，使大批高等学校学生投身革命事业，为中华人民共和国的建立做出了重要贡献，更为建国后社会主义大学的思想政治教育工作奠定了扎实基础。

二、中华人民共和国成立初期的高校思想政治教育（1949—1956 年）

1949 年 10 月 1 日中华人民共和国的成立，开创了我国历史的新纪元，也开创了我国高等教育包括它的重要组成部分思想政治教育的崭新篇章。

从中华人民共和国的成立到 1956 年基本完成社会主义改造的 7 年时期，党和国家领导全国各族人民经历了土改、镇反、抗美援朝和三反、五反等政治运动，有步骤地实现了从新民主主义到社会主义的转变，迅速恢复了国民经济并开始了有计划的经济建设，在全国绝大部分地区基本上完成了对生产资料私有制的社会主义改造。

与这一时期相适应，我国高等学校顺利地完成了改造旧教育制度的任务，实现了由新民主主义教育到社会主义教育的转变。这一时期的思想政治教育既承担着改造旧教育的任务，更肩负着创新教育的重任。党和国家继承和发扬老解放区学校教育和长期形成的思想政治教育工作的优良传统，全面开展了新民主主义思想教育，主要锋芒指向封建的买办法西斯主义思想，确立思想政治教育在高校中的重要地位，形成了以普遍开设马列主义理论课程为主体、密切结合各项政治运动而进行思想政治教育的体系。

从1949年9月29日《共同纲领》的制定，到1949年12月第一次全国教育工作会议召开，到1952年高等学校试行政治工作制度、政治辅导处的设立，再到1953年清华大学政治辅导员职位的确立，这一系列具体措施让我们看到无论从思想教育的方针、任务到内容、方法上，都基本符合当时我国高等教育的实际，建立了思想政治工作的机构和制度，使高等学校思想政治教育工作逐步走上了系统化、正规化道路，逐步创建了社会主义高等学校思想政治教育的新体制、新格局。

三、开始全面建设社会主义时期的高校思想政治教育（1957—1966年）

1957—1966年，是我国社会主义改造基本完成，进入社会主义初级阶段，开始全面建设社会主义的10年。在这10年的探索实践中，广大群众的社会主义热情十分高涨，高等教育事业迅速发展，思想政治教育累积了丰富的经验教训。但是这10年中，党的工作在指导方针上出现了"左"倾错误，政治上的反右派斗争扩大化，经济上"大跃进"造成了严重失误，导致这一时期的全党工作，包括高等学校的思想政治教育受到了严重影响，经历了曲折发展的过程。

在生产资料所有制的社会主义改造基本完成之后，如何正确分析我国社会的主要矛盾和大学生思想政治状况，是高等学校思想政治教育的基本出发点。高校把阶级斗争作为主课，"左"的倾向愈演愈烈，对思想政治教育的任务、内容、方法、途径提出了一系列"左"倾的错误决策，使思想政治教育遭受重大的曲折和损失。为了探索建设我国社会主义教育的经验，在高等教育领域进行改革是必要的。当时党中央提出"教育为无产阶级政治服务，教育与生产劳动相结合"的教育方针，也是基本符合我国教育的实际的。这一时期，思想政治教育继续沿着马克思列宁主义、毛泽东思想的轨道前进，用马克思主义理论武装头脑。

四、改革开放以来的高校思想政治教育（1977—）

（一）改革开放初期的高校思想政治教育

党的十一届三中全会的召开是我国实行改革开放的历史标志，也是高校思想政治工作的一个新的开端。这一时期高校思想政治教育的显著特点是，随着党的"解放思想、实事求是"的思想路线的重新确立，实现了思想认识领域的拨乱反正，并由此展开了全方位的建设。在指导思想上，十一届三中全会明确了党的思想政治工作在新时期的任务，它要求思想政治工作从"以阶级斗争为纲"的轨道转移到服从和服务于新时期经济建设这个中心上来。1981年6月，党的十一届六中全会通过了《关于建国以来党的若干历史问题的决议》（以下简称《决议》），它标志着党的指导思想上的拨乱反正任务已经完成，也为高校思想政治教育进行新的探索指明了方向。同年8月，教育部为贯彻《决议》精神在北京召开了全国学校思想政治教育工作会议。会议特别强调，要以《决议》为教材，加强学生的思想政治工作，全面贯彻党的教育方针，积极引导学生德、智、体全面发展，走又红又专的道路。

高校思想政治教育队伍和机构得到恢复和发展。"文化大革命"中，高校思想政治教育队伍和机构遭到严重的破坏。为此，1980年4月29日教育部、共青团中央发出《关于加强高等学校政治思想工作的意见》，强调必须建立一支坚强的、有战斗力的政治工作队伍，校系两级都要有一名副书记主管学生的思想政治工作；党委可根据具体情况，设立学生政治思想工作机构。

这一时期高校思想政治教育的另一重要内容和特点是，思想政治教育成为一门学科的确立。十一届三中全会解除了人们长久以来禁锢的精神枷锁，对外开放扩大了大学的思想资源和知识资源，伴随着西方现代文学、史学、哲学思潮的大量涌入，在嗅觉灵敏的青年学生中掀起了一轮又一轮的"学习热""读书热"，与之相伴的是各种西方现代理论思潮的轰动传播，诸如"萨特热""尼采热""弗洛伊德热"等。高校思想政治教育的环境、任务、对象发生了极大的变化。这种状况迫切要求高校积极开展大学生思想特点及其规律的研究，高校思想政治教育科学化问题被提到议事日程。这主要表现在高校思想政治教育课程和专业学科建设两个方面。

（1）在高校思想政治教育课程建设方面

1982年10月8日教育部发出《关于在高等学校逐步开设共产主义思想品德课程的通知》（以下简称《通知》）。《通知》指出，为了把学生培养成为有理想、有道德、有文化、守纪律的又红又专的人才，有必要把共产主义思想品德课作为一门必修课程，纳入教学计划。这一课程的教学，由主管学生思想政治工作的部门组织实施。从此，思想品德课在全国各高校迅速开展，成为对学生系统进行人生观、道德观方面教育的一门重要课程。为了进一步搞好这门新课的建设，教育部于1984年9月12日下发了《关于高等学校开设共产主义思想品德课的若干规定》。该规定提出的教学原则是：坚持理论联系实际的方针；课堂讲授与生动活泼的教育活动相结合；注意引导学生进行自我教育。并提出共产主义思想品德课应纳入教学计划，并考核学习成绩。同时对教师队伍、教学机构设置提出了相应要求。

（2）在专业学科建设方面

理论来源于实践，思想政治教育学的产生源自于对高校思想政治教育工作的深化。"思想政治教育学科的形成，是以马克思主义的世界观、方法论为指导，揭示这一特定领域客观规律性而产生的理论形态的集中体现。"以这一学科为依托的思想政治教育专业也得到了迅速发展。1984年4月教育部召开座谈会，提出了《教育部在十二所院校首批设置思想政治教育专业的意见》，决定在南开大学、武汉大学等12所院校首批增设思想政治教育专业。1988年，又开始在复旦大学、南开大学等10所院校招收硕士研究生。

总的来看，改革开放初期的高校思想政治教育理论建设，尤其是20世纪80年代高校思想政治理论课的几次改革，适应了社会的不断变化发展，为我国推进思想政治教育学科科学化奠定了良好的基础。但是从实际效果来看，高校思想政治教育在与学生的互动中，却更多地处于被动地位，即使有中央文件的统领，情况也不乐观。据1986年北京高校政治理论课的教学改革情况问卷统计，大学生对目前政治理论课"很满意""满意"的占6%，"比较满意"的占16.4%，这两项相加只占22.4%；而"不够满意"的占42%，"不满意"的占34%，两项相加占76%。这说明有三分之一的学生不满意高校的政治理论课。调查显示主要原因是，高校思想政治教育课的内容与现实严重脱节，既没有对众多社会现象做出合理的解释，也没有给予大学生切合实际的理念导向。政治课作为大学生思想政治教育的主渠道，它不仅仅是完成理论知识的传授，更重要的是要对学生的人生观、价值观、世界观产生影响，而且从根本上来讲，政治理论课的目的就是"育人"，就是促进学生健康人格的养成。

（二）经济体制转变时期的高校思想政治教育（1984—1989年）

20世纪80年代中后期，中国经济体制改革进入关键时期。1984年10月，党的十二届三中全会通过了《中共中央关于经济体制改革的决定》，明确提出了社会主义经济是"在公有制基础上的商品经济"的论断，标志着中国经济体制改革走向深入。1985年中央又先后颁布了《关于科技体制改革的决定》《关于教育体制改革的决定》，相继开展科技体制和教育体制的改革。1984—1989年，面对社会结构和经济体制的急剧变化，社会上出现了文化多元化引发政治多元化的舆论导向，大学文化出现了"全盘西化"的倾向，由于高校思想政治教育的弱化，资产阶级自由化思潮趁机泛滥。这一时期，高校思想政治教育的特点主要表现在以下几点。

（1）组织学生参加经常性的社会实践活动

在这个阶段，高校逐渐认识到社会实践活动对思想政治教育课堂教学补充和延伸的重要作用。针对大学生脱离实践，对国情民情了解不够，容易受资产阶级自由化思潮影响的弱点，1987年6月，国家教委和团中央联合发出了《关于广泛组织高等学校学生参加社会实践活动的意见》。明确强调了组织学生到建设、改革的第一线去，深入群众，了解实际，向工农学习，向实践学习；并要逐步建立社会实践基地，保证活动经常化、制度化。当年暑假全国有100多万师生参加了社会实践活动。

（2）高校思想政治教育教学工作改革

1985年是思想政治教育教学工作的一个重要转折点，中共中央发出了《关于改革学校思想品德和政治理论课程教学的通知》（以下简称《通知》），规定了高校思想品德课和马克思主义政治理论课的课程设置、教学内容，并要求编写教材；要求各级学校贯彻执行理论联系实际的方针，以面向现代化、面向时代、面向未来为指导思想，尽量实行启发式的教学方法。《通知》发布后，引起了广泛反响，各地高校进行了传达、学习，并依据大纲精神，编写了多套教材。为了积极稳妥地把教学工作推向前进，国家教委于1986年3月20日发出了《关于在高等学校进一步贯彻〈中共中央关于改革学校思想品德和政治理论课程教学的通知〉的意见》（以下简称《意见》）。计划从1986年起，用3—5年的时间进行政治理论课教学改革工作，逐步开设出新的课程。课程包括：中国革命史、中国社会主义建设、马克思主义原理、世界政治经济和国际关系。另外，《意见》对于在部分高校开设的共产主义思想品德课予以充分肯定，并进一步强调要"因校制宜"加强对学生进行共产主义思想品德教育。

总的来说，这些工作在一定程度上对资产阶级自由化思潮在高校的泛滥起到了遏制作用。但是由于多种因素的影响，这一时期思想政治教育工作在全国范围内呈现出低回、迷惘。除去特定历史时期国内外政治、经济、社会的影响因素，单从高校思想政治教育本身的角度着眼，改革开放以来高校在思想政治教育的建设和探索过程中，对其复杂性、艰巨性缺乏必要的认识和思想准备，进而导致高校思想政治教育失控的弊病暴露出来。但是从另一方面，更证明了高校思想政治教育的特殊重要地位，也要求党和国家把高校思想政治教育摆到全党工作的重要位置，认真研究总结其经验教训。

（三）调整时期的高校思想政治教育（1989—1992年）

1989年6月23—24日中国共产党召开了十三届四中全会。这次会议确立了以江泽民为核心的新的中央领导集体，重申了十一届三中全会以来党的路线、方针、政策，提出了改革、发展、稳定的大政方针，把加强思想政治工作、反对资产阶级自由化作为中心议题。十三届四中全会的召开是高校思想政治教育史的一个重要分界线，标志着高校思想政治教育进入了一个不同于以往的新阶段。

反思改革开放以来社会主义精神文明建设和高校思想政治教育的经验教训，增强坚持四项基本原则教育的自觉性，这是高校思想政治教育在这一时期的重点。

这一时期高校思想政治教育还注重了学校教育和社会教育相结合，使社会实践活动成为高校思想政治教育的重要途径。1992年6月中共中央办公厅、国务院办公厅发出《关于转发中宣部、国家教委、共青团中央〈关于广泛深入持久地开展高等学校学生社会实践活动的意见〉的通知》，明确要求"各级党委、政府应从培养社会主义事业建设者和接班人的战略高度予以足够的重视，把社会实践活动列入议事日程，切实加强领导。"思想政治工作者提高了对大学生社会实践活动重要性的认识，强化了社会实践活动的德育功能，认为社会实践活动是"不可替代的教育形式"，是"思想政治教育的有效途径"，是"提高业务素质的课堂"。更为重要的是，大学生参加社会实践活动，不仅加深了对中国现状和国情的了解，提高了对党的路线、方针、政策与自身的认识，而且使大学生在社会实践中不断成熟起来。

（四）建立社会主义市场经济体制过程中的高校思想政治教育（1992—1997年）

以1992年邓小平南行讲话和十四大为标志，我国改革开放和社会主义建设事业进入了一个新的发展阶段。与此相适应，在全面反思的基础上，20世纪90年代高校思想政治教育作为一种相对独立和完整的教育形态也进入了一个新的发展时期——健康发展阶段。

中共十四大确立的建立社会主义市场经济体制的改革目标引起了一场深刻的社会革命，促使人们在思维方式、思想观念、价值取向、人生态度等方面发生了一系列变化。对于尚处在世界观、人生观、价值观形成中的大学生来说，影响更大。一方面"社会主义市场经济体制，提出了许多新的反映时代特点的道德要求，如自我意识、竞争观念、法制观念、效益观念等，这些是推动学生成长的积极因素。"另一方面，"市场经济也存在负面影响，导致一些学生道德选择的多样化和对集体、国家责任感的淡化等。"

江泽民强调："要积极探索在社会主义市场经济条件下，搞好精神文明建设的新思路、新方法，逐步形成有利于社会主义现代化建设的舆论力量、价值观念、道德规范和文化条件。"因此，这一时期高校思想政治工作紧密围绕如何适应社会主义市场经济体制；如何增强思想政治教育的针对性、科学性、系统性；如何整体规划学校思想政治教育工作、创建高校思想政治教育新格局等重大问题而展开。

这一时期高校思想政治教育的实践特征主要表现在以下几方面。

（1）高校思想政治教育的最主要变化就是对现实的贴近以及现实感的增强

从某种意义上说，高校思想政治教育变得更真实。其中，市场经济的力量是不容忽视的。市场经济对高校思想政治教育发展的最积极意义就在于增强了思想政治教育与社会的联系，使得大学提供的思想政治教育更加符合社会的需求，从而增强了大学对社会发展的促进作用。比如，随着1993年毕业生分配制度的改革，大学生就业逐渐变成了自主择业、自谋出路。就业成为大部分大学生在校期间首要考虑的问题，形成沉重的思想压力。因此，职业观教育成为高校思想政治教育工作者的一项新的任务。

（2）突出爱国主义、集体主义、社会主义主旋律教育，消解市场经济对大学生的负面影响

爱国主义是思想政治教育的基础性内容，在建立社会主义市场经济体制过程中加强爱国主义教育具有重要的意义。1994年9月中共中央颁发了《爱国主义教育实施纲要》（以下简称《纲要》），这是"建国以来关于爱国主义教育的一个最为完整的文件，是我国爱国主义教育史上的一个里程碑"。《纲要》指出：爱国主义的重点是广大青少年，要培养广大青少年的爱国主义感情，提高其爱国主义觉悟，引导他们树立正确的理想、信念和人生观、价值观。1996年10月十四届六中全会通过了《关于加强社会主义精神文明建设若干重要问题的决议》，提出了在改

革开放和现代化建设过程中思想道德建设的基本任务，即坚持爱国主义、集体主义、社会主义教育，加强社会公德、职业道德、家庭美德建设。并再次强调，爱国主义是精神文明建设的一项重要内容，加强爱国主义教育，要贯穿社会主义现代化建设的全过程。

（3）加快思想政治教育的基础建设，不断提高高校思想政治教育的科学性和系统性

新时期社会政治、经济的改革给高校思想政治教育带来新的挑战，也有力地促进了高校思想政治教育的改革。1993年2月中共中央、国务院通过了《中国教育改革与发展纲要》（以下简称《纲要》），确定了到20世纪末教育改革和发展的目标与任务。《纲要》对思想政治教育的内容、教材、方法改革，以及思想政治教育管理和队伍建设提出了明确的要求，对高校思想政治教育工作的改革与发展起到了及时的指导作用。1994年中共中央发布了《关于进一步加强和改进学校德育工作的若干意见》（以下简称《意见》），第一次把大、中、小学思想政治教育作为整体考虑。《意见》强调要遵循青少年学生思想品德形成的规律和社会发展的要求，根据德育工作的总体目标，科学地规划各教育阶段的具体内容、实施途径和方法。为贯彻落实《意见》和《纲要》，保证高等学校思想政治教育的有效实施，1995年11月国家教委发布了《中国普通高等学校德育大纲（试行）》（以下简称《德育大纲》），这是我国第一部全面、系统地规范高校德育工作的重要文件。《德育大纲》的颁布实施，使我国高校思想政治教育工作走上了"依纲管理、依纲育人、依纲考评"的科学化、规范化的道路。在这一系列方针政策的指导下，20世纪90年代高校思想政治教育作为一种相对独立和完整的教育形态进入了一个新的发展时期。

（五）深化改革、全面建设小康社会过程中的高校思想政治教育（1997—）

从20世纪末开始，伴随着党的十五大、十六大的胜利召开，中国社会的政治主题词发生了引人注目的变化，以德治国、科学发展观、全面建设小康社会，犹如一条完美的弧线勾勒出中国社会在新世纪发展的轨迹与取向。与此同时，中国社会的急剧变迁也带来了各种社会问题。从社会道德的普遍滑坡、国企职工的下岗到高校的扩招、毕业生分配制度的改革，从经济全球化步伐的加快到信息化、网络化为特征的知识经济的悄然临近，在这样的大背景下，高校思想政治教育开始了更深层次、更全面的变革。

这一时期，素质教育纳入高校思想政治教育的目标体系，思想政治教育的目标、任务不断明确，内容、形式不断发展，并日趋多样化。在思想政治工作中，既重视政治思想教育，又加强大学生的道德品质教育；既注重发挥思想政治理论课教学的主渠道作用，又不断拓展有效途径。

（1）全面推进素质教育

这一时期，高校思想政治教育一个重大变化就是确定了思想政治教育在全面

素质教育中的地位，进一步完善了思想政治教育的目标体系。1998年教育部颁布了《面向21世纪教育振兴行动计划》，将大力推进素质教育列为高等教育近期发展目标。江泽民在全国第三次教育工作会议上特别强调指出："思想政治教育，在各级各类学校都要摆在重要地位，任何时候都不能放松和削弱。思想政治素质是最重要的素质，不断增强学生和群众的爱国主义、集体主义、社会主义思想，是素质教育的灵魂。"1999年6月中共中央、国务院发布的《关于深化教育改革，全面推进素质教育的决定》明确提出："实施素质教育，就是全面贯彻党的教育方针，以提高国民素质为根本宗旨，以培养学生的创新精神和实践能力为重点，造就有理想、有道德、有文化、有纪律的，德智体美等全面发展的社会主义事业建设者和接班人。"由此看来，学生各方面素质的协调发展和进步是培养新世纪社会主义事业建设者和接班人的根本要求。

进入新世纪以来，思想政治教育如何体现对人的需要和价值的关照，是高校思想政治教育工作亟待解决的重大问题。2004年10月至2005年1月不足半年的时间内，中共中央、国务院发布了《关于进一步加强和改进大学生思想政治教育的意见》（以下简称《意见》），胡锦涛在全国加强和改进大学生思想政治教育工作会议上发表了《进一步加强和改进大学生思想政治教育工作大力培养造就社会主义事业建设者和接班人》重要讲话，为当前和今后高校学生思想政治教育工作指明了方向。《意见》和"讲话"紧紧把握科学发展观的核心，明确把以人为本作为加强和改进大学生思想政治教育的中心思想，从新的高度重申了大学生的全面发展是思想政治教育的根本目标。

（2）推进课程教学改革，把邓小平建设有中国特色社会主义理论作为高校马克思主义理论教育的中心内容

为了贯彻落实党的十五大精神，1998年6月中央宣传部、教育部印发了《关于普通高等学校"两课"课程设置的规定及其实施工作的意见》（即"98"方案），明确规定高校本科课程要设置马克思主义理论课和思想品德课课程，并强调指出"要以邓小平理论为中心"，使邓小平理论"进教材、进课堂、进学生头脑"。此后，教育部又于2003年2月发布了《关于进一步深化"三个代表"重要思想"三进"工作的通知》，对高校"两课"教学中深化"三个代表"重要思想的"三进"工作提出明确要求。2005年3月，根据中央16号文件精神，中央宣传部、教育部颁发了《中共中央宣传部教育部关于进一步加强和改进高等学校思想政治理论课的意见》，明确了2005年高校思想政治教育理论课程改革新方案，把"马克思主义基本原理""毛泽东思想、邓小平理论和'三个代表'重要思想概论""中国近现代史纲要"和"思想道德修养与法律基础"4门课程，规定为高校本科的思想政治理论课的必修课。至此，一个结构合理、功能互补的马克思主义理论教育和思想品德教育的课程体系已经形成。

（3）心理健康教育备受重视

20世纪90年代后期，心理咨询作为思想政治教育的一种新的运作方式，已经进入越来越多的高校。2002年教育部下发的《普通高等学校大学生心理健康教育工作实施纲要》明确指出，"大学生心理健康教育工作是高等学校德育工作的重要组成部分。各地教育工作部门和各高等学校，要切实加强对大学生心理健康教育工作的领导，把心理健康教育工作纳入学校德育工作管理体系中，积极支持开展大学生心理健康教育工作。"长期以来，思想政治教育工作在认识上存在两个误区：一是认为学生的所有问题都是政治思想问题和道德问题；二是认为解决学生的问题只有靠政治教育的手段去完成。这些都错误地理解了思想政治教育的内涵，过高估计了政治教育的作用，这实质上淡化了思想教育、品德教育和心理教育的相对独立性，从而降低了思想政治教育的社会认同度。实践证明，将心理健康教育纳入思想政治教育体系，有利于全面推进素质教育的目标，有利于提高高校思想政治教育的实效性，有利于大学生个体人格的发展。

（4）高校思想政治教育的形式更加多样化

除了结合政治理论课以及各学科教学来进行思想政治教育，加强校园文化建设也普遍受到重视。比如，以校团委、学生会为主导举办文化节、科技节和体育竞赛等文化科技活动，营造活跃、健康的校园环境。另外，许多高校都成立了大学生马列主义研究会，组织学生学习马克思主义经典著作，开展学术讨论等。这里最有特色的还是思想政治教育网络被一些高校所运用。一些高校积极实施"绿色校园网络"计划，开展健康向上、丰富多彩的网络文化活动，对大学生进行"无形教育"，不断增强思想政治工作的辐射力、吸引力和感召力。

第四节　大学生思想政治教育面临的挑战

当前我国思想政治教育面临的挑战，集中体现在四个方面：市场经济的影响；网络带来的难题；四个多样化的冲击；经济全球化的挑战。

一、市场经济的冲击

由传统的计划经济体制向社会主义市场经济体制转变，是发展我国社会生产力，改善和提高人民生活水平，加快社会进步的必然要求。改革开放20多年来的社会巨变向国人充分昭示了这一伟大变革的辉煌成就。

但是，在物质文明提高的同时，物质主义、享乐主义、个人主义的盛行，在某种程度上已经暴露出现代人精神价值的失落，人与人的关系被物化为一种商品关系与金钱关系。现代生活从整体上表现为价值的失落及人与崇高的疏离。现代化运动本质上是一个世俗化或物质化的过程。正是物质活动与物质需求的过分张扬，以及它对精神活动与精神需求的排斥，致使人的物质性维度得到彰显，精神维度被隐匿，最终导致人与崇高的疏离。人与崇高的疏离是现代化的运动的一个副产品。人的生活的表浅化是人与崇高疏离的表现之一。人们无暇探求生活的意义与价值，不再追问什么是美好生活。人们强烈地追求感性的刺激，生活中充斥着色情、暴力、酗酒、吸毒、同性恋。人的伦理性与精神性维度的隐匿是人与崇高疏离的又一种表现。追求财富的欲望使人成了一个终日忙碌而冷漠的逐利者，人的精神性与伦理性则几乎失去了发展与培育的机会。在人的物质性维度过度膨胀的同时，人的精神性与伦理性在逐渐凋散，而人的精神性与伦理性是人走向崇高，实现价值的人性基础，也是人相互理解和认同的人性基础。

人与崇高的疏离在当前的教育中则体现为教育的功利主义取向。实用知识、职业技能、教育证书等成为接受教育的全部理由，而教育本身也正在成为一种工艺流程，操作固定的模式，为工业社会培养标准化的人才。人与崇高的疏离刚好与思想政治教育的方向相背。面对现代生活的这种整体性的表现，思想政治教育也显得非常困惑。

二、网络带来的难题

全球互联网的出现及迅猛发展，带来了人类生活的巨变，"数字化生存"这一巨大的神话正在成为现实。一方面，网络正在改变传统的教育形态，预示着教育信息化时代的到来；另一方面，网络也正在为思想政治教育制造一个新的难题。

多元异质道德文化对"中心—边缘"两极框架的瓦解。网络没有中心与边缘、主流与非主流之分，不同国家、不同地域的异质伦理文化，不同时段、不同类群的道德规范，都能在网上共存。这使得人们有了充足的机会去领略多样化的异质道德文化，并激起他们去进行比较与评判。在这一过程中，主流的德育话语框架很难控制受教育者的道德品性的养成，受众道德价值的"无中心化"的局面就此形成，传统道德教育所设定的"中心—边缘"两极框架被消解。所谓的"中心—边缘"两极框架就是强调主流文化与主流意识形态的导向作用，对是与非、美与丑、善与恶、先进与落后、庸俗与优雅等有着清晰的划界。当"中心—边缘"两极关系不复存在的时候，受到中国主流道德文化抵制的"道德相对主义"就开始流行，不同的人持有不同的道德判断标准的局面就此形成。

网络行为的自由性导致控制手段的失效。全球性的互联网是一个开放的结构，它突破了地域、国界的限制而成为一个超物理空间。同时，互联网一开始就被设计为一个分散式的体系结构，没有权力中心的控制。由于网络本身的自由开放性导致了网络行为的自由性，网络中接受信息又制造信息的行为被认为是一种私人通信行为。网络技术为网络信息的发布提供了多样的可供自由选择的手段。网络行为的自由性，必然会导致各种非法信息的充斥着网络。技术手段也许可以对网络行为的自由性进行一定的控制，但控制的结果，势必会造成"自由性"这一网络的根本特性的丧失，这是一个两难问题。网络行为的自由性会导致一些常规的控制手段对网络行为失去效力，进而导致无政府主义。无政府主义表现为对权力和规则的漠视，以及社会责任感的淡化。高校德育一直在力图控制和消除无政府主义，而网络却为其提供了一种理想的滋生场所。

人机交往与"网络沉溺"导致道德冷漠和心灵扭曲。人必须通过机器才能进入网络世界，网络时代人与机器的交往正逐步替代人与人之间的交往，人在成为机器的附属物；同时，人对网络的过度依赖，造成了人类生活的一种异化现象——"网络沉溺"。人机交往中缺乏人际交往中那种直接的思想、情感、知识、话语的交流与体验，而人际交往的直接感受性、可视性与亲和感的丧失，意味着一种平等互助、和谐相处的道德关系难以形成。人机过渡交往与"网络沉溺"所导致的人与人的疏离，师生共同生活在一起，却彼此之间并不真正相识，更谈不上真诚的交流与人格的相互照亮，也使得榜样示范这一经典的思想政治教育方法失效。另外，传统思想政治教育力图去建立的所谓共同理想、共享的价值观也会成为一场空想。

三、"四个多样化"的影响

随着改革的推进和互联网的发展，我国的社会生活出现了经济成分和经济利益多样化，社会生活方式多样化、社会组织形式多样化、就业岗位和就业方式多样化这"四个多样化"的局面。四个多样化的出现和存在，是社会发展进步的标志，是人们生活日益丰富多彩的体现，同时也给思想政治教育造成了新的困境。具体来说，由于市场经济体制的不完善和市场经济的自身缺陷，给人们的价值观形成带来了消极的负面效应。给思想政治教育造成的困境主要表现在以下几方面。

（1）从价值观念上看，一部分人认为市场经济就是个人追求利益，他们在利益关系的驱动下，置国家利益、集体利益、社会利益于不顾，讲究所谓的"平等交易""奉献与索取等价"，走向自私自利个人主义。政治观念淡化，理想信念动摇，对建设有中国特色社会主义缺乏信心，陷入精神空虚和颓废状态。

（2）从行为规范上看，社会上的一些领域和一些地方道德失范，是非、美丑界限混淆，拜金主义、享乐主义、极端个人主义有所滋长，见利忘义、损公肥私行为时有发生，不讲信用、欺骗、欺诈成为社会公害，以权谋私、腐化堕落现象严重存在。一部分人把金钱和既得利益看作衡量价值的尺度，把知识和能力作为待价而沽的资本。这些问题不解决就会损害正常的经济和社会秩序，损害改革开放的大局。

（3）从生活方式上看，"四个多样化"促使人们的社会生活标准和方式发生了巨大的变化。追求科学、文明、健康生活方式已经成为人民群众的自觉行为。人们的生活观念和生活态度趋向更加务实和开放，生活情趣和爱好更加广泛多样，更加突出自己的个性。人们的生活节奏加快，收入提高，活动空间增大，物质文化生活更加丰富多彩，文化娱乐及休闲方式也呈现多样化的趋势。在人们生活观念和生活态度发生变化的同时，人们的衣、食、住、行、用的方式也发生了根本的变化，呈现出消费方式、交往方式和社会服务方式多样化。这种变化使人们更多地向往和热爱美好的新生活。

但是，另一方面，也确实存在一些不文明、不健康的生活观念和生活方式。拜金主义必然滋生享乐主义，个人主义必然导致奢侈浮华的生活作风。市场经济条件下的这些社会弊病给思想政治教育提出了新的挑战。

四、全球化的挑战

经济全球化的历史潮流以其不可阻挡之势席卷世界每个角落。它在带给我国经济巨大发展的同时，也裹挟着世界各国各地区的思想文化、价值观念、意识形态，给我们主流的意识形态和价值观念带来强大的冲击，这无疑增加了进行思想政治教育的难度。

一方面，意识形态的斗争日益复杂化。在经济全球化的背景下，意识形态的斗争获得了新的表现形式，从政治层面走向社会层面，手法不断翻新，而且越来越隐蔽化，越来越具有欺骗性。西方国家借助与我国扩大文化艺术交流的机会，通过影视、摇滚音乐、快餐店、裸体艺术、时装等诱人的鱼饵，大力传播其价值观和生活方式，企图使我国向他们所希望的方向发展。西方敌对势力的这些意识形态渗透，必然会使一些意志薄弱者或涉世未深者受到毒害，对西方价值观念产生盲目地崇拜，背弃社会主义价值体系，对社会主义和共产主义信念产生动摇。

另一方面，全球化背景下的爱国主义教育问题难度增大。全球化浪潮席卷全球，使得国家的主权地位受到挑战，传统的国家职能越来越削弱。特别是信息与通信、技术的发展，使人们逐渐陷入网络化的社会生活中，现实世界愈来愈带有虚拟的性质，人的个性表达将越来越迁就于网络化的世界、多面向的资讯和消费选择。同时，世俗、大众化文化配合着传播媒体的改进向全球扩张，而其中的重视商业价值，追求感官享乐、个人主义等价值观将会淡化一些青年人的理想信念和集体观念，弱化他们的国家意识和爱国情感。所有这些，都将使得思想政治教育面临很大的冲击，原有的教育方式、教育内容，将会在这一全球化浪潮下受到考验。

第五节　大学生思想政治教育创新的必要性

加强和改进大学生思想政治教育工作，必须从国内和国际、历史和现实的角度，深刻分析新时期大学生的思想活动发生作用的客观环境及其基本特点，正确审视新形势下那些影响大学生思想活动的重大社会变革和现实问题，为推进新时期大学生思想政治教育的改革发展和科学创新提供切合实际的理论基础和现实依据。

一、社会经济环境的变化是大学生思想政治教育创新的现实基础

经过近三十年的改革开放和十几年社会主义市场经济的发展，我国在21世纪已进入一个战略机遇期和矛盾凸显期，社会经济环境发生了深刻变化。当代中国的经济成分和经济利益日益多样化，社会生活方式和社会组织形式日益多样化，就业岗位、就业形式和分配方式日益多样化，这是改革和发展的产物，但同时它也给人们的思想观念、价值取向、文化生活带来了多样化的挑战，甚至引发自由主义和分散主义，从而不可避免地对处在思想定型期的大学生以巨大冲击。具体表现在以下几个方面。

第一，随着社会的进步和发展，以人为本的理念日渐深入人心，特别是市场经济的发展客观上要求每一个人的个性自由发展，充分发挥个人的主观能动性，这本身无可厚非。但是有些大学生却常常会误以为个性的自由发展就可以不顾纪律和规章制度，不顾他人和社会公共利益，因而造成现在一部分大学生集体主义观念淡薄、纪律性差、社会公德缺失，使一些大学生容易产生自由主义、分散主义和个人主义的思想意识。

第二，市场经济作为一种以追求物质利益为核心的经济，每一个参与市场活动主体的价值判断将越来越趋向实用化、功利化，这种现象反映到大学生身上就是实用主义。这种实用主义的思维方式难免会造成大学生不注意自身全面素质的提高，缺乏长远利益考虑，缺乏远大理想和信念。在当今相当一部分大学生存在迷茫、困惑、郁闷的思想状况，其根源就在于面对市场经济发展的社会，面对整个社会呈现弥漫的浮躁心理，片面地、过分地追求实用主义的结果。

第三，社会收入分配贫富差距的不断扩大，直接反映到校园中就会逐渐形成大学生的贫富分层，由于家庭贫富不均，造成贫富不同的学生生活方式、社会心理、思维方式等方面存在很大差异，从而引发一系列不利于大学生心理健康成长的问题。另外，社会上存在的权钱交易、贪污腐败、社会诚信度降低、假冒伪劣商品的横行、教育机会的不公平、黄赌毒黑等社会丑恶现象的沉渣泛起、社会治安的不稳定、人们安全感的降低等问题也在一定程度上导致有些学生对社会主义制度的优越性乃至党和政府的执政能力表示怀疑，这也是造成相当一部分大学生思想波动的重要原因。这就要求大学生思想政治教育工作必须要从现实生活出发，努力摸清大学生思想变化的深层动因，积极创新思想政治教育工作的方式方法，牢固树立阵地意识，推进大学生思想政治教育工作的健康发展。

二、多元文化形态的并存是大学生思想政治教育创新的客观需要

新时期我国文化发展的主流是健康的，马克思主义、毛泽东思想、邓小平理论和"三个代表"重要思想在意识形态领域的指导地位不断得到巩固，这种主流文化的健康发展为大学生思想政治教育工作的开展奠定了坚实基础。同时，全球

经济一体化和科学技术的迅速发展为文化多样性的发展创造了良好的条件，各种文化形式的并存、文化产品的增加和文化多元化局面的形成，对于丰富大学生文化生活，促进大学生思想政治素养的发展具有一定的积极意义。但就目前的文化环境而言，大学生在他们的思想品质没有成熟之前，往往会对眼前纷繁复杂的文化状况产生错误的解读，进而妨碍其树立科学的世界观和正确的人生观，影响价值取向和行为选择。

一是大众文化的流行。大众文化的兴起和发展，一方面满足了大学生的文化需求，有助于开阔大学生的文化视野，提高大学生的文化素养；另一方面，由于大众文化自身的特点和目前我国大众文化发展中存在的一些问题，给大学生思想政治教育造成了不可忽视的负面影响。如大众文化的流行，在一定程度上消解了主流意识形态对大学生的积极影响，使感官刺激、游戏娱乐取代了大学生应有的政治信仰、道德追求和理性思考，使大学生对思想政治教育持冷漠态度，甚至产生对立情绪和逆反心理。同时大众文化的庸俗化、娱乐化，则容易导致大学生逃避崇高，难辨美丑，远离经典文化和高雅文化，导致大学生"跟着感觉走"，从而降低大学生实际的文化生活质量。

二是西方文化的渗透。毋庸置疑，西方文化的引进和介绍，有助于大学生进行中西文化的比较、交流和借鉴，拓宽学术视野和文化境界。但同时我们必须看到，西方国家"西化""分化"中国的图谋一直没有停止，而其策略和手段，就目前而言主要是文化渗透、文化输出，力图通过西方文化的霸权来对抗主流意识形态的灌输和影响，弱化中国传统的道德规范、价值取向和文化精神。对此，由于一些大学生缺乏清醒的认识和足够的警醒，也就自觉或不自觉地受到了西方文化的影响。由不加选择地接受、认同到盲目推崇、践行，甚至用西方文化中的错误观念、标准和方法来评判现实、感受社会，这些往往会导致大学生媚洋心理的产生。

在当前，一些大学生不同程度地存在着政治信仰迷茫、思想信念模糊、价值取向扭曲、诚信意识淡薄、社会责任感缺乏、艰苦奋斗精神淡化、团结协作观念较差、心理素质欠佳等问题，就是这种文化多元化潮流负面影响的具体体现。引导大学生自觉抵制各种不良思想观念和文化倾向的侵蚀，积极弘扬集体主义、爱国主义、社会主义的主旋律，形成昂扬向上的精神状态和积极健康的心理素质，需要我们大学生思想政治教育工作付出更多的努力，以求取得更好的实效。

三、高等教育改革的深入是大学生思想政治教育创新的基本动力

改革开放以来，我国高等教育有了较大发展。特别是党中央、国务院1999年做出了高等教育扩招的决策，使我国高等教育进入了加速发展的新阶段。经过连续几年的扩招，我国普通高校的全日制在校生人数由1998年的340万人增长为2006年的1800万人。在规模扩张的同时，我国高等教育管理体制的改革也在不断

深化，高等教育发展日益呈现出办学理念多元化、办学主体多元化和竞争日趋加剧的新特点，这些变化必然会给大学生的思想观念、心理发展带来一些负面效应。

一方面，随着招生规模的持续增长，我国高校的应届毕业生人数已由1998年的100万人增长为2006年的400万人以上，到2010年已突破600万人。人才供应的增长，其一，有利于我国人力资本积聚、就业者科学文化素质的提高以及综合国力的增强；其二，囿于我国劳动力总体供大于求，社会提供给大学生的城镇单位就业岗位的年增长量远远滞后于毕业生增长的人数，导致全国人才供求形势发生了逆转。原先的高等教育卖方市场已经转变为完全意义上的买方市场，开始出现了大学生就业难的严峻形势，由此导致大学生的就业压力前所未有地增加，校园学习和生活竞争压力更加紧张激烈，广大学生在日常学习和生活中，特别是高年级大学生面对就业压力心理负担较为沉重，更加注重和强调物质待遇和个人发展的机会，以我为主、急功近利，往往忽视了思想品德的修养和锻炼，思想滑坡现象较为明显。

另一方面，由于高校近年来连续扩招，民办高校也不断增加，高校在校生人数保持持续增长的趋势，使得大学生的年龄分段出现多层次性，致使大学生之间的交流沟通的难度相应增加。部分大学生中也出现了不和谐因素，过分强调了竞争、排斥甚至你争我夺，忽视了合作，造成人际关系的紧张。一些大学生甚至为了评上各种先进、奖学金或入党而展开不正当的竞争。再加上现在的大学生以独生子女居多，一般而言，他们自我中心意识强，团结协作能力弱，在紧张的学业和就业压力下，心理承受能力普遍较为脆弱，在挫折面前应对能力较低，容易出现心理障碍，甚至走向极端。面对高等教育改革的不断深入对大学生思想观念和心理发展所造成的巨大冲击，大学生思想政治教育工作必须适应形势发展的需要，给予积极回应，努力创新思想政治教育工作的方式方法，以更好地适应新时期社会主义人才培养的需要。

四、信息网络传播的渗透是大学生思想政治教育创新的重要挑战

当今世界科技进步日新月异，技术更新不断加速，知识经济已现端倪。知识经济时代，计算机与通信的结合、信息高速公路和多媒体技术的发展，使人类从工业社会跃进到信息社会，这必将改变人类社会的生产方式、工作方式、学习方式、生活方式及思维方式，也势必对现行的大学生教育产生重要影响。知识经济时代的到来，使思想政治教育的内容、对象、范围、环境都将因高科技手段的运用而发生重大变化。特别是信息网络技术的高速发展，现代社会跨入网络时代，人们通过网络快速交换、传递信息，分享文明与进步，互联网和信息高速公路已经成为世人关注的焦点。由中国互联网络信息中心（CNN-IC）发布的最新的《第21次中国互联网络发展状况统计报告》显示，截至2016年12月31日，我国网民总数达7.31亿人，相当于欧洲人口总量，位于世界第一位。中国网民数增长迅

速，在过去一年中平均每天增加网民 20 万人。目前中国的网民群体仍以青年为主，总体网民中的 31.8% 都属于 18-24 岁的青年。这个年龄段的网民中，学生网民群体占据重要地位。众所周知，互联网犹如一把无形的双刃剑，在给人类交往方式、生活方式带来根本性变革的同时，也带来了传统社会所无法预知的深层负面影响。在网络社会，传统的信息提供与获取方式已被网络传播所取代，网络化以其信息容量大、内容广泛和多元化以及信息传播的即时性、开放性和交互性的特点，成为当今大学生获取知识和各种信息的重要手段。青年大学生可塑性较强，正处于世界观、人生观、价值观形成的关键时期，面对信息爆炸、知识激增、科学飞速发展的挑战，大学生所承受的影响和压力将会越来越大，在动态的、高速流动的信息社会，大学生的思想状况将会发生深刻的变化。

一是网络上各种思想观点纵横交错，对大学生的思维方式、生活方式和价值观念产生了深远影响，颠覆了他们自小到大社会、学校和家长灌输给他们的传统道德观念。网络给大学生们带来学习和生活丰富多彩、光怪陆离的精彩世界的同时，也使许多人沉迷于其中无法自拔，忽视了虚拟世界和现实世界的区别，对网络游戏和网友的关心胜过自己的学业，甚至导致一些大学生道德观念的丧失。

二是互联网作为一种最具时效性、最有吸引力、最难以管理的高科技信息传播渠道，由于其信息传播的双向、主动和高度自由，从而使任何国家都难以按本国意志对跨国界的网络信息实行有效监控。现在网络信息传播的主导是以美国为首的西方发达国家，他们运用网络这一传播媒介作为其进行意识形态领域渗透强有力的工具，不断散播西方价值观念，冲击其他民族的传统道德和价值观念。在这种形势下，世界观还没有完全形成的大学生如长期置身网络，不可避免地面临着大量西方文化思潮和不同价值观念的冲击，一些大学生的人生观、价值观和道德观容易发生扭曲和错位，盲目效仿西方的生活方式。

三是在网络空间里，各种信息良莠共存其中，对于是非分辨能力较弱的大学生来说，也较难抵御各类诸如色情、暴力等庸俗信息潜移默化的影响和侵蚀。由此可见，面对网络社会信息膨胀及其传播途径的多样化，大学生思想意识和思维方式的个性化、多元化、复杂化也更加明显，这加剧了大学生思想政治教育工作的难度，传统思想政治教育面临空前挑战，从而对思想政治教育工作的方式方法提出了新的更高的要求。

五、思想教育功能的弱化是大学生思想政治教育创新的内在要求

改革开放以来，我国在高校思想政治教育工作方面已经积累了较为丰富的经验，但随着时代的变迁和社会的进步，在大学生群体发生明显变化的条件下，青年大学生的思想极为活跃，更需要科学有效的思想政治教育工作予以引导规范。

就宏观而言，当代大学生的群体构成日益表现出规模扩大、来源多样等特点；就微观而言，当代大学生的生理成熟期普遍前移，心理、思想和社会领域的发展

是大学生人生发展的主题。在心理发展方面，当代大学生明显表现出心理成熟期后移、心理矛盾增多、心理压力加大、心理问题多发等特点；在思想行为方面，影响当代大学生思想活动的因素日趋多样，大学生思想的关注点日趋宽泛和分散，思想文化需求日趋多样，价值取向日趋多元。这些新变化和新特点，对大学生思想政治教育提出了一系列新的课题。

然而面对这些变化和挑战，当下我们的思想政治教育工作却显然有所滞后，地位有所降低，功能有所弱化，成效不甚明显，急需改进和提高。随着高校改革的深入发展，受利益驱动的影响，一些高校不能从战略高度把思想政治教育工作作为高校改革和发展的中心环节来抓，存在着思想政治教育工作"说起来重要、忙起来不要"的状况；特别是作为大学生思想政治教育主体的高校教师，在一定程度上也存在着只重视教学科研，而忽视对学生进行思想引导的"一手硬、一手软"的不良倾向，从而不能很好地发挥大学生思想政治工作的作用。

同时，一些高校的思想政治教育工作不注重从学生的思想实际出发，一味注重灌输说教，往往处于被动应付、消极防范的滞后状态，在很大程度上存在着理论脱离实际的倾向，从而容易引发青年大学生的逆反心理而遭到抵制，思想政治工作不能体现其应有的育人作用。具体地说，大学生思想政治教育的道理讲得多、行为指导少，缺乏针对性、实效性和说服力、感染力，往往存在着"虚而不实""知行脱节"的问题，对大学生集中表现出来的不良思想意识和行为缺乏从根本上解决的机制和方法。许多高校目前普遍存在着思想政治教育工作队伍不稳和人才流失严重的问题，致使这支队伍负担沉重不能有效接续，加之工作方法陈旧、效率较低，从而导致大学生思想政治教育的导向功能不能得到有效发挥。

面对这些困难和问题，高校思想政治教育工作必须主动适应新变化、新情况，创新思想政治教育理念和管理体制，努力建构思想政治教育工作方法新体系，不断强化思想政治教育工作的导向功能，从而真正促进大学生思想政治教育工作的有效开展。

第二章　大学生思想政治教育的现状

第一节　大学生的思想状况

当代大学生的思想状况、思维方式以及行为举止等均深深地烙上了时代的印记。一方面，互联网成为当代大学生社会交往、学习、生活的主要方式已是不容争辩的事实。由此而带来的各种积极的、消极的各种因素也在时刻影响着大学生的思想状况及行为举止；另一方面，新媒体时代信息传播迅速，大学生接收信息的途径多种多样，而缺乏足够辨别是非能力、不能正确树立价值观的大学生极易受到当今社会上各类信息的影响，从而左右个人的思想和行为。

一、追求自由个性

当代的大学生，多是90年代中后期出生的。他们这一代是个性张扬的一代，也是自由意识较为突出的一代，而新媒体拥有海量信息，大学生可以不受时空限制，根据自我喜好自由选择想要的信息。此外，大学生不仅是信息的输入者，而且是信息的输出者。在新媒体的虚拟平台上，他们自由参与信息的传播，收获了在现实世界中无法获得的言论自由表达机会，得到了在现实世界中所无法获得的所谓的"理解"与"信任"，促使他们十分依赖于新媒体。特别是随着网络聊天及移动互联网通讯的普及，新媒体或显性或隐性地影响着当代大学生自由个性的形成与发展已是一个显著的现实。另一方面，由于对新媒体的依赖逐渐转变为信任，这反而更加刺激了当代大学生对自己自由个性的认可与追求，最终造成了当代大学生追求自由个性这样一个明显的思想状况。

二、重视虚拟沟通

随着时代的发展，论坛、邮箱、QQ、微博、微信等新媒体形式为当前大学生人际交往主要的手段和途径。在新媒体的虚拟媒体空间中，多方的交流往往是匿名的，因此便有效减少了其他社会或个体的干扰，对个人言论自由及隐私的保护起到了一定作用，在一定程度上打消了人们的思想顾虑，从而也有利于更好地传递思想交流情感。因此，网络成为了大学生表达所思所想和倾诉自我心声的理想平台，他们渴望通过即时的交流来充分表达自己的意愿和想法，获得他人的认可和尊重，同时希望与思想政治教育者尤其是辅导员老师和学校管理层平等对话，解决自身面临的实际问题。因此，重视虚拟沟通已经是新媒体时代的一个现状。

三、价值观念趋于多元化

校园信息化在一定程度上处于一种时间空间无屏障的状态，信息的发布和运用较之以往更加自由，存在较大的不确定性和不可控性，一些腐朽落后乃至违背社会公德的信息大肆传播。由于大学生的价值观体系尚未完全成熟，缺乏理性判断能力，一旦有来自外界消极信息的干扰乃至渗透，一部分大学生便容易出现主流价值观混乱、价值观主体自由化、理想信念倒退等问题，从而使得高校思想政治教育的前期效果无功而返。大学时期正值人生观、价值观形成的关键时期，其思想的可塑性很强，信息来源的多元化，打破了传统媒体时代大多由老师、家长以及主导媒体的话语权威，形成了大学生价值选择的多元化特征。

（一）自我意识增强

改革开放后，尤其是随着社会主义市场经济体制的建立和完善，当代大学生的自我意识逐渐增强。对自我需要的尊重，对自我价值实现的关注与追求，对自我价值主体地位的确定等，成为当代大学生价值取向的重要因素。尽管从主流看，大学生并没有忘记自己是社会的主体，他们追求社会价值与自我价值的统一，个人与社会的统一，认同自己的发展与社会的繁荣富强是分不开的。但自我意识的增强，在少数人身上以自我为中心的倾向不可忽视。

（二）竞争意识和效益意识增强

当代大学生受市场经济的冲击，他们的生活中无处不体现着竞争二字。例如，学生会干部的评选、奖学金的评选、各种比赛的优胜者评选以及社会工作岗位的竞争。他们不"知足常乐"，不墨守成规，有充分的表现意识，展现自身价值，不断提升自身价值。

（三）民主法治意识增强

大学生崇尚民主、法治社会，并逐渐学会利用法律的武器来保卫自身的合法权利。他们希望国家的制度能够进一步完善，但又不希望自身的自由受到限制。民主意识的增强是当代大学生价值取向积极的表现，但也有少数学生不能处理好权利与义务、民主与法制的关系。另外，我们还应注意到当代大学生主流价值取向与社会主导价值观的背离现象，不能回避这种现象带来的消极影响。主要表现在以下几个方面：

首先是功利观念。一方面传统文化倡导青年人应该具有无私奉献的精神，重利轻义的道德风尚，另一方面，社会主义市场经济承认经济杠杆的作用，认同个人利益的合理地位，由此带来人们对功利的追逐，因而传统价值观受到功利主义的强烈碰撞。

其次是信仰危机。当代大学生越来越关切现实和自身利益，他们在日常学习生活实践中，更加注重学科专业选择的实用性，注重今后的社会地位、爱情婚姻和生活质量。他们在理想和信仰的选择上，更多的是采取实用主义态度，就业时往高收入单位挤，一段时间，"孔雀东南飞"成为当代大学生择业时价值取向的集中表现。

三是诚信和爱心的缺失。诚信和爱心是生存之本，当代大学生在诚信和爱心方面的缺失也是令人担忧的。考试抄袭之风在校园蔓延，假文凭、假证书屡见不鲜，对同学、对社会的冷漠，这些问题，暴露出他们价值取向出现了偏失。

四是责任意识淡薄。责任意识淡薄反映在部分大学生身上已经到了比较严重的地步，一些人我行我素，唯我独尊，今朝有酒今朝醉。在生活上，不珍惜父母的辛勤劳动，超现实消费，贪图享受，没有家庭责任；胸无大志，得过且过，不关心国家大事和社会的发展，没有社会责任；在个人感情问题上，不图天长地久，只图曾经拥有，缺乏自己对他人的道义责任等。

第二节　大学生思想政治教育存在的问题

当今社会环境因素与新媒体技术的双重影响，引发了当代大学生思想政治教育存在一些问题，主要体现在教育内容不具备针对性、教育载体滞后以及教育主体的优势地位受到挑战等方面。

一、教育内容缺乏针对性

传统的大学生思想政治教育与大学生思想实际不贴近，在紧扣大学生学习生活方面尚有欠缺，实效性及针对性匮乏，感召力和吸引力也不强。长期以来，思想政治教育工作习惯于提要求和讲灌输，但从学生思想状况和学习生活实际出发解决问题却比较欠缺。当代大学生面临学习、心理、权益、就业等诸多问题，相当多的学生承受着来自学习、就业、经济、人际交往等方面的压力，许多社会问题在他们身上也都有所反映，一些学生感到迷茫、压抑、焦虑，进而产生许多心理问题。故仅仅从思想方面提要求往往无助于解决一些具体问题，这使得学生感到思想政治教育工作不能适应当今社会的实际和大学生自身的实际。

在传统大学生思想政治教育中，由于教育对象的思想动态与新媒体时代具有显著的同步性，因此教育内容的单一性已经完全不适应当代大学生追求自由与多样的时代需要。此外，面对虚拟空间中层出不穷的大学生新的心理问题，传统思想政治教育只是简单地搬用以往的教育内容和教育方式，并未能设计出更有针对性的新举措。由于当代的大学生是生活在新媒体时代这个大社会环境之中的，其所受到的教育自然要针对现实环境，顺应时代的需要，从而使学生具有明辨是非的能力，进而能适应现实社会的能力。而事实上由于种种原因，目前大学生思想政治教育的现状却并非如此。主要原因可归结于，传统思想政治教育在内容方面缺乏针对性，作为当代的思想政治教育者，理应在思想理念及教育水平两方面做到与时俱进，根据新媒体时代大学生新出现的思想状况及时调整教育内容，以提升教育的针对性和实效性。

二、教育载体状况分析

传统的大学生思想政治教育载体主要包括课堂教学、班级活动、社会实践、校园文化等活动，虽然这些教育载体在一定的时代背景下显现出了其实用性，但其中还存在不少弊端。

（一）载体功能的僵化

课堂是学生学习知识、提高思想政治觉悟的主阵地。各高校中应充分利用课堂载体，坚持传授知识与提高学生思想政治素质相统一，帮助学生形成完善的人格。

首先，教学内容的滞后性。伴随新媒体技术的进步及广泛应用，许多思想政治教育者己尝试开始采用新媒体形式开展大学生思想政治教育工作，例如开设思想政治教育主题论坛，设立思想政治教育网络社区主页，开发移动互联网平台等等，这些载体形式对促进大学生思想政治教育的发展起到了一定作用。然而，许多高校思想政治教育的教育者、管理者的教育理念还偏于保守，偏爱的仍是思想政治教育的传统载体形式，他们习惯于使用传统教育手段，对新媒体技术发展的益处与前景认识不清，改革教育形式的自身动力不足，这便直接导致思想政治教育的载体选择实际上并无法充分满足当代大学生的需求，教育载体存在明显的滞后性。理论脱离现实，就会失去根基，没有说服力，这也是学生容易对政治心理课产生逆反心理、不愿接受的主要原因。

其次，教学方法的单一性。高校政治理论课教师的教学方法仍是以课堂讲授为主，一味突出教师的主导作用，仅以学生被动接受，缺乏激发学生思考、主动积极参与的方法和手段。

最后，不能与专业课课堂形成合力。学生思想政治教育工作，不应该只是思想政治理论课教师、辅导员、学生工作管理者的"独唱"，而应是全体任课教师与全体学生的"合唱"。在高校校园中存在这样的现象：一些专业课教师，随便对社会现象进行不负责任的评价，课堂上宣泄自己的情绪。这会对学生产生长久的不良影响，甚至毁掉政治课教师长期努力的成果。

（二）管理载体功能的弱化

现在大部分学生缺乏主动学习意愿，经常三分钟热情，不能够保持持久学习的状态。因此必须切实落实管理载体的作用，督促学生养成学习习惯。目前部分高校管理部门和管理者缺乏思想政治教育理论知识和自觉对学生进行思想教育的意识，把管理与思想政治教育分割开来。部分管理者认为，只要学生不出现安全事故、不违反学校规定，安心上课，顺利拿到毕业证就万事大吉了，把学生的思想问题、心理包袱完全交给辅导员与政治理论课老师。管理功能的弱化，直接影响了高校思想政治教育的时效性的发挥。

（三）活动载体的形式化

高校的学生多数在高中阶段成绩是班级的中等学生，并非各类学霸，他们往往是班级中的活跃分子，具有多种多样的才华。因此他们喜欢参加各种活动，渴望通过活动施展自己的才华并得到大家的认可。故此，活动载体是高校思想政治教育载体中最具吸引力的形式。目前，部分高校在运用活动载体时片面追求形式而非内容，使活动成为与思想政治教育无关的"装饰"或"表演"。例如：一些思想政治教育工作者在组织活动时单纯追求流行和时尚，最终起到的作用只是以乐代教而不是寓教于乐；还有些思想政治教育工作者把组织活动总体数量作为考核业绩的标准，忽略了活动的实际效果；此外一些活动存在严重的短期性、暂时性等问题，活动大张旗鼓地开始，但随后又悄无声息地结束了。活动载体的形式化，严重束缚了高校思想政治教育功能的发挥。

三、教育主体优势地位出现动摇

对于教育对象而言，传统的思想政治教育主体不仅具有其特色的理论优势，而且还富有历史、人文、社会等底蕴优势，教育者在多年知识信息积累的基础上，可以在教育过程中充分展现自我的教育魅力，也就是对于受教育者而言，他们是处于优势地位的。由于教育者对传统媒体占有量较多，他们可以及时准确地把握社会经济、政治和文化动态，并结合思想政治理论教育，从而丰富教育形式，充实教育内容，提升思想政治教育的凝聚力和向心力。因此，传统思想政治教育是在教育主体和教育客体的知识信息不对称的基础上建立起来的。不过，新媒体打破了这种传统格局，在新媒体时代，海量的知识信息传播快捷，具有大众性特征，而大学生作为新媒体运用的主要力量，可以借助新媒体快速获得各类社会信息，甚至在某些方面的了解比老师还要多，从而改变了自身在传统教育中知识信息劣势的格局。导致教师在学生心目中的形象变得不再高大无比，其在学生心目中的优势地位也开始下滑，这便对传统思想政治教育者的主体地位带来了挑战，从而使教育主体的优势地位出现动摇。

第三节　原因分析

结合理论研究以及调研、分析实际情况可知，造成新媒体时代大学生思想政治教育现状的原因是多方面的。首先是新媒体时代的影响作用；其次是新媒体技术对原有信息载体技术的强有力冲击；再者，便是新媒体社会对大学生思想政治教育的综合作用，包括对教育主体的影响、社会环境对思想政治教育的影响等方面。

一、新媒体时代的影响

新媒体时代对大学生思想政治教育的冲击力很强。事实上，每一次大众传播媒介的深刻变革，都会给人们的社会生活带来巨大的影响。而新媒体对思想政治教育的影响也不例外。在各种新媒体包罗万象的信息影响下，人们也潜移默化地改变着自己的生活方式、思维方式和价值观念。新媒体以其独特的传播方式和丰富的传播内容，对人们的思想、学习和生活方式产生着深远影响。大学生思想活跃、思维敏捷、易于接受新生事物，是时尚的永远追随者。新媒体以其信息资源的丰富和交流的便捷，必然成为大学生获取和交流信息的重要渠道，受到大学生的广泛关注和喜爱，使他们成为接触和使用新媒体最早最直接的群体之一。大学生思想政治教育工作者应充分关注网络新媒体的影响，主动、积极地利用新媒体为思想政治教育工作服务，不断丰富工作的新手段，开拓育人的新空间，从而影响现代教育的载体形式、影响教育主体的优势地位、影响新媒体时代的思想政治教育的内容。

新媒体具有互动性、多媒介、数字化、及时性等特点，对大学生发展有着重要的影响，其中有积极的影响也有消极的影响。积极的方面包括大学生能有平等交流与主动参与的机会，大学生思想的集中表达和意见的传播，社会道德、价值与法律的探讨与促进等。首先，新媒体拓宽了个人接受信息的渠道。迅捷方便的平台、海量的信息让世界变大了，距离变小了。新媒体拓宽了个人接受信息的渠道，改变了人们单单依靠传统媒体造成的信息不即时的弊端。其次，新媒体由于信息的透明公开，使传播主题大众化，大学生可以就自己身边发生的或者自己关心的事情发表意见。个人观点态度的叠加就会造成舆论的压力，对决策者的行为产生影响。

同时新媒体时代下的网络环境对大学生也有负面的影响，如信息过载的负担、自由主义和自我意识的泛滥、人际关系冷漠和情感迷失、网络舆论暴力、核心价值文化的冲突等。

二、新媒体技术的冲击

新媒体作为一种新兴的传播媒介，正在经历着一个从起步到日趋成熟的阶段。而新媒体技术的快速发展则改变了人们的生活方式，改变了人们的思维方式，改变了人们获取信息的渠道，从而在一定程度上促成了新媒体时代的思想政治教育的现状。换句话说，新媒体技术对大学生思想政治教育带来了强烈的冲击。媒体是教育进步、人类文化传播的必要手段，其进步与应用也不断地改变着、影响着思想政治教育的现状。而媒体技术本身也构成了一种新的教育内容、教育形式，它既是重要的社会惯例构成，也是工业体系的延伸。传媒加强人们新近形成的日常礼节和习俗，为人们重建认同感和记忆提供新的素材。

在全媒体时代，新的媒体技术一方面迅速刷新人们的传统认知结构，另一方面也在塑造一种崭新的文化形态。从现实来看，新媒体赋予人们话语权、生产效率、传播力，增强了公开性、透明度和创造性。教育内容与形式与信息的传播途径从来没有像今天这样丰富、多元、及时和生动，同时新媒体也从来没有像今天这样被人们与社会所关注。这样导致的结果便是新媒体技术冲击着原有的教育载体，使当今大学生思想政治教育载体严重滞后，不适应于新媒体时代教育载体的需求。因此，新媒体技术的冲击在一定程度上影响了现代思想政治教育的现状。

三、新媒体社会发展的刺激

新媒体发展到今天，和它所处的社会环境是密不可分的。新媒体环境是随着在信息技术日新月异变化的新形势下，互联网的互动、手机与互联网的互动，以及互联网络、手机网络、电视网络三网融合等形成的。随着科学技术和经济社会的发展，由网络与手机等新媒体形成的新媒体环境迅速实现了阅读、书写、运算和传播方式的重大改革，从而使教育从时间、空间和实践结果上也都引发起了一场大革命。而这场革命同时也会为新媒体社会的发展带来一定的影响；同时，社会发展的刺激作用也十分明显。比如，它使现代教育主体的优势地位变得不那么明显。作为受教育者的大学生可能在互联网、微博、论坛等方面得到的知识比作为教育主体的老师还要多，就直接导致学生对老师的尊敬程度下降，甚至怀疑老师的能力，造成老师在学生面前的优势地位产生动摇。

在目前这样一个充分多元化的利用新媒体技术而传播信息的大市场上，大一统的受众群体则越来越被分割为众多小型的、社区化的、多方向的传播交流小群体；而数字化生存、信息资源的丰富性和传播手段的多样化，将是众多纸质媒体在网络时代追求的目标。由于技术革命与技术创新所推动的发展是不可抗拒的，技术落后和生产方式的陈旧而导致的被淘汰，也是不可避免的。因此，新兴媒体的出现是对传统媒介权力的威胁。新媒体会导致新的权利中心的出现，从而在现存的主导性的威权内部引发日渐激化的紧张状态；另一方面，新媒体有时候会绕开己经建立起来的媒体传输机构，发布遭到禁止或限制的信息，通过这种方式来破坏控制社会知识的等级制度。然而，媒体被视为承担了广泛的社会利益的社会机构，其基本职能就是满足社会公众的各种精神文化需要，即"社会公器"的"公共利益"诉求。为此，媒体的内容呈现也必须符合有形或无形的社会规范，其结构组成和社会活动必须受到一定程度的限制。因此，从这个角度来理解，新媒体社会发展到今天，它对思想政治教育的刺激作用在一定程度上造成了当前的教育现状。

综上所述，新媒体时代大学生思想政治教育现状错综复杂。一方面，大学生群体是互联网络使用的主力军，其思想、行为以及心理状况均受到互联网不同程度的影响；另一方面，受新媒体技术、新媒体时代以及社会环境等因素的综合影响，大学生思想政治教育本身在教育内容、教育载体、教育主体等方面存在一些问题，影响了大学生思想政治教育的实效性及其发展。为了解决这些问题，对当前的大学生思想政治教育现状分析其成因，并根据原因实施针对性的创新策略，势在必行。

第三章 大学生思想政治教育现实对策分析

新媒体时代，大学生思想政治教育遇到了前所未有的挑战和机遇。我们应该充分认识到大学生思想政治教育所面临的新境遇，认真分析社会环境变化对大学生思想政治教育产生的深刻影响，思想政治教育在新境遇下的新变化及其呈现出的新特点等，从而寻求并创新适应新媒体时代的大学生思想政治教育新方法、新对策，促进大学生思想政治教育的不断进步与发展。

教育对策的创新，包含的范围很广。针对前面所分析的问题，目前对大学生思想政治教育的创新应主要针对以下几方面，即丰富思想政治教育内容、延展思想政治教育载体、提升思想政治教育水平、拓展思想政治教育途径。

第一节 扩充思想政治教育内容

与时俱进是马克思主义的理论品质，大学生思想政治教育同样需要与时俱进。而扩充思想政治教育内容是为原来的思想政治教育注入新鲜血液，促进大学生思想政治教育的发展，使其顺应新媒体时代发展的潮流，确保大学生思想政治教育做到与时俱进。大学生思想政治教育发展到当今的新媒体时代，其教育内容需要丰富与创新。新媒体时代的冲击会对原有的教育内容造成影响，使之不再适应、或者说不再完全适应当今时代的发展需求；当代大学生的思想行为"日趋宽泛和分散，思想文化需求日益多样，价值取向日趋多元"这些现状，也造成了原有的教育内容不能充分满足当代大学生适应于社会的需求。加之原有的教育内容在当今社会看来过于单一与陈旧，的确需要吸收新鲜成分。因此，扩充大学生思想政治教育内容是正确的选择。应从以下方面考虑丰富其教育内容。

一、发挥内容实效性

理论联系实际，是马克思主义的基本原则，是实事求是思想路线的要求，是马克思主义学风的体现。而理论联系实际，就是要从马克思主义基本原理出发，联系社会实际与国内外大局，继而去发现和分析问题。而在当前新媒体时代背景下，大学生渴求自由个性，思想状况层次不一，因此必须从学生具体实际出发，制定并围绕不同的教育目标来设计创新教育内容，积极开展贴近学生的教育引导活动。

发挥内容实效性必须紧扣大学生身心发展实际特点，从改革开放和社会主义现代化建设的实际出发，从大学生的思想实际出发，将时代特征与世界观、价值观、人生观教育紧密结合，联系思想教育与知识传授，例如开发"时政教学"模式，挖掘时政新闻与教材知识的交汇点，将国家要事、社会大事、百姓难事融入到思想政治教育中来，成为一部生动的现实教材。

二、创设内容层次性

在新媒体的时代背景下，思想政治教育不能仅停留在澄清价值与教授知识的表层，而要走向价值抉择与理念明确的里层，这便要求思想政治教育的内容不能只做门面功夫，而是要做到层次分明，内涵丰富。有学者曾将思想政治教育内容分为三个层次。第一层次是以"马克思主义基本原理概论，"毛泽东思想和中国特色社会主义理论概论""思想道德修养与法律基础"等思想政治理论课为主，这一层次居于思想政治教育内容的核心地位；第二层次是以参考资料、典型案例以及与其相关的链接网站等与核心内容相符合的背景知识介绍和述评为主，这一层次居于次要地位；第三层次是以大量集合新的观点、优秀成果和名师讲座等形式为主，主要目的为拓宽学生的视野，将教育居于内容本身的延伸线上。

创新思想政治教育内容可以充分发挥新媒体优势，利用逐步渗透、层层递进的方式，构建传统思想政治教育内容与创新型思想政治教育内容相结合的体系，其中既有中国特色社会主义理论体系的思想教育，党的基本纲领、基本理论、基本经验教育，中国革命建设及改革开放的教育，民族及时代精神教育，社会公德、家庭美德、职场道德教育，也有健康教育、人文精神及科学素质教育、法制道德教育、心理健康教育。将思想政治教育与大学生特色及新媒体时代需求结合起来，才能更好地发挥教育的更大功能。总而言之，创新思想政治教育内容必须以受教育者的背景、喜好及需求为基础，创设层次多样的教育内容，提升思想政治教育内容的针对性。

三、重视内容服务性

就本质而言，思想政治教育其实更像是一种提升大学生思想素质的服务，思想政治教育内容需要一定的说教成分，但更应包含心理层面的辅助，着力扭转大学生在世界观、人生观。价值观方面遭遇的迷茫环境，全力解决大学生在学习、事业、爱情等方面遇到的困难问题，立足尊重、信任与关怀，帮助大学生树立正确的价值观念，使其成为明辨是非的主体，使其顺乎社会主流发展趋势的要求。

注重教育内容的服务性，是创新思想政治教育内容的一个较为重要的方面，是创新思想政治教育内容的可靠路径，是构建思想政治和谐教育的正确途径。思想政治教育内容的服务性应注重发挥大学生的积极个人因素，摒弃消极个人因素，用以人为本的教育理念为指导，为大学生创设倾诉与表达的平台，积极鼓励其投身社会主义主流文化的建设。

第二节　丰富思想政治教育载体

思想政治教育载体，是指在思想政治教育的过程中，能够承载和传递与思想政治教育有关的内容或信息，并为思想政治教育主体所运用，促使思想政治教育主客体之间互动的活动形式和物质实体，它包括传统载体和现代载体两种。传统载体指的是思想政治教育过程中早已产生且至今仍持续发挥作用的载体，主要包括研讨会、座谈会、面谈等形式。现代载体则指的是随着现代社会发展而产生的带有全新时代特征的载体方式，从当前来看，新媒体便是现代载体的重要部分。此外，若是从活动主体、方式的差异角度来分类，也可将载体形式分为物质载体（如校园风格）、制度载体（如学校管理规章制度）、精神载体（如校园文化活动）、传媒载体（如传统的广播、报纸、电视、书籍等传统传媒和新媒体）等等，伴随新媒体时代的降临，思想政治教育的主客体呈现多重发展趋势，丰富载体成为了进行思想政治教育工作的重要手段。

一、加强载体数字化建设

当今时代，数字化技术日新月异，蓬勃发展，对思想政治教育的革新也起到了强有力的推动促进作用，深入建设数字化教材体系，努力开发与大学生身心发展特点相匹配、与思想政治教育目标与任务相吻合的优秀新媒体教学软件，不仅是与时俱进的创举，更是发展思想政治教育载体的有效途径之一。在加强数字化载体建设的实践方面，我们可以看到许多生动而又富有实效的事例，例如清明网上公祭活动、网上党建论坛、网络党校以及虚拟班级等等，这些数字化载体的具体体现，从一个侧面反映出了新媒体时代浓浓的时代气息。

二、加深载体复合化建设

作为结合了传统媒体与现代媒体的独特的生态系统，校园载体具有整体性、开放性及动态性等特点，归结成一点便是具有极强的复合性。因此，校园载体复合化建设是否深入直接影响到其载体最大功能的发挥。加深载体复合化建设，首先必须巩固加强传统媒体教育，发挥校园电视台、广播、宣传栏、校报、校刊等宣传阵地在校园文化建设中的传统优势。其次，应在融合校园各类媒体的基础框架上，创建新的媒体环境，重新整合各类媒体，打造新的媒介形式，如可运用体育场媒体、教学楼媒体、生活区媒体、校园走道媒体等形式展开思想政治教育活动，具体媒体形式可参见表3-1。对各类校园媒体的有效运用，有利于构建意识形态及思想政治教育阵地，通过持续传递正确的思想观念及指导价值，继而营造融洽的育人氛围，促进当代大学生思想政治教育实效性效果的实现。

表3-1 校园可用来开展思想政治教育的新媒体

新媒体种类	具体内容
食堂媒体	立柱
	墙面
	镜框
	餐桌
宿舍媒体	门贴
浴室媒体	墙面
	立柱
	柜贴
公共通道媒体	楼宇展架
	灯箱
	镜框
	电梯广告框
运动场媒体	围栏
	立柱
	仪表镜
	共用电器外壳

三、加快新旧载体互动化建设

首先需要明确一点的是，新媒体的所谓"新"是相对的，它同样是在不断发展变化的。例如与报刊相较，广播是新媒体，而与电视、网络相较，广播则又退位为旧媒体了。实际上，新媒体与旧媒体长期共存，并无完全取代之说。新旧媒体只有广泛开展合作，加快互动化建设，才能适应不同文化程度、不同经济条件、不同个人偏好的大学生的个性化的需求。

这方面要做的工作我们要从以下几个方面着手：一方面是将新媒体技术与传统教育方式进行有机结合，充分发挥载体的合力作用，令传统思想政治教育得以朝着创新道路前行，从而丰富思想政治教育途径与方法，满足不同学生群体在不同阶段下接受思想政治教育的需要。另一方面，则要探索虚拟空间与现实空间相统一的工作新思路，既要通过网络、手机等新形式采集学生的心理动态，也要通过意见箱、报告会等旧形式分析处理学生的思想问题。

尽管新媒体技术在信息传播中已扮演了至关重要的角色，但传统媒体在公信力及导向性方面却始终保有自己的独特优势，在今后较长一个阶段内都不会被新媒体技术完全取代。因此，在新媒体时代背景下，只有将新媒体与旧媒体进行有效融合，才能形成良性互动、优势互补的新格局，推动大学生思想政治教育工作效率的最优化。

第三节　提升思想政治教育水平

思想政治教育水平的高低与教育者自身以及其教育工作如何开展等因素密切相关。教育者始终是教育的主力军。教育者综合能力的高低在很大程度上能够决定教育质量的好与坏。因此，为了确保和提升当代大学生思想政治教育的质量，必须要拥有一批素质高、综合能力强、创新意识突出的教育工作者。另外，为了保证教育的实效性，如何正确、合理而又有效地开展当代大学生的思想政治教育工作，也是一个关键因素。

一、切实提升大众传媒从业人员综合素质

根据传播学原理，大众传播效果的形成受到多种因素和条件的制约，但在这一过程中居于最优越地位的无疑是作为传播主体的传播者。传播者掌握着传播工具与传播的手段，还决定着传播信息内容的取舍，是传播过程的控制者，发挥着主动的作用。

当代社会，随着生活节奏的日益加速，人们的日常生活受大众传播的影响也逐渐加深。大学生的日常生活与大众传播紧密相连。大众传播在为大学生日常生活带来诸多积极影响的同时，也不可避免地带来了一些负面效应。如一些反党反人民、仇视社会主义、否认改革开放巨大成就的不良言论，会对大学生的价值理念产生干扰，而那些包含色情暴力的低级庸俗的不良信息更会侵蚀大学生的心智。要解决这些问题，就必须牢牢把握大众传播的舆论导向，使其发挥正面的传播和教育效果。这个时候，作为控制者的大众传媒从业人员便起到了至关重要的作用。因此，只有切实提升大众传媒从业人员的综合素质，才能开辟出一条正确畅通的思想政治教育信息传播道路。

一是要进一步提高大众传媒从业人员的政治素质。由于受众复杂多样，大众传播的道路也必然是多样化，但不管怎样蜿蜒曲折，其大方向必须是始终沿着中国特色社会主义发展路径前行。因此，作为大众传播活动的引领者，大众传播从业人员必须注重培养自身政治素养。一方面，要积极主动地提高自身理论政策水平，深化思想政治意识，树立正确的传播观；另一方面，要不断努力提升道德素质和文化素质，加强自身责任感和自律性，使自己成为道德高尚的传播者，从而把积极向上的信息传播给广大大学生。

二是要完善大众传媒从业人员的自律机制。自律是社会道德责任感的一种重

要体现。传播者只有遵从职业操守，恪守道德规范，实事求是地传播信息，才能在受众中产生积极影响。媒体只有发挥好监督职能，曝光不良风气，宣扬社会正能量，才能形成良好的社会舆论氛围。也只有依托优良的社会舆论环境，思想政治教育工作才能达到预期的良好效果。

二、培养专业的思想政治教育者

发挥好大众传播载体的思想政治教育功能，除了需要切实提升大众传媒从业人员的综合素质之外，对广大思想政治教育者进行培养也很必要。加强思想政治教育者队伍的培育，提高思想政治教育者的综合素质，将更有利于利用大众传媒载体落实好当代大学生思想政治教育工作。

首先要更新观念。观念促成行动，要培养专业的思想政治教育队伍，必须要以现代化的思想政治教育观念为先导，着力转变固有的旧观念。一方面，思想政治教育者要明确大众传播载体的有效地位，认清其在思想政治教育工作中起到的关键作用。大学生思想政治教育活动必须有效利用大众传播载体，调动大学生在思维模式、生活方式等方面的有效转变；另一方面，思想政治教育者也要认识到当代思想政治教育工作在新媒体时代背景下的紧迫感，必须从提升自身政治理论水平出发，牢固掌握思想政治教育规律，深度熟悉大众传播相关知识，深入把握大众传媒特点，这样才能从容应对大众传播带来的种种挑战。因此，新媒体时代的思想政治教育者要时刻带着新认识和新观念，牢牢把握住大众传播这个载体。

其次要学习传播学技巧。所谓传播技巧，指的是在传播活动中，为顺利达到说服目的而采用的方法与策略。它是通过对传播规律、原理进行灵活运用而表现出来的一种既特殊又具体的传播方法，其主旨是为传播内容服务的。传播技巧是传播理论的关键要素，是传播者理论经验与政治素养的集中体现，通过合理地运用传播技巧来组织思想政治教育信息的传播，可以有效地将要传播的信息传给受众，作为新媒体时代的思想政治教育者，在充分利用大众传播载体的同时，还应积极主动地将传播技巧整合到具体的思想政治教育活动中来，切实加强思想政治教育活动的传播效果。专业的思想政治教育者队伍的发展壮大，需要思想政治教育者们深入学习贯彻传播学知识，理解传播学技巧，利用扎实的理论知识，结合学生实际特点展开具有强烈感染力的生动活泼的思想政治工作，只有这样才能达到预期目的。

三、发挥多种媒体良性互动的综合效应

大众传播的不同传媒具有的优势和特点各不相同。如何有效地利用不同传媒的特点，形成多种媒体优势互补、良性互动的综合格局，是我们在创新大众传播载体时应大力思考的问题。

第一要了解和熟悉各类传媒的特点，有针对性地开展思想政治教育工作。不

同的大众传媒具有自身与众不同的特点，不同的接受者对大众传媒的接受程度也不尽相同。例如对于报刊、书籍而言，大学生文化程度较高，对其巨大的信息量及丰富的内容能较好地理解，因此它的理论色彩可以相对浓厚一些。而电视、网络等更新速度快，应尽量避免使用晦涩难懂的表达方式，而应多采用明快简洁的语言来进行信息传递。因此，思想政治教育者应当根据不同情况，采用不同的传播方式，以期达到最优的教育目的。

第二则要多种媒体优势互补、良性互动，全方位多角度地展开思想政治教育工作。大众传媒形式多样，不论报纸、广播、电视、网络都能够独立担当思想政治教育的有益载体，并且灵活地发挥好其教育功用。因此，思想政治教育者应灵活运用各种传媒手段，加强各类媒体的导向作用，在传播中潜移默化地渗透道德素质与精神价值。此外，思想政治教育者还应协调好各种传媒方式之间相互补充的关系，发挥互补性，提高影响力。

第三是要认可教育客体的主体性，加强互动性。在大众传播活动中，尊重认可教育客体的主体性，是增强其主体意识的必然要求，也是运用好大众传播载体的客观需要。而"互动"则可以充分体现受众的利益，令受众自愿地参与到大众传播的活动中来。因此，调动大学生的主体意识，令其参与传播互动，不仅能使大学生的精神文化需求得以满足，而且也能使其利益得以体现，目的得以实现。

第四节　拓宽思想政治教育途径

大学生思想政治教育已迈入崭新的新媒体时代，大学生也开始表现出许多全新的特点。在新的时代背景下，原有的思想政治教育途径显得非常狭窄，既与当代大学生所需的思想政治教育不适应，又不利于思想政治教育在新媒体时代下的持续发展。因此，有效地利用新媒体，加强思想政治教育的实效性和针对性，对旧有的思想政治教育进行创新，拓宽思想政治教育途径，是大学生思想政治教育工作的必要举措。

一、转变观念，加强学习，实现新时代教学结合

长期以来，大学生思想政治教育多采用灌输式教育法，老师、学校、主流媒体拥有无可置喙的话语权威，对大学生的教化往往采用说教的形式，极易引发大学生受众的逆反心理。在新媒体时代的背景下，这种传统老旧的思想政治教育方式弊端尽显，已不适应如今时代的发展需要。新媒体时代，大学生思维活跃，独立思考能力强，对新媒体信息兴趣浓厚，对于新媒体技术也能快速熟练地掌握，并即时运用到自己的学习生活之中。相比之下，许多高校思想政治教育者因循守旧，接受新生事物的能力薄弱，加之受自身新媒体技术所限，思想政治教育过程中时代感不强，思想政治教育工作往往达不到预期的理想效果。因此，在新媒体

时代，高校思想政治教育者必须重新考量新媒体元素的重要性，自觉将其融入到日常的思想政治教育中，紧扣大学生身心实际，有针对性地开展思想政治教育工作。根据不同学生特点适时转换教育方式，充分体现互动性，让学生们自己主动接触新媒体，通过接触来学习自己需要的知识，即做到教学结合。另外，教育者本身还需提高自身的技术水平，与时代接轨，与社会及时代发展的需要接轨。新媒体时代的思想政治教育不仅是实施教育，更是不断地进行自我教育。因此，思想政治教育者要时刻把握新媒体技术，不断更新教育观念，充分利用新媒体实现教学结合，从而使思想政治教育不断发展与创新。

二、拓宽渠道，加强引导，提升大学生媒介素养

面对具有多元化、虚拟性和自由性的新媒体，大学生思想政治教育工作者要积极拓展新的教育渠道，加强大学生的媒介素养教育。所谓媒介素养，是指人们对各种媒介信息的解读、批判能力和使信息为个人生活、社会发展所用的能力。在新媒体时代，每个人既是信息的输入者，也是信息的输出者。因此，媒介素养应包括作为输入者的素养和作为输出者的素养两方面。作为输入者，即作为接受者，应能够有理性分析媒介信息的能力，尤其是对消极负面信息的批判抵御能力；而作为输出者，即作为传播者，则要自觉提升素养，强化自身的道德精神。面对新媒体时代的海量信息，一部分大学生因辨别能力不足，成为了消极落后信息的俘虏，甚至成为那些三俗文化的输出者。为此，思想政治教育者应拓宽渠道，加强引导，不断提升大学生媒介素养，要着重加强大学生对媒介信息的选择、处理、分析、理解、评估、运用的能力，以及输入输出媒介信息的能力。例如思想政治教育者可以将道德教育融入到课程教学中，或利用知识讲座、选修课等方式锻炼学生的媒介素养，促使学生树立正确的媒体观，提高对有害信息的免疫能力，自觉恪守道德规范与媒体守则。科学运用新媒体资源，努力营造和谐文明的校园新媒体文化氛围，从而达到提高大学生媒介素养之目的。

三、抢占阵地，增强监督，完善新媒体信息环境

新媒体来势汹汹，不仅形式生动，而且渗透力强。对此，高校思想政治教育者要学会科学利用网络信息载体，努力为思想政治教育创造便利条件。例如建立以思想政治教育为主题的网站，抢占网络思想政治教育的新阵地，使思想政治教育内容从课堂的现实空间跳跃至网络的虚拟空间中。在主题网站的基础上，还可创设如讨论吧、贴吧、微博等网络阵地，培养学生的"网络综合"能力。除了建设网站之外，还要重视后期对网站的管理和监督，运用先进的技术手段对网络的信息传播进行把关，通过设立网络监督员，对网络的一些不文明信息进行及时地处理和过滤，通过有效的监控和科学的引导，为大学生的健康成长铺开一片沃土。

另外，新媒体信息环境优化，要充分改善教育主客体周围的信息条件，综合

利用积极因素，优化信息资源。完善新媒体信息环境是整个社会的责任，需要社会各层面的共同参与，政府应加强对大众传播的监察力度，保证大众传播的正确舆论导向，同时制定和完善相关法规，为大学生思想政治教育提供健康向上的社会大环境。高校则要深化对新媒体的研究，努力探索新媒体时代背景下思想政治教育工作的规律和新特点，将当代的思想政治教育内容融入到新媒体的传播路径中，加强全局管理，为高校校园带来一个积极健康的新媒体信息环境，从而促进大学生思想政治教育积极健康地向前发展。在教育者层面，高校教师应根据自己的实际情况，努力提高新媒体综合技能和专业知识，确保在学生面前的优势地位，不断创新与提高教育方法与手段，力争做到充分调动当代大学生学习思想政治教育的积极性，引导学生树立正确的科学观、人生观与价值观，坚决杜绝向学生透露不良信息、有害信息以及可能危害学生身心健康的信息，积极引导学生杜绝不良信息的侵入、提高辨别虚假信息的能力，养成拒绝接受危害自己身心健康信息的习惯，在主观上做到优化新媒体信息环境，为当代的大学生思想政治教育事业尽自己应尽的责任与义务。

综上所述，新媒体时代下，大学生思想政治教育创新的主要关键就在于丰富思想政治教育内容，延展思想政治教育载体，提升思想政治教育水平，拓宽思想政治教育途径。对于整个大学生思想政治教育策略的创新而言，做到这些还远远不够，需要更为深入、全面的研究。

第四章 大学生思想政治教育价值理念的创新研究

新媒体是相对于报刊、广播、电视等传统媒体而言的媒体形态，它以互联网、数字存储和移动通讯为技术支撑，以网络论坛、手机报、博客、微博、微信、数字电视为主要形态，是一种向社会公众提供信息服务的新兴媒体。新媒体的交互性与即时性、海量性与共享性、多媒体与超文本、个性化与群体化等潜力和特点正快速改变着人们的生活方式，深刻影响着人们固有的思维模式和生活样态，塑造着人们的价值观念和精神风貌。新媒体自诞生到鼎盛具有周期短、速度快、认可度高、运用范围广等特点，因为其契合了当前大众的需要，特别是更成为大学生获取信息和进行社交沟通的重要渠道，故而对创新高校思想政治教育价值理念提出了客观要求。

第一节 大学生思想政治教育价值理念创新的必要性

新媒体时代大学生思想政治教育面临着许多新的问题，这些问题的存在在客观上要求我们必须认真思考大学生思想政治教育价值理念的创新。

一、新媒体时代大学生群体的价值心理有明显变化

新媒体的影响力在当今大学生群体中表现得尤为明显。如今的在校大学生，大多是独生子女，独特的成长环境使他们形成了一些较为特殊的心理价值倾向，其群体性格在现实生活中往往表现为鲜明的个性化——重视自我或彰显自我，追求个性解放和自我价值实现，对传统容易表现出一定的逆反性心理倾向等。

当大学生"遇上"新媒体后，特别是在虚拟网络空间中，他们因剥离了社会身份和附加属性，交流变得更为隐蔽和自由，言论和表达也会异常活跃和流畅，话题价值基调、是非观念取向总体正向且积极，但因大学生的心理特征和喜好偏向，也往往会以一种非常态化、调侃自嘲的形式呈现。

高校思想政治教育工作者在新媒体环境下也面临新的机遇和挑战，必须保持

思想政治教育工作稳步推进，要致力于创新新媒体时代下大学生思想政治教育工作的价值理念，奠定新媒体时代思想政治教育工作的价值基础。

二、新媒体时代大学生思想政治教育模式应当与时　进

（一）大学生思想政治教育必须充分发挥新媒体的特色和优势

近年来，高校思想政治教育研究不断深入，十八大报告也为我们探寻利用新的思想政治教育载体提供了方向。在相当长的时期，高校思想政治教育是以传授理论知识为主，按照主题来设计理论板块，诸如爱国主义、集体主义、社会主义教育，以及理想、道德、纪律、法制、国防和民族团结等。如果按照主题进行纯粹的理论知识传授难免会枯燥、乏味、单调，也会与大学生实际需求、社会现实问题以及社会实践环节相脱节，背离了需求是产生行为的原始推动力这一原则。通常情况下，高校思想政治教育工作者在载体使用上主要以黑板、粉笔、教鞭等传统的教学工具为主，即便增加了多媒体教学环节也只是一种点缀，从总体上看缺乏新鲜感和吸引力，无法将学生从手机小屏幕吸引到课堂中来。高校思想政治教育工作者应该把握时代的脉搏，从大学生实际需求出发，充分发挥新媒体的独特品格和作用。

在传统的思想政治教育模式中，教育主体身份具有确定性，而新媒体条件下思想政治教育主客体则具有模糊性和不确定性。在传统思想政治教育中，教育主体往往处于主导、权威者的位置，新媒体条件下思想政治教育在主客体关系上则更多地强调主客体之间的互动和平等交流。基于此，新媒体条件下，大学生思想政治教育模式应该充分体现立体性、动态性和超时空性，改变仅仅以"熟人关系"模式来传授知识和进行价值引导的模式。

（二）新媒体时代大学生思想政治教育应当体现内容与形式的完美融合

新媒体作为一种教育载体，具有不可替代的形式或工具意义，但是绝不能让形式遮蔽或掩盖思想政治教育的目的或内涵。我们必须明确，思想政治教育的一以贯之的价值理念是新媒体条件下开展思想政治教育的前提和基础。

如果缺乏这些思想政治教育的价值内涵支撑，新媒体条件下的思想政治教育只会流于形式，不仅会走向现实思想政治教育的反面，而且还不利于青年学生群体道德水平的提高；另一方面，新媒体化思想政治教育是传统思想政治教育在新媒体上的延伸和发展。传统思想政治教育作为基础性工程，必须占据主导和支配地位，对高校学生思想政治教育起着决定性作用。新媒体社会在虚拟的实践条件和环境中形成的判断和观念，是必须经过现实社会实践的。

考察和检验才能最终被认可、接受和推广。正是因为新媒体在大学生思想政治教育领域的介入，促进了教育手段的现代化，更促进了教育观念的现代化。在新媒体环境之下，创新思想政治教育应以传统思想政治教育为基础，以新媒体化

思想政治教育为拓展，建立新媒体化思想政治教育与传统思想政治教育相结合的有效模式，实现两者的互通与融合。

第二节　新媒体时代大学生思想政治教育的新特点

一、丰富性

基于互联网服务和云服务的新媒体技术，其本身就拥有着数量极为惊人的综合类资源，且每个人又都能进行信息的发布与交流。除此之外，还可以通过复制链接等技术，将其他相关媒体，特别是传统媒体，如报纸、广播中的信息整合后制作成电子版资讯上传到网络平台中。海量信息使得新媒体快速传播成为了可能，也使得大量且新鲜的信息资源与素材可以源源不断注入高校思想政治教育中，为教育工作在深度和广度上有了进一步的发展奠定了基础。

二、互动性

网络是现实的延伸，既是现实的人的延伸，又是现实社会的延伸。网络环境实际上是"网上"与"网下"互动影响的系统。虚拟空间中的新情况、新问题是现实背景和现实根源的折射和反映，网上问题的解决也必须参考网下现实社会的实践活动。虽然如此，但网络世界又不是现实社会的简单复制和叠加，网络思想政治教育也不是网下思想政治教育的"电子版"。因此，大学生网络思想政治教育工作者不能用"网上工作"取代"网下教育"，而应该探索"网上引导"与"网下教育"相配合的机制，既要"键对键"，也要"面对面"，网上网下工作配合互动，才能将教育效果聚集放大。二者相辅相成，不仅能够激发大学生的创造力，更调动了他们获取资讯的积极性，使得思想政治教育摆脱以往教条式的说教，更具吸引力和感召力。

三、平等性

在传统媒体前公众是完全受众者，而新媒体这一网络虚拟化平台却主导了选择权和控制权，以期信息发布达到权责一致的较公平状态。此外，介入其中的个体在一定程度上淡化了自己真实的身份，使得其心理障碍降低，在与思政工作者的交流中也较容易将自己与对方置于同一互动的地位。在此情况下，更能鼓励学生将现实生活中不敢或不能说出的话，通过新媒体交互工具传达。因此，这就有利于思想政治教育工作者们了解学生真正的想法，把握他们思想动态的变化，从而将自身的学习与实际工作联系起来，做到与时俱进，有的放矢，创造性地开展大学生思想政治教育工作。

四、即时性

新媒体加速了媒介与受众之间的反应速度，使得新媒体具备充分的即时性。大学思想政治教育工作者应用新媒体进一步增加了自身的应急能力，对紧急情况与临时情况的处理水平显著提高。新媒体强大的交互性对响应和处理提出了更高要求，必须当下、当时、当即给予答复，否则，爆炸式增长的信息流将很快淹没重点信息，影响到下一阶段的情况处理。多点对多点的传播方式使得即时传播的速度非常快，使得主体和客体之间信息交流的即点即通，也大大地减少了思政工作者们为掌握学生情况所花去的时间，甚至还突破了地区乃至国界等时空限制，使得天南海北的思想交流成为了可能。

五、隐蔽性

新媒体环境构建了独立于社会现实生活的虚拟社会，高校思想政治教育工作者在这一环境中具有隐蔽性和不可控性。现有的网络技术已经可以让师生自由选择服务器节点，相应的代理服务器也将更新 IP 地址，既可以单纯的以"游客"身份浏览信息而不直接参与互动，也可以更改、伪造或隐藏自身自然属性，创设虚拟身份参与其中，辅之以声音、符号、表情等方式起到传情达意的效果。新媒体的隐蔽性使得思想政治教育能够达到潜移默化的效果，让大学生在不知不觉中接受和认可相关的教育理念，并借助新媒体强大的互联性以虚拟身份进行传播，使得教授过程更为柔性，也比强制灌输意志更为易于接受。

六、精准性

新媒体网络环境营造了一个让人袒露心扉的虚拟空间，心智尚未发育成熟的青年大学生偏向将情绪和经历展示于公众空间，通过别人的关注获得心理上的满足。这也就造成了在网络上青年学生反而更容易流露内心的真实想法和现实中的困惑，避免了在社会现实条件下因彼此间的不信任感而造成信息不对称的风险。大多数青年学生出于社交目的考虑在新媒体网络工具上填写的个人资料具有一定的可信度，用户身份相对真实的前提使得倾诉者的安全感和真实感在一定程度上得到满足，宣泄的效果也更能符合预期。高校思想政治教育工作者可以通过校内热门帖子、QQ群、微博、朋友圈等方式掌握学生的思想动态，洞察细微变化，并有针对性地进行疏导和帮助，使德育工作做到有的放矢，对症下药。

第三节　新媒体时代大学生思想政治教育价值理念创新的基本对策

伴随着思想政治教育的新媒体化进程，高校思想政治教育工作者也要不断进行教育对策的调试与重塑，尤其要从自身教育理念到教育实践、从教育内涵到教育形式、从教育模式到教育技巧、从教育过程到教育目标等方面加强整合再造，以期实现以教育新策略应对新环境新问题。

一、开放平等增强互动性

新媒体模糊了虚拟与现实共存的边界，使得二者进一步融合，其开放性和共享性为发挥教育合力创造了条件。开放性作为新媒体最重要的特征之一，突出表现为不存在地域局限，具有资源丰富、信息量大、涵盖面广、传输快捷、形式多元等传统媒体所无法比拟的优势。

网络作为西方文化思潮、价值观念传播的重要途径，在一定程度上被当作意识形态渗透的主要载体。在全球化、多极化的浪潮下，高校思想政治教育工作者也应积极推进社会主义核心价值体系进网络，建立思想政治教育相关工作网站，专设西方文化和国外思潮等栏目邀请专家在线点评交流，坚持思想政治教育者在这一领域的主导性地位。

对于大学生群体普遍喜爱的微博、博客、SNS社交网络平台等新媒体工具，思想政治教育工作者都应注册账户、建立主页，通过新媒体工具交互沟通及时掌握网络舆情，对于网络群体高度关注的社会事件进行正面宣传和引导。

当前高校青年学生思想活跃，追求个性解放，若想增强大学生思想政治教育工作的平等开放性，则更应走入大学生群体的内心，融入他们的生活，从他们实际需要出发提供引导和支持是必然选择。新媒体不仅为思想政治教育工作者提供了一个课堂之外融入大学生生活和真实内心世界的沟通交流平台，更建立了一个全员育人的平台。在这个开放包容的平台之上，所有的思想政治工作专职人员、专家、专业课教师、辅导员乃至学校领导都可以在新媒体建立的平台中平等互动交流，实现全员育人、全程育人、全方位育人。

二、隐性内涵增强实效性

新媒体多样灵活的特点有利于思想政治教育中隐性教育方式的运用。所谓隐性教育模式，是相对于显性教育模式而言的，是教育者将教育目标和教育内容融入到大学生的生活环境和日常活动中，使之在不知不觉中接受思想政治教育，达成思想政治教育目标。这一过程不仅一改传统思想政治教育刻板、空洞、灌输式和一成不变的印象，而且也使得教育方式变得间接，空间时间变得更加随意，内容变得更加开放，更有利于思想政治教育实效性的发挥。

法国启蒙思想家卢梭在其著作《爱弥尔》中谈到，教育的艺术是让学生喜欢你所教的东西。整个教学过程不仅是学生与教师思想的互动和交流，形成共同的认知，更是一种情感的互动。如果说课堂有限的时间和空间限制了思想政治工作者与大学生情感的交流，新媒体就是建立这种沟通的桥梁。由于大学生对老师有种天然的敬畏感和隐匿心理，思想政治教育工作课堂上老师与学生的交流难免产生距离感。但通过虚拟平台，思想政治教育工作者可以成为网络上的良师益友，不仅能激发学生的学习热情，营造良好的学习氛围，更重要的是能使学生排除叛逆心理，对教师教授的内容更易于接受和认同。特别是通过新媒体平台，匿名的交流方式消除了师生之间的心理距离，便于思想政治教育工作者了解学生的真实想法，更便于培养感情，更好地接受施教者的思想。

三、直接高效提升精细化

精细化作为一种新兴管理理念，最早是由日本的一些企业于20世纪50年代作为现代企业的管理概念提出来的。精细化管理的目的是为管理者带来诸多便利，从而对工作的流程、方法和质量等进行持续的改进。随着管理实践的发展，也由于精细化管理的现实成效是能最大限度地满足现代企业对管理的要求，所以它已被越来越多的企业管理者所接受，逐渐发展成为一种先进的管理文化和管理方式，并细化为各种可操作的方式方法。

精细化管理的管理思想也逐步被运用于思想政治教育领域。新媒体工具强大的点对点、一对多、多对一等交互功能，使得二者之间的沟通交流变得无缝且流畅。一对一、点对点的交流模式使得高校思想政治教育工作者可以根据学生特点进行有目的、有针对性的交流和教育，因材施教，因势利导，避免了千人一面的教育怪圈。甚至在进行深入交谈和一定程度的了解后，思想政治教育工作者可以根据学生身心发展的阶段性特征和特殊的人生经历，对其制定出一套完整的、极具针对性、符合心智发展规律的教育方案，这种"量体裁衣"式的精细化教育模式将使得思想政治教育的育人效果更为突出和显著。

由此可见，精细化管理是社会分工精细化和服务质量精细化的必然诉求，是使管理达到更高更佳层次的必然选择。高校思想政治教育工作引入精细化管理的理念，也可以通对过青年学生群体中的每一个成员、教育的每一个环节进行精心组织，将规范管理、全面管理的模式引入思想政治教育过程，将使得教育效果事半功倍。

四、整合联动提升利用率

新媒体交互性、平等性等日益凸显的优势使得其在思想政治教育工作领域中的潜力难以估量。与传统思想政治教育单一的、单项的教育模式不同，新媒体时代，若高校思想政治教育工作者积极谋求与传统媒体的合作，引导大学生在网络中进行讨论，或直接与学生进行在线多向交流和心灵沟通，了解同学们的利益诉求并倾听心声，并寻找合适的方式和途径尽量解答，可以将丰富海量的教育资料、数量众多的学生群体与不同领域的教育专家进行整合联通，使得教育资源配置最优化、效益最大化。

高校思想政治教育工作者可在工作中借助新媒体平台的强大聚合作用，吸引不同的资源推动合力的形成，将教师、学生、授课内容、授课程序、授课评测等教育因子融合到教育系统中。充分发挥网络媒体的吸引力、影响力、渗透力，利用 BBS、QQ 群等实现学习资料的共享，利用微博进行思想争鸣碰撞，利用微信进行沟通交流，调和不同地区、不同类型高校之间教育资源的位差，逐步构建大数据库，发挥效益的最大化。通过建立起微博、微信、QQ 等新媒体的完整线上互动与答疑解惑体系，建立起贴吧、网络日志完整线上分享体系，多种渠道、多种方式相互覆盖交叉，从而达到学术交流的目的，实现师生之间、教师之间、学生之间的资源共享与交流的最大化。

五、开发创新提升效用度

当下，越来越多的高校重视新媒体在思想政治教育领域的作用，积极开发和共享信息资源，逐步建设主流文化网站，将思想政治教育网络化、新媒体化的工作稳步推进，通过青年学生群体喜闻乐见的教育方式，让教育理念为学生接受和认可。

方兴未艾的新媒体介入传统思想政治教育，如果使用得当并和相关媒体技术科技公司进行合作，研发出兼备思想性、知识性以及艺术性为一体的中文思想政治教育软件，则可以让中华民族博大精深的优秀文化在网上流传开来。比如可以利用电子书籍软件，将原有的书面课程制作成电子杂志、电子课件上传到平台上，供所有大学生下载学习；也可以将团课党课、爱国爱乡活动等具有主流文化特色的经典活动制作成视频，供校方乃至全社会观看交流学习。现代社会越来越多的新媒体工具涌现出来，对大学生提升媒介素质和自我教育能力也有着有益补充和良性促进作用。高校思想政治教育工作者不仅要在理论上提升自身媒介素养，还需要在社会具体实践中指导学生建设性地享用大众传播资源的教育，培养学生具有健康的媒介批判能力，使其能够充分利用媒介资源完善自我，参与社会发展，主动、积极倡导"健康上网"、"正确使用媒体"等观念，让这些思想潜移默化地烙印在学生的心中，并在具体实践中起到指导和矫正的作用。

在当今社会变革的大浪潮下，又恰逢新媒体技术的快速发展，大学生的学习方式、生活方式、思维方式都发生着显著的变化，也使得大学生的思想政治教育出现了多样性、复杂性、创造性的特点。在对大学生的思想政治教育与管理中，原有的粗放型、经验型的管理与思维方式越来越难以适应新形势的发展要求，这势必意味着高校思想政治教育界面临着一场不可避免的改革。坚持以人为本，科学调控学生需求，坚持以更有效的方式联系青年、服务青年、引导青年，把思想政治教育工作做得更具体、更扎实、更富有成效是高校思想政治工作者不懈努力的方向。因此，在高校大学生思想政治教育工作面临着新的机遇和挑战的今天，将新媒体引入其中，显然有助于提升教育效果，能更富有成效地完成教育目标，进一步完善育人功能。

第五章　大学生思想政治教育工作创新研究

第一节　加强大学生思想政治素质

《中共中央国务院关于进一步加强和改进大学生思想政治教育的意见》强调指出，大学生是十分宝贵的人才资源，是民族的希望，是祖国的未来。加强和改进大学生思想政治教育，提高他们的思想政治素质，把他们培养成中国特色社会主义事业的建设者和接班人，对于全面实施科教兴国和人才强国战略，确保我国在激烈的国际竞争中始终立于不败之地，确保实现全面建设小康社会、加快推进社会主义现代化的宏伟目标，确保中国特色社会主义事业兴旺发达、后继有人，具有重大而深远的战略意义。

一、加强和改进大学生思想政治教育是一项重大而紧迫的战略任务

（一）大学生是十分宝贵的人才资源，是民族的希望，是祖国的未来

目前，我国在校大学生包括本科生、专科生和研究生约有2000万。加强和改进大学生思想政治教育，提高他们的思想政治素质，把他们培养成中国特色社会主义事业的建设者和接班人，对于全面实施科教兴国和人才强国战略，确保我国在激烈的国际竞争中始终立于不败之地，确保实现全面建设小康社会、加快推进社会主义现代化的宏伟目标，确保中国特色社会主义事业兴旺发达、后继有人，具有重大而深远的战略意义。

（二）改革开放特别是党的十三届四中全会以来，党中央坚持"两手抓、两手都要硬"的方针，切实加强和改进对大学生思想政治教育工作的领导

各地区各部门和高等学校认真贯彻落实中央要求，加强和改进思想政治教育工作，在培养高素质人才，推动高等教育改革发展，维护学校和社会稳定等方面发挥了重要作用。当代大学生思想政治状况的主流积极、健康、向上。他们热爱

党，热爱祖国，热爱社会主义，坚决拥护党的路线方针政策，高度认同邓小平理论和"三个代表"重要思想，充分信赖以习近平同志为总书记的党中央，对坚持走中国特色社会主义道路、实现全面建设小康社会的宏伟目标充满信心。

（三）国际国内形势的深刻变化，使大学生思想政治教育既面临有利条件，也面临严峻挑战

国际敌对势力与我争夺下一代的斗争更加尖锐复杂，大学生面临着大量西方文化思潮和价值观念的冲击，某些腐朽没落的生活方式对大学生的影响不可低估。随着对外开放不断扩大、社会主义市场经济的深入发展，我国社会经济成分、组织形式、就业方式、利益关系和分配方式日益多样化，人们思想活动的独立性、选择性、多变性和差异性日益增强。这有利于大学生树立自强意识、创新意识、成才意识、创业意识，同时也带来一些不容忽视的负面影响。一些大学生不同程度地存在政治信仰迷茫、理想信念模糊、价值取向扭曲、诚信意识淡薄、社会责任感缺乏、艰苦奋斗精神淡化、团结协作观念较差、心理素质欠佳等问题。

（四）面对新形势、新情况，大学生思想政治教育工作还不够适应，存在不少薄弱环节

一些地方、部门和学校的领导对大学生思想政治教育工作重视不够，办法不多。全社会关心支持大学生思想政治教育的合力尚未形成。学校思想政治理论课实效性不强，哲学、社会科学一些学科教材建设滞后，思想政治教育与大学生思想实际结合不紧，少数学校没有把大学生的思想政治教育摆在首位、贯穿于教育教学的全过程。学生管理工作与形势发展要求不相适应，思想政治教育工作队伍建设亟待加强，少数教师不能做到教书育人、为人师表。加强和改进大学生思想政治教育是一项极为紧迫的重要任务。

二、加强和改进大学生思想政治教育的指导思想和基本原则

（一）加强和改进大学生思想政治教育的指导思想

坚持以马克思列宁主义、毛泽东思想、邓小平理论和"三个代表"重要思想为指导，深入贯彻党的十八大精神，全面落实党的教育方针，紧密结合全面建设小康社会的实际，以理想信念教育为核心，以爱国主义教育为重点，以思想道德建设为基础，以大学生全面发展为目标，解放思想、实事求是、与时俱进，坚持以人为本，贴近实际、贴近生活、贴近学生，努力提高思想政治教育的针对性、实效性和吸引力、感染力，培养德智体美全面发展的社会主义合格建设者和可靠接班人。

（二）加强和改进大学生思想政治教育的基本原则

（1）坚持教书与育人相结合。学校教育要坚持育人为本、德育为先，把人才

培养作为根本任务，把思想政治教育摆在首要位置。

（2）坚持教育与自我教育相结合。既要充分发挥学校教师、党团组织的教育引导作用，又要充分调动大学生的积极性和主动性，引导他们自我教育、自我管理、自我服务。

（3）坚持政治理论教育与社会实践相结合。既重视课堂教育，又注重引导大学生深入社会、了解社会、服务社会。

（4）坚持解决思想问题与解决实际问题相结合。既讲道理又办实事，既以理服人又以情感服人，增强思想政治教育的实际效果。

（5）坚持教育与管理相结合。把思想政治教育融于学校管理之中，建立长效工作机制，使自律与他律、激励与约束有机地结合起来，有效地引导大学生的思想和行为。

（6）坚持继承优良传统与改进创新相结合。在继承党的思想政治工作优良传统的基础上，积极探索新形势下大学生思想政治教育的新途径、新办法，努力体现时代性，把握规律性，富于创造性，增强实效性。

三、加强和改进大学生思想政治教育的主要任务

（一）以理想信念教育为核心，深入进行树立正确的世界观、人生观和价值观教育

要坚持不懈地用马克思列宁主义、毛泽东思想、邓小平理论和"三个代表"重要思想武装大学生，深入开展党的基本理论、基本路线、基本纲领和基本经验教育，开展中国革命、建设和改革开放的历史教育，开展基本国情和形势政策教育，开展科学发展观教育，使大学生正确认识社会发展规律，认识国家的前途命运，认识自己的社会责任，确立在中国共产党领导下走中国特色社会主义道路，实现中华民族伟大复兴的共同理想和坚定信念。同时，要积极引导大学生不断追求更高的目标，使他们中的先进分子树立共产主义的远大理想，确立马克思主义的坚定信念。

（二）以爱国主义教育为重点，深入进行弘扬和培育民族精神教育

深入开展中华民族优良传统和中国革命传统教育，开展各民族平等团结教育，培养团结统一、爱好和平、勤劳勇敢、自强不息的精神，树立民族自尊心、自信心和自豪感。要把民族精神教育与以改革创新为核心的时代精神教育结合起来，引导大学生在中国特色社会主义事业的伟大实践中，在时代和社会的发展进步中汲取营养，培养爱国情怀、改革精神和创新能力，始终保持艰苦奋斗的作风和昂扬向上的精神状态。

（三）以基本道德规范为基础，深入进行公民道德教育

要认真贯彻《公民道德建设实施纲要》，以为人民服务为核心、以集体主义为原则、以诚实守信为重点，广泛开展社会公德、职业道德和家庭美德教育，引导大学生自觉遵守爱国守法、明礼诚信、团结友善、勤俭自强、敬业奉献的基本道德规范。坚持知行统一，积极开展道德实践活动，把道德实践活动融入大学生学习生活之中。修订完善大学生行为准则，引导大学生从身边的事情做起，从具体的事情做起，着力培养良好的道德品质和文明行为。

（四）以大学生全面发展为目标，深入进行素质教育

加强民主法制教育，增强遵纪守法观念。加强人文素质和科学精神教育，加强集体主义和团结合作精神教育，促进大学生思想道德素质、科学文化素质和健康素质协调发展，引导大学生勤于学习、善于创造、甘于奉献，成为有理想、有道德、有文化、有纪律的社会主义新人。

四、努力拓展新形势下大学生思想政治教育的有效途径

（一）深入开展社会实践

社会实践是大学生思想政治教育的重要环节，对于促进大学生了解社会、了解国情，增长才干、奉献社会，锻炼毅力、培养品格，增强社会责任感具有不可替代的作用。要建立大学生社会实践保障体系，探索实践育人的长效机制，引导大学生走出校门，到基层去，到工农群众中去。高等学校要把社会实践纳入学校教育教学总体规划和教学大纲，规定学时和学分，提供必要经费。积极探索和建立社会实践与专业学习相结合、与服务社会相结合、与勤工助学相结合、与择业就业相结合、与创新创业相结合的管理体制，增强社会实践活动的效果，培养大学生的劳动观念和职业道德。要认真组织大学生参加军政训练。利用好寒暑假，开展形式多样的社会实践活动。积极组织大学生参加社会调查、生产劳动、志愿服务、公益活动、科技发明和勤工助学等社会实践活动。重视社会实践基地建设，不断丰富社会实践的内容和形式，提高社会实践的质量和效果，使大学生在社会实践活动中受教育、长才干、做贡献，增强社会责任感。

（二）大力建设校园文化

校园文化具有重要的育人功能，要建设体现社会主义特点、时代特征和学校特色的校园文化，形成优良的校风、教风和学风。大力加强大学生文化素质教育，开展丰富多彩、积极向上的学术、科技、体育、艺术和娱乐活动，把德育与智育、体育、美育有机结合起来，寓教育于文化活动之中。要善于结合传统节庆日、重大事件和开学典礼、毕业典礼等，开展特色鲜明、吸引力强的主题教育活动。重视校园人文环境和自然环境建设，完善校园文化活动设施，建设好大学生活动中

心。加强校报、校刊、校内广播电视和学校出版社的建设，加强哲学社会科学研讨会、报告会、讲座的管理，绝不给错误观点和言论提供传播渠道，坚决抵制各种有害文化和腐朽生活方式对大学生的侵蚀和影响，禁止在学校传播宗教。

（三）主动占领网络思想政治教育新阵地

要全面加强校园网的建设，使网络成为弘扬主旋律、开展思想政治教育的重要手段。要利用校园网为大学生学习、生活提供服务，对大学生进行教育和引导，不断拓展大学生思想政治教育的渠道和空间。要建设好融思想性、知识性、趣味性、服务性于一体的主题教育网站和网页，积极开展生动活泼的网络思想政治教育活动，形成网上网下思想政治教育的合力。要密切关注网上动态，了解大学生思想状况，加强同大学生的沟通与交流，及时回答和解决大学生提出的问题。要运用技术、行政和法律手段，加强校园网的管理，严防各种有害信息在网上传播。加强网络思想政治教育队伍建设，形成网络思想政治教育工作体系，牢牢把握网络思想政治教育主动权。

（四）开展深入细致的思想政治工作和心理健康教育

要结合大学生实际，广泛深入开展谈心活动，有针对性地帮助大学生处理好学习成才、择业交友、健康生活等方面的具体问题，提高思想认识和精神境界。要重视心理健康教育，根据大学生的身心发展特点和教育规律，注重培养大学生良好的心理品质和自尊、自爱、自律、自强的优良品格，增强大学生克服困难、经受考验、承受挫折的能力。要制定大学生心理健康教育计划，确定相应的教育内容、教育方法。要建立健全心理健康教育和咨询的专门机构，配备足够数量的专兼职心理健康教育教师，积极开展大学生心理健康教育和心理咨询辅导，引导大学生健康成长。

（五）努力解决大学生的实际问题

思想政治教育既要教育人、引导人，又要关心人、帮助人。高等学校要从严治教，加强管理，改善办学条件，提高教育教学质量，为大学生成长成才创造条件。要加强对经济困难大学生的资助工作，以政府投入为主，多方筹措资金，不断完善资助政策和措施，形成以国家助学贷款为主体，包括助学奖学金、勤工助学基金、特殊困难补助和学费减免在内的助学体系，帮助经济困难大学生完成学业。：要帮助大学生树立正确的就业观念，引导毕业生到基层、到西部、到祖国最需要的地方建功立业。要进一步建立健全大学生就业指导机构和就业信息服务系统，提供高效优质的就业创业服务。通过服务育人、管理育人，把党和政府对大学生的关怀落到实处。

五、努力营造大学生思想政治教育工作的良好社会环境

（一）全社会都要关心大学生的健康成长，支持大学生思想政治教育工作

宣传、理论、新闻、文艺、出版等方面要坚持弘扬主旋律，为大学生思想政治教育营造良好的社会舆论氛围，为大学生提供丰富的精神食粮。要坚持团结稳定鼓劲、正面宣传为主反映高等学校思想政治教育工作的先进典型和优秀大学生的先进事迹。各类网站要牢牢把握正确导向，主动承担社会责任，积极开发教育资源，开展形式多样的网络思想政治教育活动。重点新闻网站要不断改进创新，切实增强吸引力和感染力，在大学生思想政治教育活动中发挥导向作用。要大力发展文化事业和文化产业，为学生提供更多更好的文化产品和文化服务。文化部门和艺术团体要进一步推进高雅文化进校园活动，丰富校园文化生活，提高学生艺术修养。充分发挥爱国主义教育基地对大学生的教育作用，各类博物馆、纪念馆、展览馆、烈士陵园等爱国主义教育基地，对大学生集体参观一律实行免票。各级政府和企事业单位要鼓励和支持面向大学生的公益性文化活动。坚持不懈地开展"扫黄""打非"，依法加强对各类网站的管理，净化文化市场和网络环境。

（二）各级党委和政府要为高等学校创建良好的育人环境

要把优化校园周边环境作为推进社会主义精神文明建设的重要任务，结合城市改造和社区建设搞好规划，加强综合治理。要依法加强对学校周边的文化、娱乐、商业经营活动的管理，坚决取缔干扰学校正常教学、生活秩序的经营性娱乐活动场所，严厉打击各种刑事犯罪活动，及时处理侵害学生合法权益、身心健康的事件和影响学校、社会稳定的事端。要为大学生专业实习和社会实践创造条件，提供便利。要把高校毕业生就业作为工作的重要组成部分，常抓不懈，完善毕业生就业市场机制，健全毕业生就业服务体系，落实毕业生自主创业、灵活就业的各项扶持政策。要动员社会各方力量，完善资助困难大学生的机制，帮助大学生解决实际困难。党政机关、社会团体、企事业单位以及街道、社区、村镇等要主动配合做好大学生思想政治教育工作。学校要探索建立与大学生家庭联系沟通的机制，相互配合对大学生进行思想政治教育。

第二节　大学生德育发展在高校素质教育中的地位和作用

思想政治教育，在各级各类学校都要摆在重要地位，任何时候都不能放松和削弱。要说素质，思想政治素质是最重要的素质。不断增强学生和群众的爱国主义、集体主义、社会主义思想，是素质教育的灵魂。

当前，高等教育肩负着培养新世纪人才的神圣使命，正确理解素质教育的内涵，科学处理好德育与素质教育的关系，这是我们在当前高校改革中一个应予高

度重视、认真研究、确保落实的问题。

一、科学认识素质教育的内涵

《辞海》对"素质"是从心理学的角度这样定义的："素质只是人的发展的生理条件，不能决定人的心理的内容和发展水平。人的心理素质源于社会实践，素质也是在社会实践中逐步发育和成熟起来的，某些素质上的缺陷可以通过实践和学习获得不同程度的补偿。"素质教育中的素质概念，在内涵和外延上有了新的扩展，融入了教育学、伦理学、社会学及美育、体育等多方面的基本要素，可以说是个综合概念。它包括思想道德素质、业务技术素质、文化审美素质和生理心理素质等要素及品质。而素质教育就是要全面贯彻党的教育方针，把德育、智育、体育、美育等方面有机地结合起来，统一在教育的各个环节之中，以提高国民素质为根本宗旨，以培养学生的创新精神和实践能力为重点，培养造就"有理想、有道德、有文化、有纪律"德智体美全面发展的社会主义事业建设者和接班人。应该说，就21世纪人才的培养与发展而言，这些方面的素质是缺一不可的，必须互相渗透，全面协调发展。

素质教育是社会发展的必然产物，是社会对人才需求发展的必然趋势。素质教育的内涵，即素质教育是充分发挥每个人潜能的教育，是落实全面发展教育方针的教育模式，是现代教育，是注重学生创新精神和实践能力培养的教育，是注重学生个性健康发展的教育，是社会主义市场经济对人才素质特殊要求的体现，是着眼于人的可持续发展的教育，是使人的素质综合发展的教育，是使人的适应性与创造性相统一的教育。

素质教育已成为当今中国的主流。它的提出既是逻辑的必然，也是历史的必然；它关注人的发展，有其特定的现代哲学、心理学与教育学基础；它的实践性与现代性表明，它是全面发展教育在现代的丰富与发展。然而，当前教育界却有不少人不能正确认识和理解素质教育的真正含义，由此导致教育观念混乱，不仅曲解了素质教育的本质，而且将教育实践引入了误区。

实施素质教育要求我们特别注重人的知识、能力和素质结构的和谐发展，以及创新能力、竞争能力和综合能力的全面提高；要求高等教育在人才培养中，要特别注重加强全面的素质教育，建立以高素质创造性为特征的人才培养模式。这种全面的、综合的素质教育的实现，对高等教育提出了更高的要求和崭新的课题，有效地拓展了高等教育的领域和空间。

二、正确认识德育在全面实施素质教育中的地位和作用

德育即思想、政治和品德教育，是学校教育的重要组成部分，它与智育、体育、美育等密切协调，共同育人。德育是素质教育的重中之重，高素质高质量人才的培养，首先要靠德育来保证，要靠科学的理论来导航，要靠高尚的道德品格

来驱动。德育在全面实施素质教育中的突出地位和重要作用可以概括为如下几点：

（一）德育在素质教育中居于首位

德育关系到学校的性质、办学方向、培养目标等主要问题，关系到培养出来的人具有什么样的世界观、人生观和价值观，关系到能否培养出德才兼备的合格人才。德育在素质内涵诸成分中处于灵魂的地位，在学校教育中必须把德育放在首位。强调素质教育，并不是教育的方向和目标有所改变，而是对教育提出了更高的要求。因此，在实施素质教育中，必须同样坚持把德育放在首位的原则。

重视德育是我们党多年来一贯坚持和强调的优良传统，也是邓小平教育理论的重要内容。早在1978年4月，邓小平同志就明确指出："毫无疑问，学校应该永远把坚定正确的政治方向放在第一位。"他多次强调："要加强各级学校的政治教育、形势教育、思想教育，包括人生观教育、道德教育。"他提出的培育"四有"新人目标，突出了有理想、有道德、有纪律等思想政治和品德方面的要求。2014年5月习近平与北京大学师生座谈时的讲话指出：一个人只有明大德、守公德、严私德，其才方能用得其所。修德，既要立意高远，又要立足平实。踏踏实实修好公德、私德，学会劳动、学会勤俭，学会感恩、学会助人，学会谦让、学会宽容，学会自省、学会自律。

（二）德育对学生素质的全面提高具有重要的作用

因为德育是一项塑造人灵魂的工程，是教学生如何做人的工作，对大学生的培养和发展来说，德、智、体、美各方面的素质必须协调发展，缺一不可，但思想政治素质是最根本的素质、最核心的素质。德育作为诸育之首，应当充分发挥其对大学生全面素质的培养和形成所具有的导向、动力、保证作用。

（1）导向作用

在校大学生的年龄一般在18岁到23岁之间，是获取知识、发展智力的最佳时期，也是他们道德感最积极的发展时期。他们的个性正处在一个形成与发展、稳定与波动并存的活跃的阶段。大学生的社会意识、社会评价、道德认识和道德品质，都需要通过教育者的传授；大学生的社会历史责任感、道德情感、创新与献身精神，都需要教育者的培养；大学生的气质与性格、兴趣与爱好、行为与习惯，也都需要教育者去帮助养成，而这一切教育任务，都是通过大学德育的导向作用来实现的。

德育是素质教育的灵魂之所系，对整个素质教育固然起着统帅和导向的作用，但德育决不能游离于素质教育之外，而是要渗透到素质教育的各个环节之中，贯穿于人才培养的全部过程。德育和思想政治教育虽然是素质教育的灵魂，但灵魂也必须有所依托，必须拥有自己的载体。因此，德育不能脱离其他科学知识的教育，不能脱离智育、体育和美育。而只有渗透到智育、体育、美育的各个环节之中才有可能获得时间、空间上的极大拓展，才会真正贯穿到人才培养的全部领域和全部过程，才会使爱国主义、集体主义、社会主义思想在大学生头脑中真正牢固地树立起来。

（2）动力作用

大学德育要通过思想政治教育、人生观教育和专业思想、职业道德等教育，帮助学生明确学习目的，引导他们把实现个人理想与报效祖国、服务人民紧密结合起来，培养和激发学习动力，不断提高学习的积极性、主动性和创造性，形成相互帮助、竞争向上、活跃有序的学习环境。良好的素质一旦形成，就会变成一种巨大的精神动力，促使一个人朝着既定的目标前进。良好的素质能促使学生刻苦学习，自觉实践，正确地面对各种挫折，经受困难考验，顽强拼搏，不断进取，用自己的聪明才智为祖国和人民做贡献。

道德作为一种特殊的意识形态，具有相对的独立性，它对大学生综合素质的全面形成和发展起着不可忽视的能动作用。在实施素质教育过程中，德育作为核心是大有可为、大有用武之地的。德育的出发点绝不是禁锢人、束缚人、约束人，而是创造条件使人得到全面发展。诚然，德育不能代替智育，但德育能够激发调动学生的主观能动性，促进智力活动。同时，德育在开发非智力因素、培养学生创造能力方面也具有不可替代的教育作用。我们应将教育的视野从智育领域扩展到非智力领域，更多地注重学生道德品格、理想信念和思维方式的教育，更多地致力于发展和开发蕴藏在学生身上的潜在创造性品质，激励并促进他们在情感、道德判断力等诸方面的全面发展。

（3）保证作用

大学生是青年中比较活跃、比较敏锐、观念新颖、敢于创新的一代，而且具有较大的政治能量和社会影响。高校的稳定，不仅是办好大学、提高教学质量和科研水平、培养合格人才的前提条件，而且对于社会生活也会产生巨大的积极作用。因此，通过德育不断提高学生维护安定团结的认识，引导学生正确认识民主与集中、民主与法制、自由与纪律的关系，是十分重要的。由此可见，大学德育不仅对学生素质的全面提高起保证作用，而且对精神文明建设及社会稳定也起到一定的保证作用。

德育的重要使命就是陶冶人性，铸造健康饱满的人格。21世纪的教育，不仅要使学生有知识，会做事，更要学会做人。我们通过对毕业生的跟踪调查发现，少部分毕业生过分重视知识和技能的东西，而忽略了做人的根本，过分重视功利的东西，而忽略了情感和理想。有些用人单位语重心长地提出，学生首先要学会做人，做人是做事的基础，如果人都做不了，还做什么事？诚然，办学要以人为本，做人要以德为本，要成才，先成人，不成人，宁无才。因为做人是做事的基础，是成才的保证，"有德无才要误事，有才无德要坏事。"意大利诗人但丁有句名言："一个知识不全的人可以用道德去弥补，而一个道德不全的人却难以用知识去弥补。"能力不足责任可补；责任不够能力不能补。能力有限，责任无限。中国历史上强调做君子，德胜才是君子，才胜德是小人，德才兼备才是圣人。我们只有把学生培养成有志有为、德才兼备的人，才是对理想、信念、责任的升华。国际上也有许多教育专家认为，现代教育不但要让学生学会生存，而且还要让他们学会关心他人，关心集体，关心社会，关心人类。

总之，办好高校要以人为本、以德为本，在全面实施素质教育中，一定要自始至终地坚持把德育放在首位的原则，这是我国现代化建设的一项紧迫任务，是我国教育事业的深刻变革。因此，高校德育必须按照素质教育的要求进行加强和改进，以充分发挥其在培养适应21世纪需要的合格人才方面的重大作用。

第三节　新形势下高校思想政治教育工作的环境建设

社会环境对大学生良好思想政治素质的形成和提高其影响和作用力越来越大，优化社会环境是大学生思想政治教育工作取得最优效果的重要途径。这是新形势下高校学生思想政治教育工作的一个新特点。

一、环境的内涵

任何社会都是一定的经济基础和上层建筑以及社会意识形态相结合的统一体。经济、政治、文化三个方面的有机结合，使社会得以生存和发展。环境是指作为自然界与人类社会的主体所享有的所有外部条件的综合，是指人生活在其中并给人以影响的整个客观世界，人们生活于这个环境之中，并受到这个环境的影响，形成不同的思想及行为。对人的发展起巨大作用的是社会环境，即社会经济环境、国家政治环境、大众文化环境、民族心理环境等，人的思想和行为与环境有着密切的关系。21世纪是一个高科技时代和信息社会，社会将更加开放，在一个开放的系统中，每一种体现某种思想道德观念的行为，一旦因鼓励或不受惩罚而"风行"为一种倾向性行为，就会形成一种导向。环境对人的思想品德的影响是一种社会导向，环境条件的每一个重大变化都会给人们的政治态度、思想意识、道德水平以直接的影响，总是有形无形地使人们按社会的一定要求去做，具有导向功能；良好的社会环境一旦形成，就会出现一种无形的社会压力，迫使生活于其间的人们不得不尽快消除自己思想政治现状与社会环境的反差，从而对人们思想品质的养成和发展的方向产生一种无形的强制规范作用。社会环境还有激抑作用，它大多表现为良好的社会环境对个体产生一种激励作用，不良的社会环境则会对个体产生抑制作用。社会环境的先入为主、直接具体、时空广泛等特性也极大促进了其对人们的思想品质、政治态度、价值观念的影响。总之，社会环境是一把双刃剑。

二、环境在思想政治教育工作中的功能

环境对人才的培养至关重要，对大学生思想政治教育的作用更为特殊。众所周知，思想政治教育活动是由教育主体、教育对象和环境三个基本因素构成的。思想政治教育要解决的基本矛盾是社会需要的思想政治目标与个体现有思想程度的矛盾。这个矛盾的产生和解决取决于教育者、受教育者和教育环境这三个基本因素的相互联系和个体思想政治素质满足社会的需要，这一目标的实现则是三个因素综合运动、互相作用的结果。社会环境在整个思想政治教育过程中的地位和作用如下：

（一）环境是思想政治教育的载体，是构成思想政治教育过程不可缺少的有机组成部分

任何思想政治教育活动，尤其是学校的思想政治教育工作总是由教育者参加，而教育者在教育活动中始终居于主导地位，有计划、有组织、有目的、有措施地对受教育者实施主动教育。但无论是教育者的教育，还是受教育者接受教育或实现自我教育，都离不开一定的环境。没有环境，就谈不上教育。

（二）环境对个体的思想政治行为起着潜移默化的作用

社会环境对教育效果有着十分重要的影响，这种来自外界的影响不论是积极的还是消极的，不管是物质的还是精神的，都直接关系到人们的思想、观念、行为的形成，这就决定了不同时代的人，或同一个时代处于不同社会环境的人，在思想政治素质方面存在明显的差异。

（三）社会环境对大学生具有更大的力量

社会环境具有真实、客观、具体、形象等特点，它对大学生的影响要比学校教育更强烈、更奏效。大学生正处在社会化的关键时期，社会环境中的各种现象、事物都能引起他们极大的兴趣，并为他们所仿效。大学生这种积极主动接受社会环境的影响和教育，便构成了社会环境对大学生积极主动的思想政治教育有更大教育力量的重要基础。

三、优化思想政治教育工作环境的途径和方法

综上所述，社会环境包围着大学生。优化社会环境是新形势下大学生思想政治教育取得最优效果的重要途径，是功在千秋的伟业。思想政治工作者如果看不到这一点，那将是战略性的失误。优化社会环境是一个系统工程，需要做的事很多，当前应主要从以下几方面入手：

（一）净化社会风气

净化社会风气是优化社会环境的首要任务。我们今天面临的是改革开放的环

境和市场经济体制的氛围，可以说，目前我国社会风气的主流是好的，但市场经济的消极因素，如拜金主义、享乐主义、个人主义、功利主义等腐朽思想对大学生的影响十分严重。社会上流传的"学校德育百日功，顶不住校外一阵风"显然有夸大之嫌，但它告诉我们有越来越多的大学生成为社会不良风气的受害者。净化社会风气的关键在于抓好执政党的党风建设，党风对社会风气起着引导、制约和决定的作用，党风在客观上是民风的楷模。严惩腐败现象对党风的好转和社会风气的净化有积极的促进作用。净化社会风气的根本在于加强公民道德教育。社会风气的好坏直接取决于全社会每一位公民的道德修养水平，只要我们坚持不懈地向每一位公民进行职业道德、家庭美德和社会公德教育，依靠道德的规范和法制的强制共向作用，社会风气一定能够得到净化。

（二）弘扬主旋律

社会导向对人的思想政治素质的形成和发展影响很大，对思想政治教育的影响和制约更为直接深刻，它对引导社会成员的言行具有很强的权威性。高举建设有中国特色的社会主义伟大旗帜，坚持党的基本路线，发扬爱国主义、集体主义、社会主义精神，继承中华民族的传统美德，同心同德，艰苦创业，为实现社会主义现代化建设的宏伟目标而奋斗，这是当代中国的主旋律。优化社会环境必须从净化人们的心灵抓起，加强精神文明建设，真正做到以科学的理论武装人，以正确的舆论引导人，以高尚的精神塑造人，以优秀的作品鼓舞人，不断培养和造就"四有"新人。弘扬主旋律是历史发展的客观要求，也是优化社会环境的根本举措。要运用道德、法律、行政、经济等手段促进主旋律的弘扬，确保爱国主义、集体主义和社会主义这个三位一体的主旋律，在建设有中国特色的社会主义历史舞台上始终发出时代的最强音。

（三）优化教育环境

创造良好的教育环境是学校的神圣职责和优势，但在有些地方校内教育环境并没有实现应有的优化。当前优化教育环境应从以下几方面做起：

（1）优化德育环境

十一届三中全会以后，我们党成功地实现了工作重心的转移，但学校教育怎样实现自身工作重点的转移，则是一个始终没有完全解决好的重大问题。集中表现在办学指导思想上重智育、轻德育，没有把德育放在学校教育的首位，以致出现"德育弱势"。所谓"德育弱势"，从教育者来说突出表现为德育仍然处于"说起来重要，做起来次要，忙起来不要"的境地；从受教育者来说，突出表现为"学起来应付，做起来走样"。在一些学生那里，德育仅仅被当作应试的工具，应聘的装饰。因此，优化德育环境必须排除各种干扰，使全社会都要担负起这个责任，共同关心青少年的健康成长。

（2）优化校园环境

建设科学、健康、高雅的校园文化，努力提高学生文化素质和学校的文化品位，是优化校园环境的关键。当前应做好如下工作。

首先要大力培养优良的校风学风。在学风建设过程中，注意社会性、科学性、民族性等待点。根据自身院校的特征，形成各具特色的良好学风，是当今校园文化建设的新课题。

其次要建立和健全优良的制度体系。严格遵循从严治校、是非分明、积极引导、相互配合等原则，使管理工作不断丰富其思想内涵，把思想政治教育工作渗透到管理工作的各个环节中去。

再次要建设和维护优美和谐的校园环境。环境既是学校物质文明建设的成果，又是学校精神文明建设的反映，它对学生精神的陶冶和感染作用不应低估。

第四要组织和推动丰富多彩的校园科技文化体育活动。这是活跃校园生活、提高人文素质、形成优良校风的重要组成部分。

总之，要通过校园文化建设，促进学校各部门工作之间紧密配合，做到协调有序地正常运行，使整个思想政治教育工作的系统性功能得以发挥。

（3）优化校园网络信息

互联网也是一把双刃剑，它的产生和越来越广泛的应用给高校思想政治教育工作提出了新的课题。高校不再是封闭的"象牙塔"，学生也根本不可能做到"两耳不闻窗外事"。相反，现在的高校已经成为社会信息化程度最高的团体，同时也是综合信息量最庞大的焦点。计算机互联网络上的内容纷繁复杂，其中不乏精神垃圾，其对大学生思想上的影响不容忽视。可以说，网络正在改变着当代大学生的学习和生活模式，影响着大学生的价值观和人生观。高校应充分认识互联网对思想政治教育工作的影响，要通过加强指导、强化管理、堵疏结合、趋利避害等措施，牢牢把握思想政治教育工作的主动权，积极应对信息网络技术的挑战。

综上所述，人的政治思想和道德观念是在社会的经济、政治、文化等关系中形成和发展的，当代大学生的成长及其思想政治素质也必然受到社会环境的影响。良好的社会环境会使培养跨世纪人才的思想政治工作事半功倍，这是新形势下高校思想政治工作的一个新特点。全党全社会都应致力于此，努力为学校的思想政治工作创造一个良好的社会育人环境。

第四节　大学生思想政治教育在高校素质教育中的特殊地位

在和平与发展成为两大主题的时代，全球性科技与经济竞争日趋激烈，一些发达国家将科技进步作为称霸世界经济甚至主宰整个世界的首要工程来组织实施。而更多的发展中国家也越来越认识到：如果没有科学技术水平的不断提高，如果不以先进的科学技术来不断地武装生产力，就不能从整体上发展国家的综合国力，就不能振兴一个民族。然而，科技的竞争、经济的发展、综合国力的提高，归根到底要由高素质的人来完成。因此，发达国家也好，发展中国家也好，都把培养高素质的新型建设人才作为进一步壮大国势的根本基础。这样的现状，对我国提出了过窄过死的专业教育模式必须向适应型复合式素质教育转变的新要求。《面向21世纪教育振兴行动计划》中提出：实施"跨世纪素质教育工作"，整体推进素质教育，全面提高国民素质和民族创新能力，要从总体上提高国民的综合素质。这里所谓的综合素质，从一般的意义讲，主要包括政治思想素质、社会公德素质、人文知识素质、专业技术素质等几个方面。其中思想品德素质是第一素质，这是由一个政党、一个国家、一个民族培养接班人的根本原则和目标所决定的。现阶段我国教育界很多的学者专家，或就自己的从教经历、或从我国现代化建设实际出发、或参照一些发达国家加强素质教育的具体做法，都从不同的角度提出了很多适合我国当代现状的素质教育方案与对策，都认为必须把思想品德素质教育放在首位。关于对思想品德素质要求的内涵，不同的国家由于意识形态的不同而不同。社会主义国家有社会主义国家的标准，资本主义国家有资本主义国家的标准。以马克思主义者的观点讲，一个人只有在具备良好的政治思想素质的前提下，才能将自己所学到的专业技能运用于祖国的建设事业，才能为民族的振兴贡献全部力量，也才能为人类的正义与进步事业积极努力。

一、充分认识新时期高校思想品德素质教育的重大意义

我国是社会主义国家，我们的大学是共产党领导的社会主义大学，我国人民民主专政的社会主义性质决定了我们培养的人才必须具有坚定的共产主义信念，牢固树立马克思主义世界观和人生观，愿为党的事业和社会主义事业奋斗到底。

以马克思主义辩证唯物论的观点看，人的正确思想和世界观的形成不是先天的，而是通过后天的教育引导不断形成发展起来的，并且随着时代的发展和社会的进步而不断地发展变化。青年一代是民族的希望和祖国的未来，我们党领导全国各族人民经过千辛万苦所开创的伟大事业，就是要靠一代又一代青年不断地去完成、去振兴。而大学生是社会公民中接受教育时间较长，掌握科学文化知识较多的高素质的劳动者，他们将来所承担并完成的事业技术性较高，其中的佼佼者对社会的发展与进步所发挥的作用是一般劳动者所不能代替的。他们的思想和世界观、人生观正处于培养形成阶段，具有很大的可塑性，如果不以马克思列宁主义、毛泽东思想、邓小平理论、"三个代表"重要思想和科学发展观，以及社会主义道德标准去教育和引导他们，那么，他们就不能树立远大理想和坚定的共产主义理想，即使具有很高的技术技能，也不能为人类的和平与进步事业做出积极贡献，更不能承担起历史所赋予的光荣使命。所以说，实施素质教育，不仅使他们掌握较高的现代科学文化知识，更重要的是把他们培育成为具有坚定信念和高度爱国意识的共产主义者。这是我们党在接班人培养中坚持的根本原则。

当今世界，和平与发展尽管已经成为时代两大主题，凡是爱好和平的人民都

希望有一个祥和安定的工作和生活环境，安下心来搞建设，但整个世界并不平静。首先，世界霸权主义强权政治和侵略图谋依然存在，对世界社会主义的发展形成很大威胁。其次，西方资本主义国家从本质上就不希望中国发展起来，更不希望中国强盛起来。因此，他们妄想分化和西化我中华民族的阴谋诡计也没有放弃，而且随着我国现代化建设的不断发展，他们企图和平演变社会主义国家的步伐疯狂加快，其手段更为卑劣，严重干扰和破坏我国现代化建设事业的顺利进行。第三，一些民族分裂分子互相勾结，在西方敌对势力支持下，他们有的千方百计制造混乱，有的利用宗教、台湾等问题，不择手段地从事破坏民族团结、破坏安定团结的政治局面的活动，时时处处制造不稳定因素。

从国内现状看，党的十一届三中全会以来，在邓小平理论指导下，我国全面实行对内搞活、对外开放的政策，工农业生产和科教事业得到迅速发展，综合国力不断增强，人民生活水平普遍提高。实行改革开放以来，我国在经济、科技、教育、文化、管理、经贸等领域与世界发达国家的交流不断扩大。这一策略的实施，一方面使我国在经济建设、科学技术、文化教育等方面都得到了很大发展。另一方面，西方资本主义国家一些与我国社会主义本质不相容的东西随之侵入，给人们的思想带来很大干扰。同时，由于市场经济的不断发展，在人们的心目中金钱的感召力越来越大，一小部分人崇尚自我利益的实现。表现在现实中，便是以我为主，在一切社会活动中"私"的分量大于"公"的分量。这种状况不仅存在于普通群众之中，在部分领导干部中也并不少见。有的领导干部利用手中人民赋予的权力，损公肥私，置广大人民的利益于不顾，贪图享受，严重损害了国家和人民的利益，也严重损害了党在人民群众中的崇高形象。这一系列的社会现象，对当代大学生无不产生影响。加之他们中的绝大部分生活在我国改革开放初见成效的时期，在学习、生活等方面基本上没有经受过艰苦岁月的磨炼。他们的学习和生活条件比起十几年前的大学生当时的条件要优越得多。这里首先应当肯定，当代大学生绝大部分思想坚定，积极上进，学习刻苦，具有较高的思想道德情操。但我们也要十分现实地看到，他们中的相当一部分人由于受各种消极思想和社会上不正当享乐现象的影响，生活上贪图享受，盲目追求所谓的时髦；学习不求上进，生活中讲排场、耍阔气；对个人价值的实现没有真正意义上的追求；社会公德意识淡漠，有的甚至社会公德差等。当代大学生中这些现象的普遍出现与广泛存在，的确令人担忧，如果任其自然发展下去，后果不堪设想。因此，现阶段我国在实施素质教育中把思想品德素质教育放在首位，具有重大的现实意义和深远的历史意义。

二、素质教育中把德育放在首位是党的教育方针的核心

我国人民自古以来就具有重视思想道德修炼的美好传统。古代的思想教育家孔子说过："弟子，入则孝，出则悌，谨而信，泛爱众，而亲仁。行有余力，则以

学文。"他所提倡的品德修炼，其内容的要求高度与我们今天倡导的"德"有所不一，但内涵是完全一致的。

自新中国成立以来，我们党始终贯彻德智体全面发展的教育方针，以培养有社会主义觉悟的有文化的劳动者为目标。周恩来同志在1950年全国教育工作会议上的讲话中指出："我们的教育是大众的，是为人民服务的，这是我们的教育方向。"毛泽东同志在1957年《关于正确处理人民内部矛盾的问题》中明确指出："我们的教育方针，应该使受教育者在德育、智育、体育几方面都得到发展，成为有社会主义觉悟的有文化的劳动者。"后又提出：教育必须为无产阶级政治服务，必须同生产劳动相结合。在这样的教育方针指导下，我国培养出了一大批具有坚定的共产主义信念，对党的事业无限忠诚的社会主义事业的建设者。他们中有在科技领域做出杰出贡献的陈景润、陈章良等，有忠实的人民公仆焦裕禄、孔繁森，也有无数雷锋、徐虎式的无名英雄。随着我国社会主义现代化建设事业的不断发展，我们党的教育方针始终以马列主义毛泽东思想和邓小平理论为指导，以培养德智体美劳全面发展的新型建设人才为目标。

总之，青年学生只有具备了共产主义道德品质，他所学到的知识才能服务于全人类的进步事业。因此，我们要"把青少年培养成为忠于社会主义国家，忠于无产阶级革命事业，忠于马克思列宁主义、毛泽东思想、邓小平理论的优秀人才，将来走向工作岗位，成为有很高的政治责任心和集体主义精神，有坚定的革命思想和实事求是、群众路线的工作作风，严守纪律，专心致志地为人民积极工作的劳动者"，把个人价值的实现融于全心全意为人民服务之中。

综上所述，我国高等教育中实施素质教育，必须始终不渝地贯彻党的教育方针，高度重视思想道德素质教育。不仅要使学生学到适应现代化建设需求的业务技术技能和处理解决复杂问题的能力，更重要的是教育他们树立坚定的共产主义信念，树立正确的人生观和价值观，在政治上、业务上健康成长，为将来走向社会主义现代化建设主战场打下坚实的思想基础和业务基础。

第五节 加强美育教学，提高大学生艺术鉴赏能力

党的十八大报告在谈到扎实推进社会主义文化强国建设时提出："全面提高公民道德素质。这是社会主义道德建设的基本任务。要坚持依法治国和以德治国相结合，加强社会公德、职业道德、家庭美德、个人品德教育，弘扬中华传统美德，弘扬时代新风。"那么何谓"素质"？何谓"素质教育"？它们之间又有些什么样的内在联系？对此，理论界的意见是不一致的，因此要想弄清楚"素质教育"，不妨先从何谓"素质"入手。

一、时代需要素质教育

单纯去从"素质"这个概念上去讲，《辞海》中说它主要是指感觉和神经方面的生理特点，并且带有先天的特征。素质本身是无法教育的，而素质教育这一概念从根本上讲，则可以说是在人的固有的感觉器官和神经系统的生理条件基础上，开发和促进人的心理发展，并赋予人的心理内容和提升人的发展水平的工作与活动。一个是生理的东西，一个是心理的东西；一个是先天性的，一个是后天性的；一个是潜在的，一个是发展的；一个是不完善的，有缺陷的，一个是需要获得的，需要补偿的。这样理解，也就看清了素质与素质教育之间内在的联系。毫无疑问，素质教育不是一般的知识教育、技能教育、操作教育，而是一种具有开发性的心理教育、情感教育、意志道德教育和人的整体发展水准教育。归根结底，素质教育是一种世界观、人生观、审美观和价值观的教育。因为人的素质在未经过各种社会实践（包括学习）锻炼之前，注定带有某种不适应性，带有某种缺陷。所以，从这个意义上讲，素质教育其实是一种可以起到弥补和代偿作用的补偿教育，亦即通过合理而有效的社会实践途径，使人的健康优秀心理内容发育和成熟起来，以纠正先天的不足。那种把素质教育仅仅看作是应试教育、专业知识教育的对应物，或者把素质教育简单定位在适应社会市场人才需求的技能教育的看法，显然是具有片面性的。应试教育是一切围绕着升学、考试的教育模式，固然是失当的。但能说素质教育就是摆脱一切围绕升学、考试的教育模式吗？摆脱了又该干什么？难道应试教育就是没有特点的素质教育？如果将素质教育变成仅仅为就职择业服务的所谓本职、技能教育，那它在科技文化迅猛发展的今天还能有多大的吸引力和说服力？所以，问题的关键还是要通过一定的方式和手段来决定和影响人的心理的内容，来推进人的全面发展水平的提高，这应当是素质教育的基本方向。

素质教育是时代发展的需要。21世纪的今天，多学科的结合是科学发展更为突出的特点，人才的基础知识结构也将即专又博，特别是对人、对事物的观察和思考，如何具有辩证的世界观和方法论，能将真善美的因素作为一个整体统一起来，并具有创新意识，将成为人才所具备的心理素质的重心。另外，从个体思维发展规律也能看到素质教育的重要性，从"动作思维"到"形象思维"再到"逻辑思维"，这是个体思维发展不同的阶段，任何一种新的心理过程或心理特征，都不是瞬间骤然产生的，它在产生之前，就已逐渐有了萌芽形式的孕育过程，而这一新的心理过程和心理特征形成之后，又不会是静止的、不变的，它仍将处于不断的发展、变化或完善之中，这就要求应当有一个适当的"素质教育"始终伴随其中。从实际情况来看，由于经济生活的变化，各种思潮的影响，社会活动空间的扩大，教育领域确实产生了一些需要重视和解决的问题。"高分低能"是一种表现，学生有较多的知识和专业文化，并不一定代表其态度与专业知识水平成正比，束缚和制约着他们向高层次的发展。这说明，端正世界观、人生观、价值观，开展全面的素质教育，有着极其现实的必要性。

二、艺术教育是素质教育的重要组成部分

素质教育是一个系统，而艺术教育则是素质教育的一个有效手段和一个不可或缺的重要方面，由于艺术教育古今中外概莫能外的实质恰恰是通过情感与心理中介的训练和培养达到影响人的审美观、人生观、价值观的目的，因此它在决定人的心理内容和发展水平上，在弥补人的素质缺陷上，在促进人的健康的心理成熟上，有着其他教育方式不可替代的功能。它是一种心灵的体操，一种灵魂的净化剂，最能穿透某些人感情麻木的铠甲，使受教育者在内心世界留下深深的印痕。

艺术教育实质是培养人的审美情感，塑造人的审美心理结构。而审美心理结构是指人们欣赏和创造美的活动中各种心理能力，及丰富的想象力和深刻的理解能力的协调统一。正如人们所说：教育科学之所以伟大，正是因为它有意识地为塑造人的心理结构而努力，人要获得一种结构、一种能力、一种把握世界的方式，而不只是知识。知识是重要的，但知识是死的，而心理则是活的能力和能量。这种高层次的审美心理结构的形式，首先是要使人们具有丰富的内在情感，而内在情感的体验和积累，只有通过外部自然形式、艺术形式和社会形式的把握才能完成，所以只有艺术教育才能完成这个任务。近年来的艺术教育研究成果表明，教育中实施艺术教育是不局限于狭义的概念，它应是全民素质教育的重要组成部分，因此艺术教育的内容应该包罗一切引起人们美感的客观事物，自然美、社会美、生活美、艺术美都是艺术教育的极好内容，人的审美观、审美意识是在社会实践中发展起来的，这说明无论审美对象还是审美主体都是社会实践的产物，正是由于社会观方面产生了客观世界的美，也在主观方面产生了人对客观世界的审美意识，但个体审美心理、意识的构建却是要通过艺术教育来实现，只有通过各种艺术教育实践活动才能培养人们具有健全的审美心理结构，使人的感觉、知觉、情思、现象、理解等各种能力得到提高和相互协调。因此，艺术教育就是运用人类在长期的实践活动中所创造的各种产品和总结出来的艺术欣赏、艺术创作规律来影响个体的感官和心理，增强其审美创造力，与此同时又把那些因贫困、因不合理的制度和片面的教育而失去的感受力恢复和发展起来，使个人在比较短的时间内，以一种较为平衡协调的心理结构去对美的现象或形式做出正确反应，从而促进和影响其智力的发展、行为的高尚、心灵的完善。如今，时代条件和生活质量都提高了，我们理应把艺术教育搞得更好，使它在整体的素质教育中发挥出更大能量。

三、艺术教育在素质教育中具有独特作用

艺术教育包括技能教育，但不能归结为技能教育。艺术教育说到底是人的精神文明教育，或简明地说是"修养"的教育，是"灵魂"的教育，是"做人"的

教育。艺术教育看起来是对人的微观行为的教导，是人的情感世界的东西，但它对人的宏观方面的建树和成长，对人的全身心的发展，起着潜移默化的促进和补充作用，它与思想政治教育、道德伦理教育、行为规范教育一道，相互配合又相互渗透地在人的整体心理和精神素质塑造方面发挥着功能。早在古希腊时期，亚里士多德就谈到："音乐应该学习，并不只是为着某一目的，而是同时为着几个目的，那就是教育、净化、精神享受，也就是紧张劳动后的安静和休息。"这里，显然是把心理、精神领域的"教育"、"净化"和"审美"的因素提到了显著的位置。列宁有句名言："没有'人的感情'，就从来没有也不可能有人对真理的追求。"这对我们理解艺术教育在素质教育中不可替代的独特作用是有帮助的。正是艺术教育波及心灵的感情色彩，容易成为引导人们走向光明和美好的火炬。

强调艺术教育的精神内涵，一则是与艺术教育特质相吻合，一则也同党的基本方针相一致。贯彻党的教育方针，关键是重视受教育者素质提高，培养德、智、体、美等方面发展的社会主义事业的建设者和接班人。艺术教育是教育方针的题中应有之义，是为提高受教育者素质的全面发展服务的。归根结底，是要培养适应社会主义现代化需求的"四有"新人。从文化社会学意义上来说，素质主要指"思想道德素质"和"科学文化素质"两方面，"体魄心理素质"是一个物质基础性因素。这三者是有区分性的。而在这三个领域中，具有相关性功能的正是审美艺术教育，审美价值取向对一个人的德、智、体三方面的发育和成熟，对形成共同理想和精神支持，对心理和人际能力调整，都发挥着规律性的积极导向作用。以理想教育为例，它可以是多样的，有层次的，但不能是"多元"的，道德教育亦是如此，它应分级、分档，区别对待。但道德哲学和原则不应是"多元"的，这样就需要在理想和道德教育中把先进性和广泛性结合起来。谁能在这个"结合"中扮演一个难以扮演的"协调"角色呢？看来最有效的还是审美艺术教育。这也就是缘于它的"整体相关性功能"。从这种定位出发，强调艺术教育的"精神净化"作用，强调艺术教育自身的"心理"和"境界"的气质性，强调它在心灵和智力支持上的动力性，也就有了较为坚实的根据。因此，审美艺术教育尽管有自己相对的独立性，但它还是和其他三方面相辅相成。以思维道德教育来说，审美艺术教育通过美的事物陶冶青年学生，使之形成高尚的情操和志趣，这自然有助于青年学生思想品德提高。就思想道德修养这门课本身来讲，如果能贯穿审美教育的形象性、情感性原则，也必然会收到好的教育效果。思想教育工作的经验普遍证明，公式化、概念化生硬与抽象的说教效果是不尽如人意的，因而有人就提出通过审美教育的桥梁进行思想道德教育，动之以情，晓之以理。这种有机的结合，无疑将有助于克服片面性。单从这个角度来看，也能证明进行素质教育和在素质教育中加强艺术教育的必要性。

四、时代呼唤加强艺术教育

艺术教育的水平，在相当大程度上体现着社会文明的水准，体现着教育的水准。艺术教育在整个素质教育系统工程中，虽不能说处于"中心"地位，但也绝不是处于

"边缘"状态，它既有正面建设的功能，也有可以帮助道德教育、思想教育起到廓清消极、腐败、落后和污秽所产生的精神垃圾的功能。任何一个明智的教育家都会意识到：光有品行没有知识是脆弱的，但没有品行光有知识是危险的，是对社会的潜在威胁。现在我们之所以强调素质教育，其原因就在于，面对国际间科学技术的迅猛发展和综合国力的激烈竞争，面对世界范围内各种思想文化的冲突激荡，面对民族振兴事业兴旺的历史性任务，振奋起民族精神，凝聚和激励起人民的力量，培养出一代代高素质的人，这才是最根本的关乎全局的大事。在这一大背景下，呼吁和支持艺术教育在条件可能的情况下尽量出现在素质教育的前台，就有了更加突出的迫切性。

当今艺术教育尽管已成为素质教育中的一个热门话题，但艺术教育在素质教育中所要达到的目标，怎样在艺术教育中实施素质教育，艺术教育在素质教育中的地位和作用究竟如何，还有许多深入的理论问题需要探讨。目前艺术教育在素质教育中的现状、艺术教育在自身科研方面相对滞后等问题，应该努力加以改善。要真正切实地实施艺术教育，还会遇到许多实际问题和困难，这就需要进一步探求解决的办法和途径，同时也需要尽快建立起高效能的艺术教育网络，打开一个全新的局面。

第六节 高校思想政治工作与干部整体素质的提高

高校是培养高级专门人才的重要阵地，以实现受教育者成为"有理想、有道德、有文化、有纪律"的社会主义事业的建设者和接班人为目标开展教育活动。这一目标能否实现，实现的程度如何，主要取决于从事高等教育的广大干部和教师的素质及其提高。

一、干部整体素质的提高是高校思想政治工作的必然要求

在高校长期思想政治工作的实践中，已经形成了包括学校党委、组织、宣传、党校、党总支、党支部、团委、团总支等各级干部，以及"两课"教师、辅导员和班主任为主体的专兼职学生思想政治工作队伍，发挥着主力军的作用。从高校立德树人的角度出发，高校的每一位干部，都是思想政治工作干部队伍的一员。他们的整体素质如何，将直接影响着高校思想政治工作的水平和效果。因此，提高干部整体素质不但是干部工作的重要内容，也是加强和改进大学生思想政治工

作的必然要求。

高校人才济济，且不说专家、学者、教授层出不穷，就是大学生群体，在不同的学习阶段，也程度不同地获得了各方面的专业理论知识和技能。他们思想活跃，易于接受新事物，外语和计算机基础较好，独立思考能力强，价值取向较高。面对这样的群体开展思想政治工作，必须从全面提高施教者，即干部整体素质入手。常言道：打铁先须自身硬。首先，要树立坚定的理想信念，明确用科学理论武装人是思想政治工作的首要任务，认真学习马克思主义、毛泽东思想、邓小平理论、"三个代表"重要思想和科学发展观，打好扎实的理论功底，充分发挥理论在思想政治工作中的基础性作用，不断增强马克思主义理论的说服力和战斗力。闻道有先后，术业有专攻。只要广大干部肯钻研，求上进，就会成为思想政治工作的行家里手，就不会在教育对象文化素质高、见识广、独立思考能力强等优势面前"怯场"，就不会感到自己讲的，别人都懂，甚至比自己懂得还多而缺乏信心。其次，要注意对理论的消化和吸收。理论由于它的逻辑严密性、概括性和抽象性，决定了其具有枯燥、呆板和难以理解的特点。各级干部在开展思想政治工作时，要在理解和掌握理论的前提下，以生动形象、通俗易懂的形式和事例表达出来，便于广大学生接受。加里宁在《论共产主义教育》中说："你要是说话，那得说自己的话，那样，人们就会听得入神一些。"这就是理论工作和教育工作的功夫，是素养的体现，即所谓的"深入浅出"。相反，从理论到理论，讲"套话"，扮"官腔"，没有自己的理解和真情实感，话讲得再漂亮也苍白无力。有些道理之所以难以被广大学生掌握和接受，一条很重要的原因，就是有的干部不下工夫思考，不讲自己的话，而是照本宣科、念材料、读报纸，去讲书、材料、报纸上的原话，听起来索然无味，不但降低了自己的威信，也削弱了思想政治工作的能力。再次，要不断更新知识结构，扩展知识面，善于分析新情况，解决新问题，不断总结经验，为思想政治工作服务。当今时代，科学技术发展迅速，新知识、新观点不断涌现。高校通过深化改革，专业结构和课程设置有所调整和充实，有些新知识、新观点已付诸于教学实践。各级干部要增强学习新知识的紧迫感，开阔眼界，注重新情况、新问题的素材性研究，必须随时"充电"，确立终身学习的理念。通过攻读学位、进修、培训以及到国内外高校参观、交流等办法，增加各级干部的现代管理知识，强化能力培养。从高校发展趋势和改革的要求看，各级干部必须要成为既懂专业，又精于管理、善于服务的复合型人才。

二、实践环节是提高干部整体素质的重要手段，也是搞好高校思想政治工作的有效途径

这里说的实践，一方面是指各级干部都承担思想政治工作的责任，对广大学生做好宣传、教育、引导等工作；另一方面各级干部都要实践党的宗旨，以自己在学习工作和生活中的模范作用给广大学生树立良好的榜样，用行为对广大学生进行引导和教育。

高校大学生来自五湖四海，在性格禀赋、地域和民族风俗、家庭条件、学习基础和目的等方面都有所差异。在新的学习环境中，他们总会遇到这样或那样的不适应和困难，并由此引发一些思想上的疑问和困惑。此时，党团组织、思想政治教育骨干要主动热情地帮助他们解决实际困难，并辅以耐心细致的思想工作，让他们感到学校这个大家庭的温暖。只有人的较低层次需求被满足后，才会对较高层次的需求产生渴望。此时，各级干部可以通过谈心、调查问卷、党团课辅导、健康有益的文体活动等有效途径，尽可能地掌握大学生的思想动态、需求和愿望，并加以引导，有的放矢地开展思想政治工作，使他们逐步完善健康人格和道德自我约束机制，逐步树立正确的世界观、人生观和价值观。

思想政治工作的重要方法是教育，但身教重于言教。群众的眼睛是雪亮的，要求教育对象做到的，党员干部首先要做到。如果说一套，做一套，说的大道理都是要求别人的，自己不起模范作用，那说得再好也是白费工夫。高校最基本的职能是生产精神产品、做人的工作。各级干部所进行的思想政治工作，其贡献主要不是有多大的政绩，也不是创造了多少物质财富，而是他们所实践的作为一个党员、一个干部、一个思想政治工作者的价值。在实践中，要努力使自己成为"一个高尚的人，一个纯粹的人，一个有道德的人，一个脱离了低级趣味的人，一个有益于人民的人"。有的干部声称与党中央保持高度一致，在大是大非面前旗帜鲜明，但在诸如分房、福利、职务职称晋升这样一些"小"事上，，耍小脾气，闹小情绪，斤斤计较。还有的要求学生上课不能迟到早退，自己却不按规定时间上下班，要求学生上课不玩手机，自己却在工作岗位上打游戏，网络购物等。这些现象不是"小"问题，而是"大"事情。反观他们在进行大学生思想政治教育工作时，是对别人的说教，没有亲身实践，所以谈不到用人格力量和道德实践教育、引导广大学生。

三、坚持以学生为本，不断提高干部整体素质，加强和改进高校思想政治工作

高校坚持以人为本的核心是坚持以学生为本。大学根本的社会功能是培养数以万计的专门人才和一大批拔尖人才和创新人才。大学生既是大学的主体，也是大学的生存之本。坚持以学生为本，就要做到一切为了学生，为了一切学生，为了学生的一切。把学生的成长发展需要当作第一考虑，把学生的满意作为第一标准。满足学生成长需要和促进学生全面协调发展是大学进行一切教育教学活动的出发点和归宿。

本者，根也。坚持以学生为本，可以从两个方面理解：一是要把大学生作为学校的生存之本，办大学就是为了培养大学生。二是要把促进学生发展看作学校发展之本，学校要发展，关键在于学生质量和特色，而学生的质量和特色，又取决于学校的发展水平。

高校各级组织要坚持以学生为本，紧紧围绕学校改革和发展，在加强党员干

部和教职工思想政治工作的基础上，不断探索和改进学生思想政治工作的新路子、新方法。

第一，要建立适应社会主义市场经济体制的思想工作机制。在当前复杂的国内国际环境中，思想政治工作要保持和发挥学生专业学习所不能替代的政治导向机制；要确立以人为本，理解、关心、尊重学生，为他们的健康成长多办实事的服务机制；坚持既严格又热情帮助，晓之以理，动之以情，以理服人，以情感人的激励机制；建立灵敏、准确、及时掌握学生思想脉搏的信息反馈机制。

第二，要确立以提高学生思想道德素质为目标的思想政治工作的思路。适应"以德治国"的方针和教育体制由应试教育向素质教育转变的需要，立足于以学生的全面综合素质的提高为目标，培养学生的创造力；营造良好的教育氛围，为学生的全面发展创造条件；加强素质教育的基础条件和设施建设。

第三，改善思想政治工作途径、内容和方法。一是要联系实际，多联系社会实际、学生思想实际，教育内容要生动活泼；二是教育方法避免简单、生硬，切忌粗暴的行政命令。要丰富校园文体活动，开展适合学生思维、心理、生理特点的教育活动，启发学生自我教育和管理；三是定期进行综合测评，不仅要了解学生"两课"的考试成绩，更要考察学生平时的言行表现，进行综合评估；四是教育贯穿于学生管理、服务的整个工作中。

第四，要切实加强"两课"教学，重点引导学生掌握马克思主义的基本立场、观点和方法，用正确的理论指导学生的社会实践、人生实践和道德实践，促进学生由他律向自律转化。教学和科研相结合，掌握"两课"教育的主动权，增强"两课"教学的说服力和感染力。

总之，搞好高校思想政治工作，关键在各级干部和干部整体素质的提高。全面提高干部的整体素质是干部工作永恒的主题。所以，高校思想政治工作任重道远。

第六章　高校大学生思想政治教育模式创新研究

第一节　高校大学生思想政治教育模式新探讨

高校思想政治教育是高等教育的重要组成部分，是一切专业教育的基础和前提条件。改革开放以来，我国高校思想政治教育取得了长足的发展，随着国际国内一系列新变化、新情况的不断出现，高校思想政治教育面临严峻挑战。如何适应形势的变化，探索高校思想政治教育的新模式，是每一个思想政治教育者的责任。

一、"两课"课堂教学仍是高校思想政治教育的主渠道

经过长期的教学改革，我国高校基本确立了"两课"为主的理论课体系，即以马克思主义理论课与思想品德课为主框架，在高校学生中进行系统的、基础性的理论教育，形成既相互独立、又相互联系的思想政治教育的有机整体。通过"两课"学习，使学生系统了解马列主义发展的脉络，掌握马克思主义基本原理、毛泽东思想和邓小平理论的主要内容及精神实质，从而确立马克思主义的人生观、道德观、世界观，学会以马克思主义的立场、观点和方法分析、解决现实问题，从根本上奠定了高校思想政治教育的坚实基础。在这一学习过程中，课堂教育是最主要的手段。然而传统的"一言堂"式单调呆板的灌输教学模式越来越不适应新形势的需要，为发挥课堂这一思想政治教育主阵地作用，应从两个方面改革教学模式：

一是在教学内容上，要坚持以邓小平理论为核心。邓小平理论是当代中国的马克思主义，是中国社会主义现代化建设的指导思想，也是解决中国当前及未来发展过程中一系列现实问题的理论依据。学习邓小平理论反映了现实的需要，用邓小平理论武装青年学生，提高青年学生思想政治素质，关系到国家、民族的未来和希望。思想政治教育要以邓小平理论的学习和运用为核心，学习邓小平理论

要切实贯彻理论联系实际的原则，强调"学以致用"，使学生不再感到理论课"学了没用"。如在教学中，理论课教师不应有意回避而要结合有关理论，针对诸如苏联、东欧剧变以来部分青年人中出现的对马克思主义的信仰危机、伴随经济全球化而来的西方文化与社会思潮对青年学生的强烈冲击、中国社会主义市场经济确立和完善过程中理论与现实的巨大反差给学生造成的困惑等等问题，敢于、善于运用邓小平理论作出正面的、有说服力的解答，引导学生积极思考，使学生能够根据马克思主义的基本原则和基本方法，不断结合变化着的实际，探索解决新问题的答案。在课堂教学中教师要始终坚持正确的舆论导向，旗帜鲜明地反对各种错误思潮和错误倾向。

二是在教学方法上，要结合青年学生思想活跃、求知好奇、善于接受新事物等特点，不断探索与之相适应的课堂教学模式，利用课堂讨论、师生辩论，就学生普遍关心的问题进行专题讲座等多种方式活跃课堂气氛，调动学生学习兴趣和热情，引导学生积极主动地参与到学习过程中。同时注重利用电视教学、幻灯教学、多媒体教学等多种现代科技手段，通过大量史实材料，生动、形象、直观地对学生进行理论教育，从而丰富课堂内容和形式，使学生在学习基础理论的同时，既可获取大量信息、开阔眼界、活跃思维，又从历史、现实与理论的结合上，更深一步地体会马克思主义理论，特别是邓小平理论的精神实质和科学价值。

二、丰富多彩的校园活动是高校思想政治教育不可忽视的辅助手段

校园活动是大学生的"第二课堂"，其课余活动主要集中在校园活动中进行。如果说课堂教育从本质上难以改变"灌输"性质的话，那么利用校园活动进行思想政治教育就更具有因势利导的优势。校园活动从形式到内容都丰富多彩，极受学生欢迎，特别是在这些活动中学生都是主动、热情地参与其中的，在形式上更易于接受思想教育。如很多院校学生都自发组织了"邓小平理论研究会""邓小平理论学习小组"等，在课余自觉研究理论，交流学习邓小平理论的心得体会，共同探讨、争论疑难问题。有些院校则经常请来一些学者、专家、企业家作专题报告、讲座，吸引了大批学生，内容涉及到学生所关注的一系列国内外重大事件及问题，如有关人权、台湾问题、知识经济、国企改革等等。这些讲座具有很强的针对性、时效性，从不同的侧面进一步解决了学生的思想困惑，开拓了视野，弥补了课堂教学的某些不足。特别是企业家成功之路的报告，更使学生体会到邓小平理论并不抽象、不遥远，而是现实地存在于我们的社会实践之中，从而体会到邓小平理论的现实意义。此外，由院、系或学生组织的大型演讲赛、辩论赛、征文比赛等活动频繁地展开，以多种形式和丰富的内容调动了学生参与和学习的热情。通过上述校园活动，既提高了学生的综合素质，丰富了课余生活，又在课堂之外进行了潜移默化的思想政治教育，无形中形成了课堂教育的延续，发挥了难以替代的补充和强化作用。

三、以网络和实践活动为纽带的社会"大课堂"越来越成为思想政治教育的重要舞台

思想政治教育是一个连续的过程,同时在空间上不可避免地涉及到课堂、校园之外的社会。随着时代和科学技术的迅猛发展,高校已经越来越摆脱了封闭的"象牙塔"形象,与社会发生密切的、广泛的联系,日益形成校园与社会的二元结构。高校思想政治教育也因此面临许多新领域、新挑战。关键在于如何在手段、方式上进行改革创新以适应这一变化,其中一个重要内容就是利用信息网络技术,在虚拟的网络世界中发挥正确导向的作用。近年来中国互联网蓬勃发展,对我国经济、文化、科技和社会发展产生了巨大的推动作用。由于在信息传递、资源共享方面拥有无以比拟的优势,互联网络正在日益改变着我们的生活。越来越多的大学生通过上网,以全新的方式不受时空限制地与社会发生着密切的联系。而伴随着这一变化,信息网络的负面影响也不可否认、不容忽视地出现。西方资产阶级人生观、价值观、道德观和有害青少年身心健康的黄色流毒的网上泛滥,极大地影响着青年学生的思想道德。忽视这一事实,将使课堂思想政治教育前功尽弃。因此,要重视和充分运用信息网络技术,使思想政治工作提高实效性,扩大覆盖面,增强影响力。在高校应加强网络管理,监控校园网络,切断校园网与反动、黄色等不良网址的通道,清除有害网络信息。同时建立积极健康的校园思想政治工作网站,利用网络资源增进思想交流和交锋,在网络的虚拟社会中,坚持正面宣传教育,以正确的舆论和科学的理论引导青年学生,在实践上占领网络这一全新领域,使之成为思想政治教育的重要舞台。

大学生终究是要走向社会、服务社会的。因此强化思想政治教育的实践环节,以丰富的社会实践活动让大学生在学习期间关注社会、接触社会,在社会实践中了解社会,认识国情,进一步强化政治思想教育,提高认识,是高校思想政治教育的重要环节,也是贯彻理论联系实际的重要手段。在方式上,可以利用学生寒假、暑假回乡之际,拟定考察内容,布置社会考察任务,使学生进一步了解家乡、了解社会、了解国情,也可组织学生参观、考察各类企业或到经济文化落后地区帮困扶贫等,使学生在教师引导下自觉运用课本上学到的理论知识,解决现实中遇到的问题,从而在实践中有效解决思想认识问题,提高分析和解决社会问题的能力。

总而言之,在课堂、校园、社会的思想政治教育模式中,思想政治教育以融会贯通,环环相扣,互为补充,互相推动,形成了一个多层次、全方位、不间断的完整过程。在这一过程中既运用传统教育手段,又大胆改革创新,运用了多种现代科学技术,充分体现了思想政治教育实施过程的科学性、针对性和层次性,极大改变了传统思想政治教育的单一模式,更符合时代的要求,从而有力推动高校思想政治教育的进一步发展。

第二节 新媒体时代下，要树立大学生思想政治教育的现代服务意识

随着改革开放的深入发展，社会经济、政治、文化、人们的思想观念等方面已发生了一系列深刻变化，这就要求思想政治教育工作必须通过改革来不断适应新的实践的发展。而思想政治教育改革虽然取得了巨大成就，但仍远远落后于时代发展的需要，出现了思路滞后、方法滞后、内容滞后、观念滞后等一系列问题，严重制约着思想政治教育的顺利开展和预期效果的实现。当今时代高速发展，高校的思想政治教育工作面临着前所未有的机遇和挑战，我们一方面要抢抓机遇，乘势而上，另一方面要主动迎接挑战，努力推动思想政治教育工作的现代化特别是教育思想观念的现代化。新形势下，以市场为导向，树立思想政治教育的服务意识显得尤为重要。树立服务意识就是要自觉地把思想政治教育的位置摆正，从经济建设、党的路线方针着眼，从学生的实际需要出发，而不是从我们的主观臆断出发，真正地帮助当代大学生排除人生道路上的障碍，从而使他们积极健康地投入社会生活。思想政治教育的服务意识应主要体现在以下几个方面：

一、服务于经济建设中心，服务于党的路线、方针、政策，这是思想政治教育工作的本质，也是其生命力之所在

党的工作只有经济建设一个中心，这就决定了思想政治教育必须为这个中心服务。李瑞环同志曾明确指出：思想政治工作不能游离于经济建设之外，更不能搞自我中心或多个中心，妨碍和干扰经济建设的发展。思想政治工作者必须提高执行党的基本路线的自觉性，强化为经济建设服务的意识，自觉地服从和服务于经济建设。思想政治工作只有在经济建设和改革开放的过程中找到自己合适的位置，才能发挥自己特有的作用，体现自己的价值。这是值得高校的思想政治教育工作者认真领会的。

思想政治教育要全力为经济建设服务，这是完全得民心、顺民意的。因此，在行为方式上，要从计划经济条件下思想政治教育的"一刀切、齐步走"中挣脱出来，强化自主性，提高因时因地的针对性。改变过去那种居高临下的"官本位"形象，要从领导和支配其他工作的神圣位置转移到服务于经济建设的位置上来。市场经济条件下，应紧紧围绕经济建设大局和党的路线、方针政策而开展高校的思想政治教育工作，把先进科学的理论和党的路线、方针政策灌输于青年学生，使他们牢固树立以经济建设为中心的思想观念，正确处理其他各项工作与经济建设中心的关系，在思想上与党和政府保持高度的一致，在将来的工作中形成促进经济建设的强大合力。这就成为推动市场经济发展的强大动力和有力保证。

二、服务于青年学生基本素质的全面发展和提高

素质教育从人的全面发展出发，认为人的素质不是单一的，而是由多种具体素质构成的，如政治素质、思想道德素质、科学文化素质、能力素质、心理素质等。人的素质是诸多具体素质的统一体，各种素质之间相互制约、相互影响，既可以相互促进，一荣皆荣，也可以相互抵消，一损俱损。因此，素质教育要求全面发展和提高人的素质，反对和排斥只注意某方面素质而轻视或放弃其他素质的做法。大量事实证明，如果只注重科学文化素质而忽略思想政治素质，就很难达到真正提高学生基本素质的目的。毫无疑问，思想政治教育从本质上讲，就是运用科学理论和高尚思想，用科学的世界观和方法论培育人的工作，其主要功能就是帮助提高大学生的思想政治素质，进而提高科学文化素质，充分调动他们学习的积极性、主动性和创造性，增强他们认识世界和改造世界的能力，从而充分发挥思想政治教育在推动学生基本素质全面发展中应有的服务作用。新形势下，学生的自我意识、平等意识、民主意识不断增强，这就要求高校思想政治教育要不断适应市场经济条件下学生心态的变化，研究个性差异，充分尊重学生的个性，努力发掘学生个性特征中的"闪光点"。改变过去那种以政治口号强加于人、压制人的发展的做法，在提高学生思想政治素质的同时，尽力以民主、平等的形式，创造生动活泼的条件，即使知识得到快速增长，又促使学生的个性心理健康发展。要真正做好思想政治教育的服务工作，必须做学生的朋友，转换角色，力求以亲近关系赢得学生对思想政治教育工作的信任和接受。同时要贴近实际，寓理于事，让学生听有所思、学有所用，要善于创造平等交流、以情传理的心理氛围。要持之有据，实话实说，以诚恳平等的态度交流思想，不要指手划脚，以自己的观点强加于学生，以免使学生反感。对重大问题保持一致的前提下，对一时统一不了的个别问题要允许他们拥有思考的"空间"，不搞"立竿见影"的"大团圆结局"。也应运用激励机制，最大限度地激发他们积极向上的人生态度和用之不尽的智慧及创造力。市场经济中通行的竞争观念、人才观念、效益观念等被学生所接受，为思想政治教育提供了新的契机。竞争观念的树立，有利于学生形成比学赶超的风气；人才观念的强化，有利于增强进取意识、自强意识，促进学生提高自身素质；效益观念的增强，有利于学生克服懒惰情绪，争取时间，努力学习。思想政治教育要充分利用市场经济条件下的有利契机，服务于学生基本素质的全面发展和提高。

三、服务于学生满足求知欲和解答思想疑惑的需要

思想政治教育工作服务于学生的求知欲和思想上的疑惑，就是满足学生掌握知识的需要和了解世界的渴求，解答学生思想中各种疑难和困惑。随着改革开放的深入，市场经济的发展，科学技术的进步，面对大量的新鲜事物和复杂多样的

信息，学生的观念、要求、愿望、思维方式和生活方式等不断随之变化，其求知欲更强，思想上的困惑、疑难问题也更多，这就需要通过思想政治教育中包含的科学知识来满足他们的一部分求知欲，解答他们思想中出现的一些疑惑。为此，思想政治教育的手段、方法、机制、观念等必须转变，特别是教育者的思想观念必须跟上时代的步伐，必须准确把握学生的思想脉搏，否则就成为青年学生眼中的古董、怪物，与之格格不入，就难以做好他们的思想政治工作。当然，思想政治教育也要有预见性、主动性、超前性，及时消除学生思想中的错误认识、判断及不良动机，防患于未然。要防为上，救为次，戒为下。对理论方面的重大问题不能总是低水平重复，要有走向前沿的勇气，要把学生引向研究前沿问题，通过学生自己的探索研究，得出正确结论，从而提高学生的思想认识和政治觉悟。

四、服务于解决学生的实际问题

老子有一句名言："将欲取之，必先予之。"其包含的思想对目前做好思想政治教育工作也是很有借鉴意义的。

思想政治教育是解决人的思想问题的。当前在新旧体制交替、碰撞过程中，各种热点、疑点和难点问题将不断出现，如果不及时解决好，势必影响学生的情绪，引起思想波动。因此，思想政治教育者一方面要做好思想政治工作，帮助学生正确认识和对待出现的矛盾，以积极的态度克服遇到的实际困难。另一方面，要满腔热情地关心他们的学习生活实际，千方百计地为他们排忧解难，使他们感受到党和国家对他们的关怀和温暖。对一时解决不了的问题，也要讲清道理，做好解释工作；要把解决实际问题的过程变成提高思想觉悟、调动积极性的过程，以增强思想政治教育工作的感召力和有效性。

第三节　加强大学生思想政治工作队伍建设

一、高校学生思想政治教育工作队伍建设的重要性和必要性

首先，从职责上分析，高等学校学生思想政治工作队伍是保证高校坚持社会主义办学方向，全面贯彻党的教育方针，培养德、智、体、美全面发展的社会主义建设者和接班人的一支不可缺少的重要力量，是学生思想政治工作的组织者和指导者。其次，从任务上分析，这支队伍是以马克思列宁主义、毛泽东思想、邓小平理论、"三个代表"重要思想和科学发展观为指导，教育和引导学生树立正确的理想信念，加强思想修养，使学生成为有理想、有道德、有文化、有纪律的一代新人。在民族高等学府和一些肩负着为民族地区培养各类人才的普通高校，学生思想政治工作队伍还承担着教育广大学生维护国家统一、民族团结的光荣任务，具有特殊使命。再次，从国际国内的现实形势分析，建设好这支队伍也是非常必

要的。一方面，随着时代的前进、知识经济的来临和经济全球化趋势，和平与发展仍然是当今世界的两大主题。但是，由于受利益的驱动，在国际上地区之间、国家之间、民族之间矛盾依然存在，斗争日趋复杂。这个矛盾表现在政治上实际上是霸权主义与国际政治多元化的对立，表现在思想上就是曲折低潮中的社会主义与强盛发展中的资本主义在意识形态上的抗衡。另一方面，国内敌对势力亡我之心不死，他们始终与国际反华势力纠集一体，利用现代媒体、网络、通讯等信息科学手段，与我们党争夺高等学校思想领域意识形态这一事关国家接班人和建设者的制高点，把和平演变的希望寄托在当代大学生身上，企图达到"分化"、"西化"的目的。因此，高校学生思想政治工作队伍建设无论从其职责任务，还是从现实形势上看都是一个十分突出且不容忽视的问题。在高校，这支队伍的作用非同寻常，既有重要性，又有必要性，必须引起教育主管部门和各级党委的高度重视。

二、高校学生思想政治教育工作队伍建设的几点要求

新中国高校学生思想政治工作队伍经过多年的建设，中间虽有反复，特别是经过改革开放与党委领导下的校长负责制的重新确立，现已趋于成熟，在高校教学、科研、管理等工作环节中发挥了应有的作用。但是，随着时代的发展变化，这支队伍和所从事的思想政治工作也存在一些问题，主要表现在以下三个不适应上：一是在思想内容上不适应当今世界政治、经济、文化、科技等方面发生的一些新动向。二是在方法手段上不适应目前网络媒体的迅速崛起和我国日新月异发展所带来的新变化。三是从形式机制上不适应高校扩大招生、大众化趋势、自身超常规发展所引起的一系列新问题所提出的新要求。这三个不适应归结在队伍建设上实际就是年龄偏大或偏轻、知识不足或不精、人员数量不足或者不稳、工作方法手段落后等问题。因此，对高校学生思想政治工作队伍建设进行深入思考研究、有针对性地提出一些新要求是十分必要的。具体如下：

（一）硬件要求

高等学校要从自身的实际情况出发，对思想政治工作队伍建设按照党中央的部署，明确思路、制定计划，其中应当包括人员选拔、使用、管理、培训以及经费保障、工作目标、设备、手段等各环节的必备要求。从物质上确保在校学生思想政治工作的正常开展。

（二）软件要求

这是对学生思想政治工作队伍建设中从事这项工作的人员的素质要求，也就是说要从事学生思想政治工作就要达到相应的要求，这个要求作为标准必须要明确。比如从政治素质、思想作风、政策水平三个方面规范要求，使之成为学生思想政治工作者必须达到的条件。另外，还应从个人品行表现、事业心责任心、敬

业精神、文化修养等方面对高校思想政治工作者提出较高的要求，使之成为学生思想政治工作者努力的方向和衡量自身工作的标准，从精神上对学生思想政治工作者作出具体要求，以保证高校学生思想政治工作沿着正确的目标发展。

（三）业务能力上的要求

这一要求实际是学生思想政治工作队伍建设硬件、软件要求的具体体现，也是对学生思想政治工作者最重要的要求。如果在这个问题上对学生思想政治工作者的要求不严，或者说没有保障学生思想政治工作者不断提高业务水平的具体措施办法，那么可以预见高校学生思想政治工作在错综复杂的国际国内形势面前和现代信息科学技术飞速发展的情况下将显得软弱无力、无所适从。加之，在现阶段，学生思想意识不断发生变化的情况下，高校学生思想政治工作队伍的整体水平和业务能力并没有得到应有的提高，有的存在对现实中的热点难点问题不能答疑解惑，对深层次的问题缺乏认真研究，回答问题牵强附会，工作没有实效，针对性不强。这都是学生思想政治工作者业务能力不适应现实要求的表现。因此，不断要求他们加强对马克思列宁主义、毛泽东思想、邓小平理论、"三个代表"重要思想和科学发展观的学习研究，提出符合高校学生思想政治工作规律的目标要求，创造必要的条件，给予适当的物质保障，切实提高他们的业务能力和工作水平，在队伍建设中有其特殊的意义。

（四）精干、高素质

学生思想政治工作队伍是高等学校教书育人的中坚力量，不是什么人都能干和干得好的，不能滥竽充数。精干是对学生思想政治工作队伍建设的第一要求，符合现代效率原则。同时队伍精干必然要求人员高素质，两者相辅相成，互为条件。所以，高校学生思想政治工作队伍必须要按照精干、高素质的要求建设。否则，这支队伍在高等学校的工作中就没有高效率，也发挥不了应有的作用。

三、大力加强高校学生思想政治教育专业建设

保证高校学生思想政治教育工作队伍人才资源的关键是专业建设。加强思想政治教育的专业建设能更加有效地推行大学生思想政治教育工作队伍的专业化、职业化和专家化。大力强化思想政治教育的专业建设，具体应该加强以下的工作：一方面是增加思想政治教育的专业方向。在现有的思想政治教育专业内，增设针对大学生思想政治教育的相关方向，如学生事务管理、心理咨询理论与实践、辅导员和班主任工作等。在课程设置上，也要开设与大学生思想政治教育工作相关的课程和内容，如学生职业生涯规划与指导、心理健康教育与咨询、网络思想政治教育理论与实践、就业指导与咨询等，以达到增强专业社会适应性，强化大学生思想政治教育队伍的建设目标。另一方面是尝试增设"高校辅导员"本科专业。高校辅导员，其特殊的身份和性质、特殊的地位和作用、特殊的工作任务和要求，

需要进行专业化的培养和培训，并达到一定的资格水平。根据国家对辅导员的学历学位要求，可以将高校辅导员专业设置为本硕连读制，以增强专业学习的系统性和应用性。同时，按照国家要求高校辅导员配备的师生比1：200的比例要求，我国仍需要相当数量的人员充实高校辅导员岗位，这也保证了该专业的生源基础。

四、高校学生思想政治工作队伍建设的专兼结合问题

在高等学校，学生思想政治工作专职人员一般是指分管学生工作的党委副书记、"两课"教师、学生处、团委、就业指导中心等有关部门以及各院（系）从事学生工作的人员。而从事学生思想政治工作的兼职人员，可以从政治品质好、有一定的思想理论水平和组织活动能力的教师、干部及品学兼优的研究生、高年级大学生中选拔。

专兼职结合的学生思想政治工作队伍是我国高等学校长期以来在人员结构方面形成的一大特点。实践证明，在高校没有一支精干、高素质的专职学生思想政治工作队伍是不行的，但是仅仅靠这支队伍完成高校繁重的思想工作任务又是远远不够的，兼职人员在高校学生思想政治工作中的作用是不可替代的。所以，发挥专兼结合的互补优势，对建设好学生思想政治工作队伍有至关重要的作用。那么，如何发挥专兼职人员各自的作用是一个值得认真思考的问题。首先，应当明确专职学生思想政治工作者在高等学校中的地位，要把他们真正作为高校教书育人不可缺少的力量，在工作中使他们与专任教师、科研学术人员处于同样的位置，在政策上要一视同仁。应当创造条件，鼓励他们脱产进修、攻读学位。要充分发挥选拔、使用、管理、培训等手段的作用，加强对他们的培养，确保专职学生思想政治工作队伍在高校不被削弱。其次，发挥兼职人员的作用，充分调动这支队伍做好学生思想政治工作的积极性也是非常重要的。要克服思想政治工作与教学、科研、管理两张皮的错误倾向，使思想政治工作浸透到教学、科研和管理中。因此，兼职人员在高校学生思想政治工作中的地位和作用也是十分突出的，应当受到尊重。同时，要建立合理的工作量化机制，保证他们既做好教学、科研和管理工作，又要做好学生思想政治工作，使之成为既教书又育人的专家。

总之，专职队伍与兼职队伍在高校工作中实际上是一体两翼的关系，而不是主次关系，不存在谁轻谁重的问题。正确处理二者之间的关系，使二者结合起来，形成合力，不仅是高校学生思想政治工作队伍建设中的一项重大课题，而且也是做好高校学生思想政治工作的组织保证，同时又是党在高校工作的侧重点，应当在实际工作中加以认真研究和高度重视。

第四节　巩固高校大学生思想政治教育的理论阵地

重视对社会思潮及其表现形式的研究和引导，这是具有现实性和针对性的。

因为西方敌对势力从来没有放弃利用社会思潮和学术思潮对我国青年，尤其是大学生的侵蚀，而且采取的手段越来越隐蔽，涵盖面越来越广泛。作为高等学校的思想政治工作者来讲，我们必须时刻保持清醒的头脑，不断提高高校思想政治工作的敏锐性和主动性，防范和抵御西方错误社会思潮和学术思潮对大学生的渗透影响，准确把握大学生的思想脉搏，扎实做好思想引导工作，旗帜鲜明地反对错误思潮，让马克思主义的科学精神占领高校思想理论阵地。我们可以从西方社会思潮和学术思潮对青年大学生的影响这一切入点，对提升"两课"教育效果，学习宣传贯彻习近平总书记系列重要讲话精神，继续加强和改进思想政治工作进行探讨。

一、影响表现及其特征

（一）西方社会思潮和学术思潮对大学生的影响

（1）资产阶级功利主义对大学生的影响

西方资产阶级功利主义原则在于片面地强调人的一切活动目的，都是为了获得个人的最大幸福，不考虑公共利益和社会长远利益。在这种思想影响下，一些大学生为了获得好成绩，进行所谓"公关"活动；尽管我们在推行素质教育，但一些学生为了未来的就业，只顾专业学习，放弃政治学习，甚至为了考取一些资格证书而放弃部分基础课程的学习；一些毕业生不考虑就业发展前景，一心想留到大城市，而不愿到艰苦地区、艰苦的行业去，有的甚至为此而放弃了所学专业。

（2）资产阶级个人主义对大学生的影响

资产阶级个人主义是无政府主义整个世界观的基础，鼓吹"一切为了个人""我就是一切"，排斥集体主义，认为集体主义是"极权主义"，集体主义社会是"乌托邦社会"。一些大学生受其影响，在处理集体与个人的关系时，表现得非常自私，他们崇尚自我，处处以自己为中心。有的学生在宿舍活动中根本不考虑舍友的学习或休息；谈恋爱时不分宿舍、教室和其他公共场所；在阅览室看书看报时，随意裁剪图书资料，不顾集体和他人的利益。

（3）资产阶级自由主义和所谓的"民主"对大学生的影响

一些大学生由于受西方所鼓吹的"自由至上"和"民主"思想的影响，盲目地追求所谓的"自由"和"民主"。他们所追求的"自由"，就是任意做自己想做的事情，而不受到任何条条框框的约束，有时甚至置法律法规、校规校纪于不顾，去追求"自由"，发展自己所谓的"个性"；他们所追求的"民主"是抽象的民主，理论概念中的"民主"。有的学生在自己的网络签名中写道："网络世界无国界、无政府，是个真正的地球村。"

（4）西方经济私有化和东西方经济趋向论对大学生的影响

受之影响，一些学生误认为我们社会主义市场经济的建立和发展是慢慢地向资本主义靠拢，向资本主义趋向，片面地认为党和国家允许、鼓励个体和私营等非公有制经济发展是私有化的表现。

（二）西方社会思潮和学术思潮对大学生影响特征

（1）影响手段隐蔽化

西方敌对势力的"西方"和"分化"政策是尽可能打一场没有硝烟的战争，采取精神渗透和科技手段，如流行文化电影、电视节目、书籍、音乐、电脑软件等，实现其潜移默化的作用，以便不放一枪一炮就可俘虏"士兵"。

（2）影响领域广泛化

他们在人权、民主、民族、宗教、领土、法制、腐败现象等方面大做文章，传播和推行他们的政治模式、价值观念、生活方式，力求从意识形态上瓦解青年学生。

（3）影响力度深入化

他们凭借雄厚的经济实力、科技实力和文化实力，输入他们的世界观、价值观和人生观，如吸引和挖掘我们的高级人才资源，提供免费网络资讯，通过影响我们的一些教师特别是青年教师再来有力地影响青年学生。

（4）影响视角多维化

不论是时空角度，还是方式方法，不论是物质方面，还是精神方面，都存在着这种影响，使我们一时难以察觉，难以分辨。

二、产生影响的原因分析

西方社会思潮和学术思潮之所以能对一些大学生产生不良影响，究其原因，包括以下几方面：

一是长期以来，意识形态领域的斗争从来没有停止过，西方敌对势力充分利用西方社会思潮和学术思潮同我们争夺青年，争夺思想阵地。他们企图以此来破坏我们的民族凝聚力和社会主义建设大业。青年强则国家强，青年是祖国强盛、民族振兴的希望。所以他们把"西化"和"分化"的战略目标重点放在大学生身上，有目的、有针对性地展开意识形态领域的争夺。

二是随着改革开放的不断深入，国际交流的不断加强，在引进西方国家资金、技术、人才和管理经验的同时，西方社会思潮和学术思潮必然随之而来，这也是无法阻挡的。

三是国内不断深化改革的过程中出现了一些社会矛盾，这些矛盾恰恰是大学生关注的热点，容易使大学生产生肤浅的认识。另外，受市场经济的负面影响，也容易诱发一些大学生的功利主义、极端个人主义、拜金主义和享受主义思想。大学生在不能深刻认识社会主义发展进程和资本主义发展进程等问题的前提下，容易受到西方社会思潮和学术思潮的影响或感染。

四是现代科学技术的迅猛发展，为西方社会思潮和学术思潮的传播提供了新的途径和手段。如互联网，已成为西方社会思潮和学术思潮传播的重要工具，而大学生几乎无一例外都是互联网的忠实用户。因此，他们自然而然要受到西方社会思潮和学术思潮的影响。

五是学校思想政治工作仍然存在薄弱环节。思想政治工作者不能适应新形势和新情况，不能及时把握大学生的思想动态和心理状况，没有找到更好的适合大学生思想政治工作的新路子。譬如对"两课"教学来说，由于受多种因素的影响和制约，在一定程度上影响了学生的学习主动性。

三、加强"两课"教育阵地建设，积极消除不良影响

如何消除西方社会思潮和学术思潮对大学生的不良影响，有力地粉碎西方的"西化"和"分化"图谋，这是摆在我们思想政治工作者面前的一个重要课题。我们必须从加强大学生的综合素质入手，提高其"免疫力"。综合素质包括政治素质、道德素质、身心素质、科学文化素质、人文素质以及实践能力和创新能力，而政治素质和道德素质居于首要地位。这如同我们常比喻的种树一样，我们的目标是培养正直、粗壮、参天的大树，在培养的过程中，必须防止空气污染、害虫侵蚀和根部水源污染、养料污染。"两课"教育担当的重任就是培好根基，输好养料，同时抵御一切不良影响、污染和侵蚀。因此，本人认为作为高校思想政治工作主渠道主阵地的"两课"教育，要从下面几个方面进一步加强：

（一）坚持马克思列宁主义、毛泽东思想、邓小平理论、"三个代表"重要思想和科学发展观在思想政治工作中的主导地位

马克思主义、毛泽东思想和邓小平理论、"三个代表"重要思想和科学发展观是我们党、国家和民族的精神支柱，它决定着我们高等教育的性质、方向和前途。课堂和讲坛是传播科学文化和马克思主义的重要阵地，我们要旗帜鲜明地反对和抵御西方社会思潮和学术思潮等非马克思主义的思想。

（二）重点推进邓小平理论"三讲"教育工作

"三讲"要从学科建设的高度来进行，要开足课时，不断充实和完善教材，同时要处理好厚积与薄发的关系、理论与实践的关系、内容与形式的关系。

（三）"两课"教师应适应新形势和新情况，更新教育观念，掌握教育的主动权，"传道"与"解惑"并驾齐驱，双管齐下

（1）"两课"教师要有紧迫感，要有创新精神，不断提高自身能力。形势在不断地发生变化，而且变化越来越复杂。"两课"教师要随时"充电"，学习各方面的新知识，扩展知识面，提高分析能力和判断能力；要提高学历和学力，主动了解和研究西方社会思潮和学术思潮。知己知彼，方可百战不殆。

（2）要积极开展调查研究，掌握新情况，不要仅仅局限于现有教材和课堂。

应充分利用课堂教学、课外辅导、师生交往交流等场合以及各种活动，了解学生的思想动态，了解他们对西方社会思潮和学术思潮的认识程度、认知程度、认同程度，研究产生不同认识的社会因素和个人因素。

（3）要坚持正确的立场，正面引导学生对西方社会思潮和学术思潮的认识，做好解读工作，妥善消除不良影响。介绍西方的社会思潮和学术思潮时必须要做正确的评价，要有力地批驳那些错误的思想观点，不能麻痹大意。

（4）加大实践力度，增强马克思主义的说服力、渗透力和战斗力。"两课"教师要主动走出课堂，带领学生进行社会实践，让实践教育学生。

（四）做好预测工作，提高预测能力和防范能力

随着世界经济一体化、政治多极化的发展，我们将面临更多的新情况、新问题，这就必须做好预测工作，主动适应未来新形势，避免未来工作的被动局面。

（五）学校党委和各级领导要高度重视"两课"教育工作

领导要多关心、多支持、多联系；要提高"两课"教师的校内社会地位；在师资配备、教师进修、职称评定、经费分配等多方面给予必要的支持和鼓励，切实解决他们的一些后顾之忧。

第七章 大学生思想政治教育方法的创新研究

信息技术的迅猛发展，使人类社会经历着一场史无前例的科技革命。这场科技革命以数字技术的不断进步为中心，它的普及范围与应用程度，遍布社会各行各业，并与其他领域的学科相互作用，共同配合，促进社会不断向前发展。在新媒体发展的洪流之下，大学生思想政治教育也面临着新的机遇和新的挑战，不但要充分发挥新媒体技术的优势，取长补短，抓住时机，还要做好充足的物质准备，为思想政治教育进入网络保驾护航；同时，也要建立健全网络化的思想政治教育体制，确保各大高校在网络环境下能够规范、高效地完成教育教学工作。所以，要做好新媒体时代下的大学生思想政治教育工作，就要不断寻找新途径，开辟新领域，进行教育教学的方法创新研究。

第一节 立法与监督双管齐下，完善大学生思想政治教育环境

国家明确规定信息管理等部门和学校要加强对电子信息产品和计算机网络的监管，对计算机网络传播反动、色情和不利于青少年学生健康成长的电子信息要及时清除。"高等学校要提高过滤和净化不健康的网络内容的能力，积极创设和谐的校园网络氛围。伴随网络社会个体行为失范、网络犯罪现象的不断增加，立法和监管便成为治理网络社会和校园网络的两股重要力量。

一、政府部门要坚持与时俱进，不断完善有关法律法规

思想政治教育离不开制度、法律、法规的保障，同样新媒体环境下的大学生思想政治教育也要用相应的法律、法规来规范。近年来，越来越多的暴力色情、垃圾邮件、网络诈骗等不文明现象在互联网上出现。对此，政府部门应以较为严格的立法形式，明确规定新媒体的服务提供者经营和监管的责任，既要有利于新

媒体，使其能健康地发展，也要保护大学生，使其能最大限度地利用网络来获取信息、习得知识；还要建立起行之有效的法律法规，来特别针对恶意散布虚假信息的不法分子，以法律的形式对其加以约束，并且严惩不贷。2000 年 9 月 20 日颁布的《互联网信息服务管理办法》，有力地规范和促进了我国网络的健康发展，同时也对网民的政治思想品德起到积极的约束作用。但是，由于发布信息出现的新情况、新问题层出不穷，原有的法律法规并不一定完全适用。习总书记在中央网络安全和信息化领导小组第一次会议上指出，"没有网络安全就没有国家安全，没有信息化就没有现代化"。在我国互联网技术和产业迅速发展以及政府将互联网安全列入国家最高发展战略的背景下，全国人大于 2015 年 7 月 6 日公布了《中华人民共和国网络安全法（草案）》（以下简称《草案》），并向社会公开征求意见。《草案》中明确规定，任何个人和组织使用网络应当遵守宪法和法律，遵守公共秩序，尊重社会公德，不得危害网络安全。所以，要根据我国网络发展实际情况，不断更新相关法律法规，使其日趋完善，为大学生思想政治教育保驾护航。

二、监管部门要加强社会管理，提高社会管理水平

新一代的大学生，他们的成长伴随着信息时代的不断革新，丰富的视觉感应，逼真的音响效果所带来的视听震撼，使青年一代身陷其中，其美轮美奂的数字技术，更是带给他们无尽的乐趣。但是，我们也应该看到，光鲜亮丽的背后也涌动着暗流，它们容易导致大学生不道德行为的发生，甚至引起违法犯罪。这其中，与经营商的不法经营有着很大的关系。如今的互联网，黄色、不健康的信息仍屡禁不止，带有低级趣味的网络游戏仍然占领网络市场，这些网络活动不仅耗费了大学生的大量时间，而且已经严重影响了他们的身心健康。其背后，正是巨大的商业利润在作祟。网络经销商们为了所谓的商业利润，利用大学生们的猎奇心理，一次又一次地侵袭着这些年轻的心灵，使其深陷其中，欲罢不能。因此，对于经营商的此种行为，监管部门要加大管理力度，提高社会管理水平，改变经销商"利益至上"的传统观念，在社会主义和谐社会里，不能为了经济利益而去损害社会利益，只有社会整体的健康发展，才能保证商业领域的欣欣向荣。所以，通过加强社会管理，进一步净化大学生成长的网络环境，使其愈加明亮，更为透彻。

第二节　教育与自我教育同时开展，增强大学生媒介素养

新媒体环境下，信息传播的自由性、传播方式的个性化、传播者的广泛性、信息获取的即时性、传媒机构的企业化、信息的虚拟性等，这些看似"全新"的优点，同时也具有"危害"的缺点，在促进传播信息大众化的同时，也严重破坏了信息的传播环境，使得人际关系愈加脆弱，并且出现虚拟性、极端性等诸多问

题。出现在生活中的例子也不胜枚举，例如转发量巨大的那句话"宁愿坐在宝马车里哭也不愿在自行车上笑"等。这些有悖于传统道德观念的思想行为，引起了一批青少年尤其是大学生的追捧。因此我们要思考：在数字化的新媒体时代里，传统的思想政治教育应该如何生存？所以，开展媒介素养教育，切实提高大学生的媒介素养水平，加强大学生的自我教育能力，便成为提高当代大学生思想政治教育水平的有效途径之一。

一、加强大学生媒介素养教育的方法

（一）更新思想政治教育内容，开设媒介素养选修课程

生活在信息社会里，每天都要面对纷繁冗杂的媒介信息，如何筛选自己需要的信息，远离有害的信息，成为了现代人所必须具备的能力之一。这就需要加强对媒介素养教育的学习，在信息洪流中能够坚持自我，不受污染。加强大学生的媒介素养教育，有利于增强大学生群体的媒体道德意识和媒体法制观念，帮助他们树立正确的新媒体观念；不仅能够使他们自觉地遵守媒体规范与法律道德，还能够有效地抵抗有害信息的侵害，避免新媒体带来的不利影响。因此，将媒介素养教育纳入学校素质教育的范畴，是当前各个高校的首要任务。在此基础上，根据每个学校不同的教学环境来开设媒介素养教育选修课，通过讲座、报告会来普及新媒体相关知识，并且在日常的相关教学中要将新媒体应用其中，使媒介素养教育成为各大高校的公共教育。

（二）掌握媒介接触技巧，增强自我保护意识

接触媒介时，最难以把握的就是媒介背后所隐藏的信息，波兹曼把它解释成"隐喻"，"它们更像是一种隐喻，用一种隐蔽但有力的暗示来定义现实世界"。波兹曼认为："媒介的独特之处在于，虽然它指导着我们看待和了解事物的方式，但它的这种介入却往往不为人所注意。"在日常参与的媒介活动中，都存在我们不曾注意的"隐喻"，无论它是何种形式，拥有哪些内容。在接触的过程中，需要掌握的最高技巧就是能够发现这些隐喻。就目前的发展趋势来看，媒介的多元化、多样化已经成为了主流，作为大学生可以很自由地接触学校内外的一切媒介，多样化的媒介带来丰富多彩的媒介信息，但是其中很大一部分是与大学生没有直接、必然的联系的。这就要求大学生们在接触媒介的过程中要有明确的意识，对于自己需要的信息要多加浏览，其他无关信息则要自动屏蔽。所以，要培养大学生掌握媒介接触的技巧，增强自我保护意识。

（三）建设高素质媒介素养教育队伍

对于高校媒介素养教育来说，要定期聘请媒介从业人员，为大学生思想政治教育者开展讲座和学术报告等活动；可以通过社会实践、参观媒体、学生社团等方式来营造积极的学习氛围，并进行定期宣传。这样一来，就需要大学生思想政

治教育者对媒介的发展动态密切关注，并能将其引入媒介素养教育的课堂。要拥有素质高、能力强的教师队伍，就要建设多层次、全方位的教育工程，由此培养出来的教师，既具有专业知识，也掌握了现代传媒规律，媒介素养教育工作则可以有实质性的发展。

二、加强大学生的自我教育

在中共中央、国务院联合下发的《关于进一步加强和改进大学生思想政治教育的意见》的文件中指出：坚持教育与自我教育相结合，是加强和改进大学生思想政治教育的基本原则。要充分调动大学生的积极性和主动性，同时发挥学校教师和党团组织的教育引导作用，时刻引导学生进行自我教育、自我管理和自我服务。因此，新媒体环境下，要对大学生的自我教育、自我管理给予高度的重视，最终使他们在思想上和行动上都能够得到提高。

大学校园里，共青团和学生会是大学生最常接触的主要组织形式，要高度重视他们的作用，充分发挥他们在政治上和组织上的优势，使其更好地为大学生思想政治教育服务，不断推进大学生的思想政治教育。另外，还要利用好班级、社团等，在轻松、熟悉的氛围下对大学生进行自我教育、自我管理以及自我服务。例如在班级的日常生活中，可以开展丰富多彩的主题班会活动，在活动中培养大学生团结同学、互帮互助的合作精神，并且不断提高自身的组织能力和实践能力，寓教于乐，使他们体会到人性的光辉和道德的升华。

第三节　校园建设与服务并重，提高网络媒体利用水平

网络思想政治教育是思想政治教育的创新与发展，是人类实践活动由现实领域到虚拟领域的一种延伸。正是因为它是实践活动的产物，所以它的教育理念、教育内容以及教育方法，都需要从实际出发，不断地进行创新与发展。

一、加强校园网络建设，创造有利于师生发展的网络环境

作为新媒体发展的主要代表，网络有其自身的管理特点。因此，对于教师与学生来说，要加强对网络思想政治教育的学习，学会正确使用网络技术。"要全面加强校园网的建设，使网络成为弘扬主旋律、开展思想政治教育的重要手段。要利用校园网为大学生学习、生活提供服务，对大学生进行教育和引导，不断拓展大学生思想政治教育的渠道和空间。要建设好融思想性、知识性、趣味性、服务性于一体的主题教育网站和网页，积极开展生动活泼的网络思想政治教育活动，形成网上网下思想政治教育的合力。"这是党中央对全国各大高校的政策性要求，同时也体现了当今的时代要求。将思想政治教育理论，通过网络生动形象地传播出去，使学生们在乐中学，由乐中思，不但可以提高教学水平，也有利于教师与

学生共同学习、共同进步。

二、加强红色网站的建设，提高网站传播的实效性

近年来，思想政治教育类网站受到了越来越多的重视，它们有时候被称为"红色网站"，是一种现代的思想政治教育手段。红色网站能够激发广大学生理论学习的积极性和主动性。因此，对于红色网站的建设和发展，高校应该给予高度的重视，并且积极推动思想政治教育类网站的不断完善。

（一）以大学生全面成才的需要为本，充分发挥红色网站的媒介优势，扩大理论教育的覆盖面

高校红色网站要充分发挥网站的媒介优势，借助网络这个平台，将其建成强大的思想政治教育理论库。高校红色网站是一个关心学生情感诉求，帮助学生思想成长的重要平台。在红色网站上，大学生可以阅读和查询到丰富的马克思主义理论著作，也可以通过影音视听材料进行理论知识的学习，直观的讲解、精辟的分析可以提高大学生学习的效率。此外，网站能够实现信息内容在组织上的超文本链接功能。与纸质著作相比，网络中的理论著作突显了其电子化的特点，且规模大、涉猎广，只要将需要查找的任何一本书籍的名称，或作者，或出版社输入进去，一定会找到想要阅读的那本书籍，在满足学生们查阅资料的同时，还增强了理论学习的全面性和综合性，极大地提高了学生的学习效率。红色网站在坚持主旋律的前提下，必须要充分发挥网络育人的特点，努力适应大学生的思维方式、心理特点和行为习惯。在网络技术和网络文化的兼容并包、自由平等、开放互动等特点下，处理好"红色"内容与大学生学习、生活、思想与情感等各项诉求的关系。

（二）注重发挥大学生的主动性，增强理论宣传教育的成效

大学生在接受信息的过程中，通过网络的信息传播，大大地增强了其主动性和选择性，自身的兴趣爱好成为他们主动从网上获取思想理论类信息内容的主要动因之一。网络的理论教育要把重点培养对象放在学生党员、入党积极分子的身上，不断激发他们学习理论知识的主动性，引导他们擅于利用校园网络开展理论学习与交流活动，在网络上形成良好的理论学习氛围。在此基础上，通过这些理论学习对骨干群体的影响和带动作用，激发更多学生对于理论问题的兴趣，吸引更多学生参与到红色网站或者BBS专题性讨论区的理论学习与交流活动中来，使理论内容在交流互动和相互讨论的过程中实现有效传播。

（三）红色网站要适应三网融合时代的要求，及时开发和推出大学生喜爱的网络新产品

所谓三网融合，一般指的就是现有的电信网络、互联网以及广播电视网络相互融合，形成一个信息通信网络系统，以支持包括数据、语音和视像在内的所有

业务的信息传播。高校红色网站是一个技术和内容不断创新的平台，当三网融合所向披靡之时，它也对高校红色网站的发展有了更高、更新的要求。因此，要提高红色网站传播的时效性，就一定要利用好三网融合的技术优势，使大学生思想政治教育者通过它来及时、便捷地了解学生们的思想动态，以全新的互动体验增进师生之间的联系，缩短师生之间的距离。

高校红色网站要顺应时代发展的特点，既开放自由、又相互融合。在网站建设中，要突出先进性，将其打造成为青年人不断确立目标、不断为之奋斗并且可以终生学习的网上红色圣地。不要简单地追求访问量，而是要鲜明地举起马克思主义的旗帜，不断提升网站的知识内涵。利用网络上理论学习的交互性，吸引对于马克思主义有着浓厚兴趣和信仰追求的学生们的关注和参与。三网融合的背景之下，网络媒体的许多资源需要重新整合，并且时刻跟随新媒体的发展步伐，使红色网站的传播时效性得到切实的提高与加强。

三、不断完善校园网络，加强监控和管理

在发展校园网的同时，高校思想政治教育也要保证网络空间的清澈透明，可以在必要的情况下采取必要的行政、法律等手段，来控制信息的来源，保证信息的无害性。

（一）加强信息法规建设，使校园网的信息管理有章可循

缺乏管理互联网的有力措施，就会导致大量有害信息的出现。因此，国务院专门出台了《互联网信息服务管理办法》对网络进行监管。对于互联网领域来说，这是一份权威性的法律规定。之后又相继出台了《互联网电子邮件服务管理办法》《互联网视听节目服务管理规定》等一系列的相关法律。只有制定全国统一的信息法规，才能对诸如信息机构的设置、生产传播、经营服务和责任等敏感问题，做出明确而具体的规定。所以，要加强和完善校园网的管理，理应制定相关的校园网信息管理条例，使信息服务有法可依、有章可循。

（二）强化"把关人"环节，使校园网的信息得到有力监督

"把关人"是传播学的一个理论，由库尔特·卢因在1947年发表的《群体生活的渠道》一书中首先提出。他认为在群体传播过程中存在着一些把关人，只有符合群体规范或符合相关价值标准的信息内容才能进入传播渠道。从最直观的意义上说，就是对传播的信息进行筛选与过滤。如今的网络传播，各种谣言、有害信息肆意传播，就是缺少"把关人"、把关作用弱化的表现。所以，在校园网建设的过程中，要重视"把关人"环节，有效做好校园网的信息监督工作。例如，思想政治教育者本身可以作为"把关人"的角色，或者安排专业素质强、理论水平高的大学生思想政治工作者来管理网络信息的传播，根据国家对大学生思想政治教育的要求，做出对传播信息的审查与判断，使校园网络能够健康有序地发展。

（三）加强大学生网络道德教育，建立校园网络道德规范

网络技术的创新发展，使网络环境更加复杂无序。面对此种情况，要不断探索合理、适用、现代的网络伦理标准，提高大学生的网络道德水平。科学技术虽然在飞速前进，但是中华民族的传统美德却亘古长青，许多基本的伦理准则依然适用于现代信息社会中。网络世界产生了一个新的道德领域，在这里出现的道德问题尤其值得注意。加强网络道德教育，使大学生认识到，网络世界虽然"虚拟"，但"现实至上"，虚拟性最终离不开现实性，网络世界依然需要道德与责任的约束。所以要加强大学生网络道德的教育，在长期耳濡目染之下，使之内化为大学生的个人信念，以此来教育、约束自己，这样才能真正形成优秀的网络道德品质，并积淀为内外统一的网络道德人格。

（四）增强大学生的政治敏锐性和鉴别力，提高其综合素质

生活在社会主义社会中，社会主义市场经济的深入发展，使我们今天的生活方式发生了很大的变化，社会主义经济也有了多元化的发展。在社会组织多样化、媒介技术发展快捷化的影响下，大学生获取信息的方式也越来越多，他们的思想观念、价值观念也随之呈现多元化的发展趋势。但是，思想领域存在的热点、难点等问题也随之增多。面对信息时代的挑战，大学生要不断充实新的理论体系，对其进行深入探索，使之成为树立世界观、人生观、价值观的衡量标准，同时也增强了大学生对于政治的敏锐性和鉴别力，提高了他们的综合素质。

第四节　质量和水平共提升，思想政治教育队伍是保障

高等学校思想政治教育水平的高低、效果的好坏，是关系到党和政府教育方针能否顺利实现的重大问题。要把建设好高素质、高质量和高水平的思想政治教育队伍，作为加强和改进大学生思想政治教育的重中之重。面对不断变化的思想政治教育环境，大学生思想政治教育者要充分发扬思想政治教育在社会主义建设中的作用，并且意识到自身的素质高低、能力大小直接影响着思想政治教育的水平。所以在日常的教育教学中，要不断开拓思想政治教育的内容、方法和范围，不断地解放思想、推陈出新、与时俱进，使自身的发展紧随时代发展的步伐。

一、重视教师理论素养的提高

新媒体时代里，高校思想政治教育者队伍建设的重要途径和首要任务，是加强教师理论知识的学习。对于思想政治教育而言，理论知识既包含马克思列宁主义、毛泽东思想和中国特色社会主义理论体系，也包括自然科学和社会科学。学习马克思列宁主义、毛泽东思想和中国特色社会主义理论体系的重要论述，是加强理论学习的基础，只有掌握扎实的理论知识，才能全面自觉地贯彻和执行党的

路线、方针和政策，对于各种错误观念的影响，才能及时清除，这样就会避免和减少片面性、绝对化和摇摆性在工作中出现。受信息环境的复杂性、思想意识形态冲击的猛烈性的影响，想要做好思想政治教育工作，就必须要加强教育者的理论学习，而且在学习马克思主义理论的同时，还要提高自己的业务能力，努力钻研、认真学习专业领域以外的其他的学科知识，特别是要注意学习现代先进的信息科学技术，努力掌握各项新媒体技术，不断更新思想观念，充分认识和运用新媒体技术在思想政治教育过程中的重大意义，主动加强有关知识的学习。

二、重视教师新媒体技术的运用

开展对教师的技术培训，是新媒体环境下大学生思想政治教育队伍建设的一条必要途径。考虑到大学生思想政治教育者大多在思想素质和文化素质方面已有较高水平，所以应将重点放在信息素质方面的培养。通过培训，使他们不断获得新媒体使用技术的应用技能。针对大学生思想政治教育者的工作素质和工作中的具体要求，结合目前大多数思想政治教育者对新媒体技术的掌握现状，因材施教，有针对性地对其进行相应的技能应用培训。

（一）实用原则

大学生思想政治教育者掌握的新媒体技术应以实用性为主，以使用频率高、能直接在工作中运用且具有明显效益的技能为主。着重学习博客、网络教务系统等基本知识以及搜索引擎的使用、网络资源共享和下载等基本操作技术，及时了解大学生乐于使用的网络语言等，以求在较短的时间内收到最佳的实际效果。

（二）简明原则

新媒体技术是给大学生思想政治教育者配备的一种新的教学工具。因此，在强调对他们进行技能培训时，不必花费过多时间去研究其中的技术理论和传播原理，而是应当以简明概括为原则，力求起到事半功倍的效果。

（三）层次原则

对于一般的大学生思想政治教育者和学校各级党政干部而言，新媒体技术可以在不同层次上发挥作用。在培训时应该根据参与培训人员的年龄层次、知识水平、职位职务、业务能力的具体情况，因人授课，授其所需，补其所短，不能千篇一律。同时，科学地选定具体的培训内容。根据大学生思想政治教育者目前的情况，对他们进行新媒体技术的培训，对于主要新媒体如网络媒体中的SNS、微博、博客以及手机媒体中的手机上网、手机搜索、手机下载等，要熟练掌握其应用技能，最终紧紧围绕如何通过新媒体获取更为多样、广阔、更贴近学生群体的信息渠道这一主题，以此来促进大学生思想政治教育者观念的更新，把掌握的新技术内化为自身的能力，这样便可以提高整体的大学生思想政治教育者队伍。

第八章 高校政工组织与大学生思想政治教育工作研究

第一节 加强大学生思想政治工作，提高管理水平

素质教育是一种符合教育规律和学生身心发展规律的更高层次、更高质量的教育。素质教育最基本的内涵，可以用"全民、全面、全体"三个方面来揭示：第一，素质教育是全民教育，旨在提高全体国民的素质；第二，素质教育是全面发展的教育，要全面提高学生的思想道德、科学文化、劳动技能、身体心理等素质和能力；第三，素质教育是面向全体学生的教育。究其深义，素质教育就是要从高处着眼，培养高素质的人才，以提高全体国民的素质和整个国家的综合实力，达到科教兴国的目的。

"高等教育要重视大学生的创新能力、实践能力和创业精神，普遍提高大学生的人文素质和创业精神。"这是党中央、国务院在《关于深化教育改革全面推进素质教育的决定》中对高等学校实施素质教育和创新进一步明确的规定，实际上是更加明确了高校教育教学改革的目标、任务、主题和内容。

学生工作是高校教育工作的窗口，它包括招生、学生的思想教育及常规管理、毕业生就业创业等相关工作，对于全面实施素质教育具有重要的作用。

一、认真学习，转变观念，端正思想，增强责任感和紧迫感

实施素质教育是提高民族素质和创造力，实现科教兴国的一项战略措施；是建立高质量的教育基础，促进两个文明建设进步的迫切要求。作为教育工作者，一方面是要充分认识实施素质教育的这一重要性，树立素质教育的新概念，广泛形成正确的教育价值观、全面发展的育人观和科学的教育教学质量观，为实施素质教育创设一个良好的社会环境。另一方面是要把素质教育作为一项重要任务，增强时代的责任感，认真钻研，努力探索，积极主动地推动素质教育的顺利实施。学生管理部门，要从思想教育入手，培养学生做到：第一，热爱祖国，热爱人民，

有坚定的社会主义政治方向，有良好的道德品质和文明习惯，对社会发展有高度的责任感和使命感。第二，有一定的基础文化知识和较为合理的知识结构。第三，有创新能力、竞争能力和合作能力。第四，有良好的心理素质和健全的人格，有健康的体魄和较强的耐挫力。

21世纪需要的人才要求21世纪的选拔渠道有一个新的突破，在学生选拔的渠道上，要根据市场需求"量才录用"。高校扩大招生，各校根据自己的办学特点，招录所需的人才，各尽所能，培养自己有特点、有特长的学生。高校招收范围的扩大，加强了南北学生的文化交流，改变了学校的新生结构，提高了学校的新生质量，达到了南北学生互相学习，互相竞争，共同提高，全面提高学生综合素质的目的。

二、在实施素质教育中，要强化管理措施，加强制度建设

全面推进素质教育，根本上要靠法治、靠制度保障。在国家完善教育立法、加强教育法治机构和队伍建设的同时，各学校应结合本校的实际情况，制定有关素质教育的制度和法规。

"从严治校，严格要求"是高校学生日常管理的基本要求。我国高度注重学生工作，思想清晰，特点突出，制度完备，已基本形成了以班级建设为重点，以队伍建设为龙头，制度建设为保证，校园文明建设为补充，宿舍建设为基础，学风建设为核心，校风建设落实到院系，学风建设落实到班级，从严治校，严格管理的学生工作思路。

为坚持社会主义办学方向，加强校风学风建设，维护正常的教学、科研和生活秩序，培养德智体全面发展的、高素质的社会主义建设者和接班人，国家教委制定了《普通高等学校学生管理规定》，以此来培养遵纪守法、文明礼貌、德才兼备的高素质社会主义人才。

为了进一步加强对学生的管理力度，几年来，各高校都进一步补充、完善、制定学生管理制度，每个高校内都有大大小小的规章制度。目前，这些制度基本涵盖了学生工作的方方面面，并严格按照制度办事，使在校学生的管理基本走上了制度化、规范化、科学化的轨道。

三、提高干部自身素质，保证素质教育的实施

建设高素质的教师队伍，是全面推进素质教育的基本保证，教职工要热爱党，热爱社会主义祖国，忠诚于人民的教育事业；要树立正确的教育观、质量观、人才观，增强素质教育的自觉性；要不断提高思想政治素质和业务素质，教书育人，为人师表，敬业爱生；要有宽广厚实的业务知识和终身学习的自觉性，掌握必要的现代教育技术手段。

学生工作干部包括学校主管学生工作的领导、学生工作职能部门人员、各院

系学生工作人员、班主任、学生班（团）干部。学生工作干部队伍素质建设是实施素质教育中宏观管理和微观管理有效结合的保证。主管学生工作的学校领导要高瞻远瞩，吃透国家的教育精神，掌握各方面的信息，从宏观上指导学生管理部门有效地加强学生管理。学生管理部门要领会上级的精神，结合实际情况制定相应的办法，做到上请下达，充分发挥职能部门的作用。各院系学生工作人员要做好微观管理，切实落实规章制度，尤其是辅导员和班主任，他们肩负着具体教育、引导、管理学生的重任，只有通过辅导员、班主任因势利导，有针对性地开展有效工作，才能把学生的教育、服务、管理有机地结合起来。辅导员和班主任要有高尚的奉献精神，转变思想，改进工作方法，把对学生的过程管理转变到目标管理，最终达到学生自我管理、自我教育、自我服务的目标。

四、学生自我建设

大学生正值第二断奶期，心理发育不够成熟，可塑性很大。近年来，各种文化思潮、思想认识、价值取向、生活道德等观念都冲击着文化密集、信息流通快的大学校园，这些纷繁复杂的社会影响，使学生们不断地思考、寻求，面对着严峻的自我意识选择。这为高校实施素质教育，塑造学生新型人格，培养合格的高素质人才提供了可能。学校可采取奖励制度、学生社团、选修课、社会实践活动等措施，积极引导这种自我意识，激发向上意识，把其个性、特点、爱好向积极的方面引导。

（一）强化突出特色的班、团文化建设

大学班级、团支部的灵魂就是班级文化、团支部文化，涉及到班、团的日常学习生活、规章制度、学风等方方面面，建立起良好的符合每一位班团成员的班级文化、团支部文化，努力营造和谐有序、健康向上的文化氛围，有助于形成班集体的核心价值观和核心竞争力。

（二）充分发挥班团学生干部的模范带头作用，增强向心力

在大学里，自我建设的主导者不是辅导员，而是学生干部。因为他们和同学生活在一起，学习在一起，对同学的日常生活和思想状况最为了解。只有学生干部以身作则，处处起到模范带头作用，带领大家一起为班级、团支部做贡献，才能创造一个有凝聚力、战斗力的集体。

（三）实行人性化管理，培养大学生自我建设的自主性

所谓人性化管理，就是在管理的过程中，充分考虑人性要素，以充分发掘人的潜能为己任的管理方式，对自由意识较强的大学生进行人性化管理，是最恰当的选择。

第二节　发挥高校组织育人功能，加强大学生思想政治教育

高校在精神文明建设中担负着特殊的历史使命，高等院校培养出来的人才是否德才兼备，是否具有为实现富强、文明、民主的社会主义现代化国家而奋斗的崇高理想，是否具有走有中国特色社会主义道路的坚定信念，是否具有解放思想、实事求是、知难而进、迎难而上、排除万难去争取胜利的顽强品质，是否具有热爱祖国、热爱民族、热爱家乡的崇高精神和强烈的自豪感、责任感、使命感，能否树立起自力更生、艰苦奋斗的创业精神，直接关系到中华民族的振兴，关系到实现中国梦的伟大进程。高校一定要站在战略的高度来重视和加强学生思想政治工作，使其树立马克思主义世界观、人生观、价值观，树立科学的理想和坚定的信念，勤奋学习，努力成才。

一、新时期高校思想政治工作应重视的问题

（一）要注意广泛性与先进性的有机统一

当代大学生在思想道德素质、文化素质等方面因客观原因，个体之间仍存在较大的差距，必须分类施教。首先，要注意广泛性要求，加强高校大学生的基础文明教育，不断提高整体素质，使其做合格大学生。其次，要重视先进性要求，培养一批具有共产主义信念、全心全意为人民服务思想的先进分子群体和学生骨干队伍，以带动更多的学生走健康的成才道路。要通过党、团组织的培养、教育，使这些同学严格要求自己，勤奋学习，努力工作，成为排头兵，成为中国共产党的成员，对周围的同学产生积极的影响。这是非常重要的。我们要不断地巩固成绩，总结经验，提高工作水平，并努力不断地提高学生党员和学生骨干队伍的素质，使他们牢记宗旨，严格要求自己，永葆自身的先进性，决不能做出与初衷相悖的事，树立为振兴民族经济、促进家乡建设而刻苦学习的信念和理想，体现作为先进群体成员所必备的思想境界和人生追求。只要把学生中的先进群体教育好，就能对更多的学生产生正面的导向和积极的影响，有力地促进学校的精神文明建设。

（二）要充分发挥学生的主体地位和主人翁作用

在加强高校思想政治工作中，学校党政工团承担着各自的责任，发挥着各自不同的作用。党的教育方针的贯彻落实，必须依靠学校各级党政组织，更要充分发挥学生的主人翁作用。学生是学校的主体，既是受教育者，也是教育者。学生的思想是相互影响、相互作用的，在教育过程中，教育内容的接受与否、教育效果的好坏程度都要通过学生体现出来。精神文明建设的好坏，也只能通过学生是否成为德、智、体全面发展的合格人才这一标准最终得到检验。如果不把广大学

生的积极性充分调动起来，我们的工作就很难开展下去，很难取得实效，教育的培养目标也就无从实现。

二、在当前形势下，高校做好以下几方面的工作至关重要

（一）进一步深化民族大学生党的科学理论的学习活动

科学的世界观、人生观、价值观，是高校大学生成长成才和成就事业的基础和关键。邓小平理论、"三个代表"重要思想和科学发展观等思想，是指导社会主义改革开放事业的科学理论和强大的思想武器。高校大学生要深入学习，深刻领会其精神实质，用科学理论武装头脑，为成长成才、奉献社会奠定坚实的理论基础。

（二）在民族大学生中深入开展马克思主义唯物论和辩证法教育，崇尚科学、反对迷信，树立科学精神

由于所处的家庭和社会环境的熏陶，高校大学生中有一定数量的人受到各种宗教观念的影响。据调查，高校大学生中信教人数有不断增多的趋势，宿命论、有神论等仍有一定的市场。这一现象，必须引起高等院校的高度重视，决不能回避，更不能放任自流。坚持马克思主义物质第一性，意识第二性，物质决定意识的原理，树立科学精神，应作为民族大学生思想政治教育的重要课题和紧迫任务。

（三）增强高校民族大学生的民族自信心和自豪感，开展民族责任感的教育

中华民族的发展振兴离不开党的关怀和全国人民支持，但关键还在于每个公民的

自立自强、自力更生和艰苦奋斗。高校大学生肩负着民族的振兴、民族的希望，大学生是否树立主人翁责任，是否把自己的前途命运与民族的前途命运紧紧地联系在一起，对中华民族的振兴至关重要。因此，加强这方面的教育，在当前形势下显得尤为重要，是摆在我们面前一项迫在眉睫的任务。

（四）坚持不懈地对高校大学生进行艰苦奋斗、艰苦创业精神教育

艰苦奋斗是中华民族的传统美德，是我党我军从胜利走向胜利、战无不胜的优良传统和制胜法宝，是社会主义初级阶段的指导方针。继承和发扬艰苦奋斗的优良传统和艰苦创业的伟大精神，是党的理论的重要组成部分，是我党一贯倡导和强调的思想。在高校大学生中深入进行艰苦奋斗、艰苦创业精神教育，既是社会主义革命和建设正反两方面经验的科学总结，也是社会主义市场经济发展的时代要求，更是民族历史、现状和未来发展的迫切需要。高校大学生一定要立志为民族的发展勤奋学习、努力成才，成为无愧于时代、无愧于国家、无愧于民族的合格人才。

（五）深入开展社会主义民主法制观念的教育

民主的意愿是多数人的统治，社会主义制度是人民当家作主的制度，实现了多数人的统治，所以说社会主义民主是真正的民主。社会主义市场经济体制的建立和完善，需要健全的社会主义法律体系作保障。高校大学生应全面深刻地认识社会主义民主法制的科学体系，树立正确的社会主义民主法制观念，为促进中华民族的民主法制建设做出应有的贡献。

总之，加强社会主义精神文明建设是一项长期的战略任务，必须长抓不懈，一刻也不能放松。高校应充分发挥工作职能和自身优势，高度重视精神文明建设，要根据党的教育方针和不断变化的国际国内形势，研究新情况，分析新问题，探索新途径，采取新办法，坚持不懈地做好高校大学生的思想教育工作，努力把大学生培养成为能担当起振兴民族和社会主义现代化事业历史重任的合格建设者和接班人。

第三节　加强思想政治工作，筑起防范和抵御宗教对大学生渗透的思想防线

高校抵御和防范宗教渗透工作是一项长期而艰巨的任务。新时期意识形态领域的斗争十分尖锐和复杂，而宗教问题作为民族关系中的敏感因素，处理不当会给党的事业和祖国发展带来严重危害。高校必须充分认识到当前境外敌对势力利用宗教对我国进行渗透的危害性，必须及时掌握宗教渗透的新形势，不断加强研究，创新途径与载体，积极寻求抵御和防范宗教对高校渗透的对策，确保高校环境的安全稳定，坚实构筑起抵御和防范宗教对高校渗透的坚强堡垒。

一、着力构建抵御和防范宗教对高校渗透的有效机制

（一）将抵御和防范宗教对高校渗透工作体系的构建纳入高校总体制度范畴

为了抵御和防范宗教对高校渗透这项工作能在各大高校有效开展，抵御和防范宗教对高校渗透工作体系的构建应纳入高校总体制度范畴加以考虑，要提高认识，统一思想，加强做好抵御和防范境外敌对势力利用宗教对高校进行渗透的责任感、紧迫感。通过将抵御和防范宗教对高校渗透的思想融入到高校各项制度的构建中，并将高校自身的特点与制度相互适应、相匹配，从而将高校管理与宗教管理有机结合，让全校师生明确什么是合法的宗教活动，什么是非法的宗教活动，参加非法宗教活动会有什么样的严重后果，逐渐形成科学地抵御和防范宗教对高校渗透的工作体系。这将有利于全校师生明确在抵御和防范宗教对高校渗透工作中自身的职责，有利于构建人人参与、互相监督的抵御和防范宗教对高校渗透的工作体系。

（二）将抵御和防范宗教对高校渗透工作贯穿于高校各方面工作统筹建设

近年来，随着高校后勤管理社会化、社团发展如雨后春笋、校企合作日益增多、各大高校来华留学生与外籍教师数量与日俱增等，这些都使得境外敌对势力利用宗教进行渗透活动的途径、范围也在逐年增多、增大。宗教渗透的范围涉及学校的教学、科研、管理、科技合作等诸多方面，如果仅在单一或者几个领域做好抵御和防范宗教对高校渗透工作，都无法保证其他的领域不被敌对势力利用，无法保证不受宗教渗透的干扰。因此，唯一比较有效的措施就是在有可能被宗教渗透的各个领域构建抵御和防范宗教对高校渗透的工作体系，构成有效的防护网络，形成综合防控体系。

（三）进一步完善党委统一领导，统战部门组织协调，党群、外事、保卫等部门密切配合，广大师生全员参与的工作格局

一是高校党委要从战略高度充分重视宗教渗透对我国宗教事务、国家安全和高校稳定的潜在影响，要把抵御宗教渗透工作作为学校工作的一项重要内容纳入议事日程。二是学校党委要切实把反宗教渗透统一安排、统一部署、统一落实，确保人力、物力、财力的投入，为反渗透工作正常运行提供保障。三是学校各有关部门要做到各司其责，协调配合，建立联动机制，形成有效的反渗透组织网络体系。四是加强与校外有关单位的横向联系，形成多渠道多层次的纵横交错的联动网络，为反渗透提供坚强的组织保障。

（四）进一步确立畅通有效的宗教信息预警机制，提高防御宗教渗透影响的应对能力

一是学校相关部门、相关人员要密切关注社会动态，及时准确地搜集和了解国际、

国内和周边国家宗教发展趋势的信息，尤其是新兴媒体条件下宗教渗透的新形势、新方法，确保能够始终正确判断形势。二是要建立和完善大学生思想状况档案和跟踪分析制度，定期对信仰宗教的学生和教职工进行全面的摸底调查，关注重点人群、重大宗教节日，做好突发事件的应急处理和防范工作，以备不时之需。三是要通过安排各级领导干部、思想政治课教师、辅导员、学生干部、学生党员、安全保卫部门人员、网络管理员等担任专门信息员，通过开展专业培训，使大家进一步了解和掌握宗教的基本问题、基本观点和基本政策，以便于开展深入系统的内线侦查，对校园内的宗教活动严密监控，时刻把握工作的主动权，及时发现、通报、妥善处理宗教组织及人员对学校进行渗透的行为，从而使宗教渗透无可乘之机。四是高校还应加强与校外主管部门的纵向联系，开通宗教渗透活动监控信息交流平台，做好汇报、沟通联络工作，形成纵横交错的联动网络，扩大控制面，协同防范，建立有效的防控体系。

（五）进一步建立有效的防护网络，加强对宗教渗透可能载体的监督管理力度

一是加强对外籍人员的审查、教育管理，包括：对涉外人员要进行严格审查，做好情况登记，要求他们遵守我国的法律法规；对外籍教师课堂教学内容和课后的辅导活动应有监控措施；邀请外国人作学术报告和举行涉外文化交流活动时必须履行审批手续并在过程中予以监督等，采取有效形式，对信教外教、留学生进行我国宗教政策和相关法律法规教育，防止借机进行宗教渗透，并依法处置有传教行为的外教和留学生。二是要加强对学校思想文化阵地管理的制度体系，严格报告会、研讨会、学术交流、讲座等的审批程序，加强对"英语角"等活动的关注和引导，提醒学生警惕别有用心之徒利用这些阵地进行传教活动。三要加强校园网络的监管力度，净化大学生上网环境。当前，互联网已经成为大学生获取信息的主要来源，但同时它也是境外向大学生进行渗透的最主要的渠道。它成本低、传播范围广、速度快。因此，加强互联网监管，严防各种有害信息在校园网上传播，有意识地加强校园网阵地建设，也是堵塞宗教渗透的有效手段。

二、努力夯实抵御和防范宗教对高校渗透的组织队伍建设

（一）夯实高校思想政治教育工作队伍建设

抵御和防范宗教对高校渗透，要求从事高校思想政治教育的人员，要坚持正确的政治方向，具有深厚的马克思主义政治理论功底，要深入了解宗教的本质和特征，加强思想道德修养，增强社会责任感，更要有敏锐的思维和快速的反应能力，才能有的放矢地开展思想政治工作。以辅导员和思想政治课程教师为主的高校思想政治教育工作队伍，不仅是加强和改进大学生思想政治教育的组织保证，也是高校教师发挥教书育人作用的有力护航。在具体工作中，要充分注重人文关怀，坚持一般教育和个别教育结合、普遍教育与特殊教育结合、思想政治教育与解决实际问题结合的"三结合"原则，切实提高思想政治教育的实效性。一般教育和个别教育结合，主要是对在工作中表现不积极的高校教师和学习成绩较差的大学生进行个别教育，晓之以理，动之以情，促使其向积极的方面转化。普遍教育与特殊教育结合主要是在思想政治教育中，以特殊的感情关爱弱势群体，重视弱势群体的心理疏导。思想政治教育与解决实际问题结合就是在思想政治教育中，尽力为他们办实事、办好事，解难事，切实解决他们思想上的迷惑、生活上的难题。一方面，高校学生管理部门的老师尤其是工作在学生思想政治教育第一线的辅导员和班主任，要以学生为本，时时刻刻关心学生的思想、生活、学习、就业，切实解决好广大学生普遍关注的升学、毕业和就业等实际问题，加大家庭经济困难学生的帮扶工作，及时有效地提供帮助与指导，以对学生真诚的心、诚挚的爱感化学生、温暖学生，使高校大学生在现实需要得以满足的基础上自觉和主动地摒弃对宗教的幻想和依赖。另一方面，应充分发挥"两课"教师的指导教育作用，

在课堂上引导大学生深入学习马克思主义理论，牢固树立科学的世界观，掌握科学的方法论，树立社会主义核心价值体系，掌握运用辩证唯物主义和历史唯物主义解决问题的方法。此外，学校领导应尊重、理解高校教师，尤其是青年教师，满足他们合理的生活需求，帮助他们解决实际工作和生活中的困难，排除高校教师在教学、科研以外的后顾之忧，使他们以愉悦、轻松的心情全身心地投入到教育和科研中去，最大限度地调动高校教师教学、科研的积极性和主动性。

（二）夯实大学生心理咨询队伍建设

随着社会主义市场经济的发展，当代大学生面临着前所未有的压力和竞争。由于学业压力、就业压力、经济压力以及情感压力等因素，导致大学生的心理压力也越来越重，产生的心理问题也越来越突出。大学生毕竟身心还不成熟，许多问题凭借个人力量是难以解决的，此时，如果有意或无意中接触了虚幻的、超现实的宗教，就很容易走进这一"避风港"来逃避现实，来摆脱现实的苦闷和困惑。因此，高校必须从大学生健康成长的需求出发，加强大学生的心理健康教育，建立健全心理健康教育和咨询的专门机构，不断提高大学生心理咨询队伍的整体素质。根据大学生的心理特点，通过定期开展"心灵鸡汤"讲座，建立心理咨询师、辅导员、大学生骨干"三位一体"帮扶体系，有针对性地普及心理健康知识，以团体辅导与个性化指导相结合的方式，开展心理咨询与辅导工作。对于有心理困惑的个人，要及时进行心理干预和疏导，帮助他们正确地认识自身的问题，引导他们解决在学习、工作、生活过程中所遇到的心理冲突，从而减少宗教对他们的影响。同时，心理咨询队伍还应实时了解和探究大学生宗教信仰的心理成因和规律，从完善自我意识、调节自身情绪、塑造健康人格等方面构建科学的心理健康教育模式，帮助大学生建立坚强牢固的心理防御体系，把抵御和防范宗教对高校渗透融入大学生安全教育之中。

（三）夯实高校基层党、团组织建设

高校基层党、团组织处在学校教学、科研、管理工作的最前沿，是学校全部党政工作和战斗力的基础。高校必须要加强基层党、团组织建设，有效发挥各基层党、团组织的战斗堡垒作用，切实加强党、团员的思想政治教育。我们坚持宗教信仰自由政策，决不意味着共产党员、共青团员等先进分子也可以自由地信仰宗教。一个共产党员或共青团员，不同于一般的公民，他是马克思主义政党的一员或以马克思主义为指导的先进组织的一员，他在思想上必须坚持马克思主义的世界观和共产主义的理想信念，不能信教。基层党、团组织要贴近广大师生和大学生的生活，关心师生的发展，充分发挥广大师生党员和学生团员的先锋模范作用和战斗堡垒作用；坚持党建带团建，不断创新学生党支部、团支部的活动方式，力求活动内容的实效性，构筑青年大学生强大的精神支柱，不断增强基层组织的凝聚力和战斗力；重点抓好大学生党建、团建工作，重点做好教职工党员的发展和大学生党员、团员的发展工作，坚持高标准、严要求，把优秀教职工、大学生吸纳到党、团队伍中来。

三、切实加强思想政治教育，形成抵御和防范宗教对高校渗透的有力抓手

（一）加强马克思主义宗教观教育，引导高校师生正确对待宗教

马克思主义是科学的理论体系，它具有严密的科学性、高度的实践性和强大的生命力，马克思主义哲学既是科学的世界观，又是科学的方法论。宗教作为人类社会发展到一定阶段的历史现象，有其发生、发展和消亡的过程。高校要通过广泛宣传马克思主义的辩证唯物主义和历史唯物主义的基本原理、基本观点，帮助和引导学生划清唯物论与唯心论、无神论与有神论、科学与迷信、文明与愚昧的界限，增强识别和抵制唯心主义、封建迷信及各种伪科学的能力。高校教育工作者要在师生中广泛深入地开展马克思主义唯物论和无神论教育，引导他们以辩证唯物主义观点正确认识宗教，认识宗教存在的历史根源和社会根源，认识宗教的本质及其社会作用。要带领广大师生认真学习党的宗教政策和国家宗教活动管理相关法律法规，全面提高高校师生抵御宗教渗透的法律意识。要客观、准确地评价宗教在高校师生中的影响，坚持教育与宗教分离原则，正确看待宗教社会作用的双重性，正确区分宗教活动与宗教渗透，严防敌对势力以宗教为掩饰，利用高校师生进行任何破坏活动。要依法保护信教师生正常的宗教活动，不能因为个别师生信仰宗教就歧视他们，更要防止用行政命令的方法强迫他们不信教或者伤害他们的宗教感情。

（二）加强社会主义核心价值体系教育

（1）充分发挥思想政治理论课对大学生进行教育引导的主渠道作用。思想政治理论课是高校进行马克思主义理论教育的重要阵地，要注重提高思想政治理论课教育的实效性和针对性，找准切入点，不断完善课程设置。在思想理论课中，要充实马克思主义无神论内容，强化辩证唯物主义和历史唯物主义教育，有针对性地讲授宗教产生的根源及变化规律，党的宗教方针政策和国家相关法律法规，深入发掘思想政治理论课程教育资源，创新形式，丰富内容，强化教育。要引导大学生深入学习和掌握马克思列宁主义、毛泽东思想，深入学习和掌握中国特色社会主义理论体系，牢固树立辩证唯物主义和历史唯物主义世界观和方法论，真正做到学以立德、学以增智、学以创业，坚持中国特色社会主义理论学习，树立社会主义核心价值体系，用马克思主义思想占领意识形态阵地。

（2）充分发挥党课、团课、形势报告、社团活动、社会实践等的教育功能。对大学生进行理想信念教育、爱国主义教育、集体主义教育、社会主义教育，使大学生深刻了解近代以来中国人民和中华民族不懈奋斗的光荣历史和伟大历程，激发大学生热爱我们伟大的祖国，热爱我们伟大的人民，热爱我们伟大的中华民

族，坚定理想信念，增长知识本领，锤炼品德意志，矢志奋斗拼搏，在人生的广阔舞台上充分发挥聪明才智尽情展现人生价值，让青春在为党和人民建功立业中焕发出绚丽光彩。

（三）加强宗教知识和党的宗教政策教育

通过在广大师生中开展宗教知识讲座，开设宗教文化类选修课，正面宣传宗教知识，加强党的宗教政策和国家相关法律法规教育，使他们了解宗教的历史、现状和未来发展，理性地从本质上认识宗教，正确的看待宗教社会作用的双重性，树立科学的宗教观。利用校园网、广播电台、BBS等媒介，广泛开展党在新时期的宗教政策和宗教活动管理政策的宣传教育，使广大师生在面对宗教渗透时能够保持头脑清醒，增强法律意识，提高自身的政治敏感性，从思想上筑起抵御和防范宗教对高校渗透的防线，明确宗教活动必须在宪法和法律范围内进行。

（四）注重校园文化建设

校园文化建设根植于学校的教学、科研、管理、生活及各种校园活动等方方面面，它有着强大的育人功能，对大学生的价值观念和精神世界有着直接而明显的影响，更是推进学校和谐发展的重要载体。因此，高校思想政治教育工作者必须高度重视校园文化建设，开展积极向上、丰富多彩的校园文化活动，占领优秀文化、精神文明阵地。以校园文化为媒介，通过组织开展文化体育、学术科技等丰富多彩的校园文化活动和形式多样的社会实践活动，开展大学生世界观、人生观、价值观的引导教育，激发大学生对学业和生活的美好追求，满足他们兴趣爱好、人际交往、实现自我价值的需求，使大学生在求知、求美、求乐中受到潜移默化的启迪和教育。这将有助于约束大学校园的不良风气和行为，促进大学生的身心健康发展，从而增强大学生防范和抵御社会不良势力和不良因素的能力。

（五）创新大学生思想政治教育的内容和方法

以社会主义核心价值体系为指导，充分发挥思想政治理论课教育的主渠道功能。通过对大学生思想动态的深入研究，更新高校思想政治工作者的教育理念，改变传统的教育模式，增强教育内容的实用性，调动大学生学习的积极性和主动性，以适应大学生思想观念呈现的新变化、新特点。要大力加强师资力量的培训，提高思想政治理论课教师的总体素质，改革"两课"教师的准入机制，从体制上保证优秀教师的选拔，使之真正成为学生学好思想政治理论课的中介。我们还应充分利用现有的条件，既重视课堂教学，又重视实践环节，既注重教师的讲授，又充分调动学生参与，实现教与学的双向互动。

四、凝聚社会、家庭力量，形成抵御和防范宗教对高校渗透的强大合力

（一）社会是育人的熔炉，要在全社会大力加强科学知识和科学精神的普及教

育与宣传工作

首先，通过开展有针对性的科普宣传，让大家认清宗教和迷信的本质，使尊重科学、尊重知识、尊重文化的理念深入人心，引导人们远离宗教和迷信的误区。其次，要高度重视大众传播媒介的影响，应通过大众传播媒介树立积极正确的舆论导向，引导学生树立科学的马克思主义宗教观。第三，由于宗教问题的复杂性，因此我们要整合发挥政府相关部门的有效作用，对宗教事务的管理也必须由政府相关部门与高校协同应对。

（二）家庭是育人的基础，要积极搭建家校互动平台

一方面，通过辅导员与家长的日常交流、举办家长会等途径，积极争取家长对学生尤其是对信教学生的教育与引导，争取家长积极配合学校做好子女的教育引导工作。另一方面，家长是一个不可忽视的群体，家庭尤其是父母长辈信教的情况对子女的宗教信仰均会产生非常重要的影响。因此，必须通过多种途径和方式加强对学生父母的教育与引导，积极倡导并建立社区家庭教育中心，全面提高学生家长防御宗教渗透影响的意识和能力。

五、注重新兴媒体条件下抵御和防范宗教对高校渗透的方法

（一）强化校园网络平台监管力度，打造"绿色"网络环境

由于互联网本身具有成本低、传播速度快、影响范围广等特点，它已经成为广大师生获取海量信息的重要来源，但同时它也成为了敌对势力向高校进行宗教渗透的最主要的渠道之一。高校网络中心、计算中心、安全保卫部、统战部、团委、学生处等相关部门，要以校园网络中心为牵头，协同防范，形成互联排查责任制，努力建设校园"绿色"网络平台。结合信息化社会的新特点，加强新兴媒体，尤其是校园网、校园BBS、社团博客等网络平台的监管力度，过滤境外敌对势力相关宗教网站的有害信息，严防宗教渗透"毒瘤"通过校园网络进行传播。

（二）运用新兴媒体技术，宣传宗教文化知识

要熟练运用深受大学生喜爱的新兴媒体技术，创建大学生马克思主义宗教观网络宣传教育阵地。通过网页、QQ、博客、微博等大学生喜闻乐见的形式，开展科学文化知识教育和科学无神论教育，生动形象地宣传宗教文化知识，引导大学生正确认识宗教的起源、本质及作用，及时了解我国关于宗教问题的基本政策与基本方针。

第九章 大学生思想政治教育创新与文化素质教育研究

第一节 文化素质教育的内涵

由于教育理论和教育实践者，对文化素质教育理解上的一些偏差，导致了对文化素质教育的提法和概念也比较混乱。随着高校文化素质教育工作的开展和不断深入，必然会对文化素质教育理论提出更高的要求，因而有必要对文化素质教育的内涵做出明确的界定。从理论上阐明大学生文化素质教育的内涵，是做好大学生文化素质教育工作的关键。

要理解文化素质教育的内涵，首先我们必须要理解什么是文化素质，张岂之先生认为文化素质是知识和能力的总汇，其中包含：1.知识：较广泛的知识；2.能力：较强的分析能力；3.方法：分析和观察问题的方法；4.仪态：有文质彬彬的仪态，语言举止文明优美；5.具有鲜明的民族特色。

另外，1999年教育部原副部长周远清指出：我们所强调的加强文化素质教育，主要是通过对学生加强文学、历史、哲学、艺术等人文社会科学和自然科学方面的教育，来提高全体大学生的文化品位、审美情趣、人文素质和科学素质；同时，我们也强调作为一种新的教育思想观念，加强文化素质教育必须贯穿于人才培养的全过程，必须课内外相结合。周远清这一观点的提出，使大学生文化素质教育的研究有了一个框架的概念。

由此，我们可以将文化素质的含义归纳为：文化素质是由知识、能力、情感、态度、价值观等多种因素整合而成的相对稳定的内在品质的一般体现。文化素质教育就是要通过知识的传授、环境的熏陶以及个体的实践，将人类的优秀文化成果内化为个体相对稳定的内在品质的活动过程，其实质是促进学生的身心发展与人类文化向个性心理品质的内化，形成较为稳定的情感、态度、思维方式和价值取向，并外化在一个人的日常行为当中。

因此，我们的文化素质教育，应根据高等教育的不同类型和特点，以人文教育为主，兼顾科学教育，使二者达到融合。文化素质教育是以文化为载体、指向人的精神的养成教育。人格的熏陶、人文精神的养成和民族精神的培育是文化素质教育的灵魂。它主要从精神角度去审视高等教育，以文化渠道实现这一目标，和现在流行的创新教育、主体性教育等各种名目繁多的教育种类有着本质的不同。

第二节　大学生思想政治教育与文化素质教育的有机结合

大学生文化素质教育是以提高大学生的文化素质为目的的教育。它主要着力于将人类优秀的文化成果通过知识传授、环境熏染，内化为学生的人格、气质、修养，以实现对学生的精神修养和人格塑造。思想政治教育是以引导和帮助学生掌握马克思主义立场、观点和方法为目的的教育，它影响大学生的精神面貌，解决大学生政治方向和思想品德方面的问题。文化素质教育是思想政治教育的基础，思想政治教育是文化素质教育的升华。如果没有文化教育的渗透和积淀，思想政治教育的内容就只有刚性的骨架，而没有鲜活生动的血肉，思想政治教育就变成了刻板而僵化的说教。如果离开了思想政治教育的引领和提升，文化素质教育就会失去社会主义方向，学生就会感到混乱而无所适从。文化素质教育和思想政治教育必须紧密结合。

一、文化素质教育和思想政治教育相结合的必要性

（一）时代发展的要求

当今社会是高度发达的社会，这种高度发达，需要大学生全面协调的发展，思想政治教育与文化素质教育是大学生发展的两个方面，也必须平衡发展，只有这两者相互渗透，彼此促进，才能推动着大学生的全面发展。

当今社会又是一个尊重个性，张扬自我的时代。当代大学生具有高度自觉性和自主性，他们不喜欢传统的空洞而抽象的说教式的教育模式，欣赏那种把教育内容的科学性和教育方式的艺术性高度统一的教育模式。现阶段，我国高校的思想政治课具有整齐划一的特点，统一的教材，统一的课时分配，统一的理论观点。这与政治课必须立足于国家，立足于民族，立足于整体的要求是吻合的。但从尊重学生个体说，这却不能充分体现学生的个性，不能很好地激发学生的潜能。而文化素质课程因为其鲜活生动的形象，曲折离奇的情节，灵活多样的表现形式，刚好可以弥补单纯的思想政治教育的不足。因此，思想政治教育要真正做到入心入脑，就必须尊重接受者，就必须适时调整、自我更新，以适应时代发展的要求。应针对新情况、新问题，及时转换职能，调整内容，更新方法，与文化素质教育紧密结合。

当今社会还是一个网络化的开放时代。在这样的时代里，任何冷面的说教或

厉声的呵斥都只能让学生望而生厌。不仅达不到教育的目的和效果，反而只能暴露教育者的贫乏和教育的苍白。新的时代促使我们必须转变观念，树立一种全新的教育理念。即使是深刻而严肃的思想政治理论，也要努力用一些通俗而鲜活的材料去承载，也要用一种活泼而生动的方式去传递，这就需要思想政治教育必须与文化素质教育有机结合。

（二）教育规律的要求

现代科学表明，人类创造的整个知识在体系内各个部门都能相互沟通，相互影响，任何教育都不可能是单打一，而是一个系统工程，正如生物的成长离不开一个生态环境一样，思想政治教育也需要一个整体的氛围。教育在人的发展中起主导作用，要适应人的发展的不均衡性，在身心发展的关键期，施以相应的教育，大学生正是世界观、人生观形成的关键时期，思想政治与文化素质的教育对他们的影响是巨大的。在大学综合素质教育中，思想道德素质教育是根本，文化素质教育是基础，思想道德教育为文化素质教育指明方向，尤其是在我们社会主义国家，始终要牢牢把握培养什么样的人这个大方向。因此，大学课堂一切教学内容都应该与社会主义的核心价值体系保持一致。而大学课堂因为理论教学的有限性，使之很难对有此问题做充分的展开与深入的挖掘，影响了思想政治教育的效果。再加上青年学生社会经验不足，认识和理解问题的能力有限，对思想政治理论的理解就不可能深入，更不用说透彻。文化素质课程则不同，它不仅为思想政治教育提供了大量的素材，还提供了丰富的学科背景；不仅对看似抽象的思想政治理论做了很好的解读和阐释，也增添了思想政治教育的生动性、趣味性，使学生更易于接受，也更乐于接受。因此，思想政治教育有必要通过文化素质教育得以延伸和加强，达到相得益彰的目的。

反思我们的教育模式，可以说是残缺的教育。这在工科教育模式中表现得尤为明显。当前工科院校的课程体系存在着严重的缺陷，那就是只考虑"用"，缺乏对用的意义、价值等方面的教育和思考。由于缺乏对本专业在社会中的地位、作用等方面的全面认识，必然会影响学生对所学知识的社会价值的判断，如果思想政治教育不与大学生的专业学习结合起来，一味强调树立正确的世界观，岂不成了一句空话？这就不会真正从心灵深处影响大学生的价值判断，而高校培养的大学生应该是更富有、更聪明、更高尚。如果富有是指知识与能力，聪明是指思维，那么高尚就是指做人，特别是指人格。单纯的知识灌输能达到目标吗？能培养出社会需要高素质的复合型人才吗？显然不能，只能培养畸形的人才。而思想政治教育价值是一种社会属性，具有满足思想需要的功能属性。而只有满足了人们的这种需要，被满足的对象所认可，并赋予一定的意义，这才具有思想政治教育的价值，文化素质教育本身就具有一定的思想政治教育功能。因此，只有通过渗透、延伸达到教育的目的，才能实现培养人才的终极目标。

二、文化素质教育和思想政治教育相结合的可行性

文化素质教育和思想政治教育不仅具有必要性，而且具有可行性，具体表现在以下两个方面。

（一）文化素质教育本身具备思想政治教育的属性和功能

文化素质教育具有隐形的思想教育模式，它是一种特殊的思想政治教育。文化育人，不是单一地对知识进行逻辑的阐述，而是同时关注知识背后的文化背景和文化根源与价值理性。任何文化都包含着一定的思想观念，都是在传达一定思想、观念和态度给一定对象，最终使这些对象在思想观念上转化为一定的素质，形成一定的态度或行为模式。文化素质课程里面有很多关于人性的、道德的、情感的教育内容，这些内容对大学生来说都是基本性的知识、观念和情感道德，这些基本知识对大学生来说却是必要的，是大学生进一步学习更高层次知识、形成更为健康与持久的人格、道德与情感的基础条件。文化素质教育可以帮助思想政治教育有效地实现大学生全面发展目标，如果大学生没有在知识、文化等方面的基本素质的养成与健康发展，那么其他发展将不会是全面的，也会因为缺少智力基础和精神动力无法真正实现。思想政治教育的根本宗旨就是要促进和实现大学生的全面发展，而积极有效的实施文化素质教育无疑将有助于大学生全面与自由的发展。因此，文化素质教育对提高思想政治教育的有效性具有促进作用。

《中共中央国务院关于进一步加强和改进大学生思想政治教育的意见》（16号文件）明确指出："高等学校哲学社会科学课程负有思想政治教育的重要职责。哲学社会科学中的绝大部分学科都具有鲜明的意识形态属性，对于帮助大学生坚定正确的政治方向，正确认识和分析复杂的社会现象，提高思想道德修养和精神境界具有十分重要的作用。"可见，文化素质教育本身具有思想政治教育的属性和功能。

（二）国外已经有了成功的先例

发达国家很重视基础课教育，一般把思想政治教育和文化素质教育通称为通识教育。国外都把本国语言、文学、艺术和历史课程等列入通识教育课程。包括人类共同知识经验的学习，世界观、价值观、道德观的养成以及基本的做人做事的能力训练，目的在于培养健全的个人和自由社会中健全的公民。

如美国一些名牌大学都十分强调要开设人文社会科学的选修课，理工学校中人文社会科学的课程已占大约30%。哈佛大学规定，本科阶段，至少应该修习32门课程方可毕业，其中16门为专业领域，8门为选修科目，8 10个科目为核心课程（即基础课程或共同学科课程）。基础课被划分为人类基本知识六大领域，即外国文化、历史研究、文学艺术、道德推理、科学和社会分析，并依此精心设计出一系列课程。学生需要在每一领域中选择出一至两门课程修习。外国文化类课程

的目的在于扩大学生见识，使学生认识、理解并尊重不同的文化，提供跨文化的视角来看待本国和本民族文化。历史研究类课程的目的在于通过历史研究使学生获得历史知识，并能够以历史的眼光去认识世界。文学艺术类课程的目的在于培养学生的审美能力、批判能力和理解能力。文学艺术的内容包括小说、戏剧、诗歌、民间文学以及文艺理论等。科学类课程的目的是使学生对人类的科学有整体的理解和把握，增长他们的科学知识、获取科学研究的基本能力、形成科学的态度和素质。道德推理类课程的目的在于使学生形成正确的道德意识、道德判断和选择能力，养成高尚的道德情操和良好的道德素质。道德教育的途径不单纯靠说教和灌输，更重视道德事件的客观分析和推理，使学生自己做出正确的判断和选择正确的价值观念与行为。

三、文化素质教育和思想政治教育相结合的途径

文化素质教育和思想政治教育必须结合，可以结合，到底该怎样结合，我认为可以从以下几个方面入手。

（一）在教育目标上要相互促进

高校思想政治教育的目标应该立足于大学生自身成长的需要，以促进大学生身心健康的全面发展和综合素质的全面提高为出发点和最终归宿，为国家培养能较好适应社会发展需要和全面发展的优秀人才。具体地说，就是培养学生用马克思主义的立场、观点和方法，认识问题，分析问题，解决问题，即教会学生做事。文化素质教育则是通过对文学、史学、哲学、艺术等知识的传授，实现对学生人性的滋养和人格的提升，从而引导学生学会做人。一个全面发展的人，必须同时具备两种素质：一是做人，二是做事。其中，做人是做事的内在基础，做事是做人的外在表现，做人先于做事，做人重于做事。所以，真正理想而全面的教育，既要引导学生学会做人，又要教会学生学会做事。所以，在教学目标上不应该相互独立，而应该相互促进。

（二）教学内容上要适度补充，相互渗透

思想政治教育与文化素质教育在教学内容上有许多相通之处，功能上也能互补，要找出他们的结合点，适度补充，相互渗透。比如：思想政治教育就是帮助大学生树立正确的世界观、人生观、价值观。而思想政治理论课在表述上显得直接、抽象、枯燥、晦涩；文化素质课程则刚好相反，其内容极其丰富而生动，我们可以通过对此典型案例的分析，让学生在比较中得出结论，从而树立正确的世界观、人生观、价值观。这就比单纯的理论说教和知识灌输，更容易在学生意识深处扎根，效果也就更佳。再如，爱国精神和民族精神也是思想品德教育的主要内容。其实，在文化素质教育里有很多相应的素材和内容，而且，更为难得的是，文化素质课可以在更广的范围内丰富爱国主义和民族精神。纵向可以从历史的角

度探讨不同时期的爱国主义特点，横向可以通过不同国家的爱国主义表现，通过纵横比较进一步加深对中华民族的爱国主义的理解。这就比单纯的政治理论教育更加生动，也更富有感染力。

大学生全面素质的提高是多门学科知识共同作用的结果，教师要从教学和学生发展的需要出发，大胆地借鉴和吸收文化素质课的素材和内容，把具有爱国主义、民族精神方面的历史事件、文化典籍融入大学的思想政治教育中，解决新形势下大学生思想政治教育中面临的新问题，使思想政治教育走向科学化。

（三）在教育方式和手段上要力求灵活多样

（1）紧密联系实际，避免单一的空洞说教

要让大学生体会到马克思主义理论不是高高在上的教条，而是紧贴生活的学问，这就需要和现实紧密相连。联系实际要到位，所谓到位，表现在两个方面：一方面实际必须真实，具有一定的代表性、典型性，这些代表性典型性的案例均可以来自于文化素质课程中相关的典型人物和名著，如《大学语文》《中国的"世界自然与文化遗产"》《古今军事谋略与应用》等；另一方面实际必须与所讲理论相一致，能够使大学生从中学会运用思想政治理论的基本理论去分析说明现实生活中的问题，从而提高学生分析解决问题的能力。如分析中国传统文化同当代中国社会主义新文化、西方文化同马克思主义文化的关系以及两者的共同之处，并进一步分析社会主义文化的优越性和高级之处，从而引导大学生在培养人文义精神的同时，自觉地从旧文化走向新文化，达到社会主义教育的目标。

（2）开展丰富的社会实践，面向社会拓展理论课堂

如组织学生走出校门参观访问，利用假期走访革命老区或经济发达地区，深入工厂、农村和社区进行社会调查等。通过开展各种社会实践活动，学生在参与和亲身实践中，提高综合素质和能力，增强理论感知力。学习《影视鉴赏》可以带领学生到影视基地，亲临其境的感受，通过影视作品的观看和鉴赏，增强并提高自身直接的审美感性体验能力和艺术鉴赏能力。包括历史类的素质课程，带领学生参观相关的博物馆，具体感受真实的人和物，加深爱国主义教育。

（三）运用多种教学方法，增加教学的启发性、趣味性、互动性和多元性

除了利用传统教学手段外，还要利用现代教学手段，如电化教学、现代远程教学和网络媒体等，达到两者的互为利用，增强教学内容的趣味性，特别是电脑辅助教学及多媒体教学，可以实现讲授、观看、讨论、总结自然结合，增强授课的实效性。同时教师在采取启发式教学的过程中，要根据理论教学的需要，设置重点理论观点的专题讨论，让学生们各抒己见，畅所欲言。在讨论过程中，教师要积极引导，启发学生提问题，并进行有针对性的讲解，活跃课堂气氛，增加教学的互动性。有效的互动不仅可以激发学生的学习兴趣，还可以适时地了解和掌握学生的思想动态，增强教育的针对性和现实性。

（四） 在教学层次上要分阶段进行

从大学生全面发展的角度出发，每位大学生在大学期间都必须完成以下四类课程的学习：人文素质类，包括文学、历史、哲学和艺术等；方法类，包括科学方法、学习方法、生活方法等；表达类，主要学习大众传播和表达技巧；专题研究类及人际交往能力等。当然，这些课程的完成，不可能一蹴而就，得根据大学生在不同阶段的心理认知特点和该阶段思想政治教育的目标，开设与之相适应的选修课，最终达到文化素质教育和思想政治教育的有机结合。具体分配如下。

（1）通识阶段（一、二年级）

此时，学生刚进入大学，他们对大学既充满憧憬，又具有盲目性。这一阶段，我们的教育重点应该是激发学生的学习动机，帮助他们顺利完成从中学生到大学生的角色转换。引导他们制定正确的学习目标和计划，做好四年的学业规划，培养自学能力；同时帮助他们克服学习上的迷茫状态，学会运用先进的技术查找资料，教育学生树立远大理想，培养自尊、自信、自爱的精神面貌，摒弃浮躁心态，树立正确的专业学习态度和正确的社会生活意识，学会做人。我校是以理工为主的院校，在文化素质选修上，主要以文学、历史为主，这些学科生动、形象、有趣，对他们吸引力更大。这阶段，公共政治必选课有四门，分别是：思想品德修养和法律基础，中国近代史纲要，毛泽东思想和中国特色社会主义理论概论，马克思主义原理。学生必须按照严格教学计划的安排，在规定的一二年级修完。每门必选课程均配置了3-8门不等的相关选修课程，这些选修课程主要是伦理道德类、历史类、政法类、语言文学艺术和哲学类5类，学生在学习某一门必选课的同时，须在相应的5门选修课中任选1-2门修读，以加深对必修课的理解，充实其内涵拓展知识面。

这一阶段选修课的设计主要是从多方面引导学生触摸、探求中国传统文化的精髓，激发学生的爱国热情和对我国传统文化的认识，使传统文化以其独特的魅力吸引、哺育学生，帮助他们树立正确的人生观、价值观，同时拓展他们的知识面，思考其中所内含的文化和思想之于现代的意义和价值，滋润学生的心灵，也有利于学生科学世界观和方法论的养成。

（2）专业基础阶段（三年级）

大三学生已经基本适应本专业的学习，对所学专业也有了一定的兴趣，摸索出了适合自己的学习方法，但他们的人生观、价值观还处于疑惑和摇摆阶段，容易产生一些心理障碍问题。而此时，学校专门的思想政治教育逐渐淡化，已经跨入以专业基础知识为主的学习阶段。针对这些特点，该阶段素质教育的重点，应该是拓展他们知识的宽度，加深他们知识的厚度，引导他们更理性的认识问题分析问题。在选修课设置上，第一类应该以马克思主义哲学为主线，在加强哲学素养的前提下，进行理性思维的训练和养成。第二类以训练学生的表达技巧和提高学生与人交往的能力为目的。这一阶段的学生，有明显的自立感，开始把眼光转向自身和社会，开始有意识地把自己和社会联系起来，希望采取多种形式开拓新的知识领域，他们很关注自我发展与能力培养的问题，能比较客观地认识自我和评价自我，合理调整对自己的期望值，看待问题和分析问题也比较理性，不容易走极端，开展如上所说的文化素质课，可以引导学生形成积极的认知方式，树立正确的价值观，达到身心的和谐与健康。

（3）专业方向阶段（四年级）

大四学生的自制能力更强、性格更加开放。此阶段的学生有四个特点：1.紧迫意识。很多学生面对激烈的竞争，感到还有许多应该掌握的知识没有学到手，从而学习的自觉性、独立性增强了。2.责任意识。这个阶段更多的学生把个人的学习与社会联系起来，对社会政治经济生活极为关注，都愿意抓紧有限时间，在专业技能上和思想上有更快提高，较之前三年责任意识明显增强。3.忧患意识。这主要反映在工作分配上。面对日益激烈的人才竞争，许多学生迫切希望找到与理想相吻合的工作。

总之，高年级同学面临就业、考研等选择，职业能力和职业精神的教育相对来说比较实际。因此，要把解决思想问题与解决实际问题相结合，使他们树立正确的职业观。如何加强思想政治教育，反映在文化素质课程中则重点强调与专业课程教师结合，对本学科领域本专业杰出人物进行思想方面的研究学习，进一步领会优秀人物之所以杰出，在于其不但具有良好的专业素养，而且更有良好的思想文化也包括思想政治素养，从而在更高层次加强思想政治理论与文化素质以及专业素质的结合。此外，还可以开设与本专业有关的法律类课程，以加强学生适应专业社会应用的法律环境，为他们即将步入社会，树立爱国守法、诚实守信、敬业奉献、勤俭自强等基本道德规范打下基础。还可以与"形势与政策"课程结合，开展专题研究进一步认识国家政策，引导学生正确看待当前的形势，客观地评价自己，从自身职业发展的空间考虑，找到合理的职业定位。同时，学校举办应聘技巧讲座，从应聘心态、应聘礼仪、应聘技巧等方面对学生进行指导，帮助学生提高应聘能力，这一层面主要是进行就业观教育，以素养提升为重点，开展生涯教育，以强化公民职业道德教育来增强大四学生思想政治教育的针对性、现实性。

第三节　文化素质教育视野下的大学生思想政治教育创新

一、借鉴文化素质教育理念，创新思想政治教育观念

（一）借鉴文化素质教育"人本观念"，树立思想政治教育"以学生为本"的观念

以人为本，大力推进文化素质教育，就是要大力发展以学生为本，以学生的

个性发展为本，以全方位开发学生潜力为本和以大众教育为本的素质教育。这是一种价值观念的转变，也是一种思维方式的改变。而大学思想政治教育的主体是大学生，教育的目的是要通过启发和调动人的主观能动性使人获得全面发展。而传统的思想政治教育模式，并非以受教育者为主体，而是思想政治教育者去决定如何教育人，大学生只是被动接受教育者传授的内容，形成相应的观念和规范，让自己被教育者塑造成为他们所想要的人，在这种教育模式下，大学教师反而成为主体。在此过程中，教师往往很难真正理解受教育者的需求，很难站在学生的角度去思考和分析问题，从而使思想政治教育达不到启发和调动的作用。因此，为了达到思想政治教育的最终目的，需要树立思想政治教育"以学生为本"的观念。

（1）要确立人的主体地位

人是一种智慧生物，人性是人的自然属性和社会属性的综合体。马克思主义认为，人在实践中所表现出来的主观能动性和创造性构成了人的主体性。思想政治教育的过程一方面是教育者根据社会的需求进行教育的过程，另一方面也是受教育者根据自身内在的需求，通过自己主观能动性的发挥去接受教育的一个过程。教育者所要传授的内容和要求是否能被受教育者接受，也在于受教育者能否积极发挥其主观能动性，这两方面是辩证统一的。因此，确立受教育者主体性是教育取得实效性的关键。

（2）要注意尊重人的个体多样性

人的个性发展不能单纯依靠兴趣自由发展，而是需要通过一定的教育去培养，去发展。马克思主义认为，人的发展是所有素质综合以后的个性的发展，思想政治教育要促进人的全面发展，就应该尊重人的个性特点，通过积极地引导，使一个人沿着正确的方向成为一个全面发展的人，这样培养出来的人才能符合社会的要求。

（3）还需要更新传统的教育价值观

教育工作者在为人们提供教育服务的时候，要充分尊重人的权利和尊严，不能把社会价值与个人价值相对立起来，不能只强调社会价值，却忽视了个人价值的存在。因为个人与社会是辩证统一的关系，社会主义社会的国家、社会和人民的利益根本上是一致的。在社会和个人两者的关系上，社会发展了，个人才有发展的空间；个人发展了，社会才能更加进步。所以，国家的教育应该关注个人的发展，积极地为个人发展提供条件。教育者需要转换原有的以社会价值为教育的唯一目的的观念，使教育既能够满足社会的需要，又能够满足个人的需要，使个人与社会更加协调地发展。

（二）借鉴文化素质教育"情感教育观"，树立思想政治教育"师生共情"的观念

情感教育是大学生素质教育的重要内容。素质教育需要教育者遵循学生的身心发展需要，尊重学生，爱护学生，激发学生的主观能动性。而情感教育正是根据这一理念，在素质教育的整个过程中，关心学生情感以及思想，培养学生的社会责任感，提高其人格修养和道德素质，从而达到素质教育的目的。相比较而言，思想政治教育很多时候更像是一个通过情感去感化一个人的过程，高校教师与学生之间更多时候也是在进行情感的交流。情感因素是一个人形成正确的思想道德观念的重要因素，这是因为人的主观能动性的存在，使得情感的沟通与交流成为人与人之间相互影响的重要一环，如果思想政治教育缺少了这一重要环节，学生就很难真正转变思想观念，教育也难以真正体现其实效性。在思想政治教育过程中，教师如果只注重自身的情感，而忽视了学生的情感因素，只是单调而乏味地向学生政治思想理论，对于学生中出现的一些负面情绪置之不理，不能正确地去引导和感化学生，思想政治教育就很难在高校中开展工作，在学生中也难以得到广泛地支持。

共情是指所有人际场合中产生的设身处地为他人着想的能力，高校教师要特别注意学生的情感动向，与学生产生共情，站在学生的角度，以情感人，让学生内心情感受到感动，由内而发地去真心喜欢上思想政治教育这门学科；其次是要为学生创造一个良好的学习氛围，让学生在实践中自然而然地受到启发和教育，去不断地追求自身情感的升华；最后是要注意转化学生的负面情绪，高校教师要多了解和分析学生的心理特点和现阶段的心理特征，对不同的学生出现的不同的问题进行有针对性的疏导和教育，使思想政治教育真正体现其效果。

此外，思想政治教育并非枯燥地只是传导和解惑，高校学生作为思想政治教育的其中一个对象，他们年轻而富有朝气、思想开放、观念新颖、有知识、有文化、有很强的自我意识，假如现今的思想政治教育观念不能跟上时代，不能科学地进行改革和创新，不讲求一种沟通的艺术，只会事与愿违，学生也会很反感。所以，高校教师要注意把沟通和交流的艺术运用到思想政治教育过程中，这样教育才能事半功倍。

一方面，高校教师要注意教育语言的艺术。人都有自尊，在平常的工作、学习和生活中，每个人对于诚恳而委婉的话都能听得进去，但对带有恶意和口气重的话却并非人人都能接受。所以说，老师如果注意在教育学生的时候多注意自己的口气和态度，将心比心，愿意与学生真诚地交流，这样就能收到更好的效果。另一方面，高校教师要注意感动的艺术。人都是有情感的动物，精神情感对于一个人的激励是巨大的，高校教师如果能用情感去激发学生内心的共鸣，让学生深受感动，必然能更轻易地达到教育目的。

（三）借鉴素质教育差异性理念，树立思想政治教育"因材施教"的观念

差异性是文化素质教育思想的基础，也是其基本特征之一。文化素质教育主张创新与人的全面发展，而这一主张的依据则必须重视受教育者的差异性。经实践证明，树立教育的差异性观念，即"因材施教"，对于培养新时期全面发展的人才有着重要意义，这也是文化素质教育开展多年来总结的成功经验，值得思想政治教育工作者认真的学习与借鉴。

思想政治教育是为了做好人的思想工作，在马克思主义的科学理论指导下，使人确立正确的思想观念。但是，人各有异，人的思想观念不是与生俱来的，其产生来源于生活环境的影响，不同的生活环境使不同的人产生不同的思想观念。教育者不能要求所有人的思想都能一致。所以说，大学思想政治教育工作应该根据学生实际，分析其所生活的环境以及对学生思想所带来的影响，究其根源，因材施教，确定相应的教育内容，用科学的教育方法，有针对性地开展思想政治教育工作，这样才能更容易达到思想政治教育的目的。

具体来看，高校学生处在人生发展的关键时期，其过去和现在所生活的环境，他在青少年时期受教育的程度，以及因此产生的一系列价值观念都存在着巨大的差异，大学思想政治教育者就不能"一刀切"，而要有针对性地对每名学生进行教育，具体问题具体分析，要看到学生出现问题背后的深层次原因，再有针对性地解决。学生的思想品德修养和素质有高低之分，大学思想政治教育工作者应该理解学生，在对待学生的态度上不能区别对待，但在教育方式方法上应该根据学生实际"区别对待"，例如有学生心理始终不平衡，教育者就要看到其产生不平衡心理的原因，是自身嫉妒，还是受别人歧视，针对不同的原因，解决的办法大不相同。根据学生的具体情况具体分析，在一定程度上也体现了以人为本的科学发展观的思想，搞好大学生思想政治教育工作，既要分析学生普遍的共性，也要分析学生的个性，二者结合才能体现教育的目的。

二、借鉴文化素质教育体系，完善思想政治教育内容

（一）借鉴文化素质教育体系系统性，提升思想政治教育体系科学性

现阶段，文化素质教育体系一般由三个部分组成：一是通过课程体系，如增设人文课程、科学课程、艺术课程等方面的选修课，或通过辅修的人文、科学方面课程，使学生在系统的课程学习中提升文化素质；二是通过课外活动体系，如丰富多彩、积极向上的学术、科技、体育、艺术和娱乐活动，由学生社团进行组织，使学生在大量的课外活动中提升文化素质；三是通过自我完善体系，如通过阅读哲学、社会学、文学、艺术和美学等方面的书籍，提升文化素质。借鉴该体系的优点，大学思想政治教育体系在不断改革和完善的过程中，整个体系的建设应该注意科学性与系统性的结合。

一方面，思想政治教育的内容要具有科学性。科学性体现在遵循教育的自身规律，根据大学生思维特点去不断地充实和改进教育的方式、方法和内容；还有就是遵循思想政治教育是一个循序渐进的过程，一个通过感染学生使其接受教育，并内化成自我教育的过程，需要有一定的层次性和阶段性，这样，思想政治教育

才能更好地衔接，不断地优化。

另一方面，思想政治教育内容的系统性，就是为了更全面地提高大学生的思想政治素质，需要对教育内容进行系统的规划和严密的逻辑组织，使其条理清晰，有利于老师对教学内容的认识和计划，提高教学质量；学生对系统性的内容也能更容易理解和掌握，增强了学习实效性；同时，内容的系统性也有助于思想政治教育与其他学科内容相互衔接和结合，共同配合完成大学生思想政治教育工作，从整体上提高了教育质量。

（二）借鉴文化素质教育内容时代性，突显思想政治教育内容时代感

文化素质教育要处理的是"人与人、人与社会、人与自然、人与自我"的关系，而自然界与人类社会都是在不断变化发展的，所以人与自然、与社会的关系也在不断地变化发展。文化素质教育的理念从提出之日起，就一直处于一个不断完善和发展的过程中，也是一个摸索的过程。这当中，实施素质教育的基点是建立在毛泽东思想、邓小平理论之上，同时也吸收、借鉴了国外先进的教育思想，面对21世纪知识经济的大环境，素质教育内容又有了新的变化，一方面将文化素质教育融入大学生的学习和生活实践，转化为他们的生存活动和生命体验，提高他们的文化品位；另一方面积极引导大学生主动投入当代中国的社会主义现代化实践和文化建设中去，在服务社会和报效祖国的过程中展示人生价值，在传承和创新中华文化的过程中提升思想境界。文化素质教育的时代性促使其不断地发展。

在文化素质教育的影响下，新形势下思想政治教育为顺应时代的要求，亦不断地改革创新，紧跟时代步伐。

首先，与当今时代相契合的思想政治教育的核心一坚持马列主义、毛泽东思想、邓小平理论、"三个代表"重要思想和科学发展观不能动摇。思想政治教育工作是人与人之间的沟通交流工作，马克思主义哲学是指导这方面工作的理论标杆，不能偏离这个方向。而毛泽东思想、邓小平理论、"三个代表"重要思想和科学发展观则是马克思主义不断发展创新的成果。当今国际国内社会环境纷繁复杂，高校学生仍然需要掌握这些经典理论，才能树立正确的人生观。

其次，思想政治教育增加对现今热点形势与政策的宣传和分析，增加高校学生了解国家大的方针政策的机会，增强学生的主人翁意识，使思想政治教育与时代紧密结合，贴近学生实际，激发学生探索求知欲望，使学生充分发挥主观能动性地去学习，提高学生的分析时事能力。

此外，思想政治教育需要着重培养学生的科学态度、人文精神和创新意识，这三个方面是现今社会人才必须具备的几个因素。因此，高校在开展思想政治教育的时候，需要把三方面内容统一到思想政治教育整个体系中来，才能使思想政治教育紧跟时代潮流。科学态度方面的内容是为了培养学生求真务实的态度；人文精神的缺失是现今大学生普遍存在的问题，思想政治教育增加人文知识的内容就是要培养学生关心、帮助、尊重和理解他人的品质，体现一名新时期大学生良好的道德修养；而创新精神的培养一直是人才培养的关键，国家、社会要想发展，还需要期待人的发展，而人的发展很大程度上是由其具备的创新精神所决定的，大学思想政治教育需要全面培养学生的创新思维和能力以及敢于开拓进取的精神，这样才能适应当今世界的发展和国家建设的需要。

（三）借鉴文化素质教育师资培养经验，提高思想政治教师素质

教育部在1995年颁布的《关于加强大学生文化素质教育的若干意见》中提到："加强文化素质教育需要有一大批思想素质好，业务水平高，教学经验丰富的专兼职教师。应积极采取措施，建设一支适应加强文化素质教育需要的教师队伍。"文化素质教育是教育内容和方式的全面改革，其关系到教育的各个方面，在大力提倡素质教育的同时，大学思想政治教师作为文化素质教育以及思想政治教育的主体，其自身素质的重要性不言而喻，提高思想政治教师的素质，是素质教育的关键，也是思想政治教育工作开展的前提，这直接关系到高校学生能否真正受到教育，提升自己的各方面素质。只有全面提高教师素质，才能保证素质教育和思想政治教育工作的全面开展。因此，党中央、国务院在《关于深化教育改革全面推进素质教育的决定》中强调：要"提高教师实施素质教育的能力和水平作为师资培养、培训的重点。"思想政治教育作为一项系统工程，转变传统观念是前提，改革教育内容是基础，但是最关键的还有需要一支高素质的教师队伍。如果教师的素质都达不到教育的要求，思想政治教育就难以实施。教师的素质教育是文化素质教育一个重要方面，思想政治教师是实施思想政治教育的主体，提高思想政治教师素质，既是搞好思想政治教育工作的要求，也是思想政治教育寻求创新的重要途径。

（1）提高教师的人文修养

教师的人文修养是指教师自身所具备的人文精神以及教师在日常工作和生活中表现出来的情感思想、道德观念、性格特征和思维方式等方面的一种素养，比如教师的教学责任感、人格魅力、价值观念以及为人处世的方式等等。人文修养，即教师的人文素质，处于教师整体素质的主导地位，决定了教师这份职业的价值所在。高校教师的人文修养对学生的影响巨大。教师如果自身具有扎实的人文功底和高尚的人文精神，必然会让学生肃然起敬，学生会从老师的言行中体会和领悟崇高的人文精神的魅力，受其感染和影响，自身也会产生提高自身人文修养的动力。由于思想政治教师在思想政治教育体系中处于关键地位，因而高校教师人文修养的高低，对于学生是否能够提高思想政治修养有着重要意义。

面对当今世界经济、政治、文化的飞速发展，新世纪的思想政治教师显然不能只懂得灌输和考试来培养祖国的建设者和接班人，而是要从素质教育出发，首先提高自身的文化素质，而在文化素质体系中，由于思想政治教师这份职业的特殊性，要求教师首先必须具有良好的人文修养，才能胜任这份工作，才能够适应新世纪教育事业的变革和发展。要提高教师自身的人文修养，应该从哪些方面来

努力呢？

从思想政治教师应该掌握的人文知识看，思想政治教师应该努力学习历史、哲学、宗教和美学等人文知识。人类在几千年的进化发展中创造了丰富的知识文化，而思想政治教师应该主要了解以上几方面知识的原因在于，从历史学角度看，英国哲学家培根说过：“读史使人明智。”教师如果能对历史学的知识比较了解，那么在教育学生的时候，更能从以往的典故或者史实中学习教育的方式和技巧，学习中国传统教育理念中的精髓，这对于开展思想政治教育工作有重要的借鉴意义；从哲学知识的角度看，因为哲学是研究人的世界观、人生观和价值观的问题，这有助于引导和教育学生如何树立正确的三观，如何正确地为人处事。这些关于如何做人，如何思考人与世界、与社会、与人之间关系的知识其实都来源于哲学，可以说，认真学习哲学，尤其是马克思主义哲学知识，是成为一名合格的思想政治教师的前提；从学习宗教知识的角度看，因为宗教是一种信仰，包括基督教、佛教、道教等等，他们所宣传的大部分都是指引人“从善”“向善”的理念，而学生德育教育主要就是引导人性“向善”的教育，教师学习和了解这些知识，向学生讲授这些宗教典故中暗含的人文思想，有助于帮助学生树立助人为乐，帮助他人的高尚品德，使学生的思想政治素质进一步提高。最后，从美学的角度看，爱美是人的天性。在现代社会，人们更是希望追求现实生活中的美。思想政治教育中的审美教育，就是要培养学生的审美水平，提高学生对美的鉴赏力，提高生活的品位。思想政治教师自身要了解这种美学知识，才谈得上教育学生如何品尝生活中的美。

（2）提高教师的科学文化素质

俗话说：“人无完人”，即便是教师，也只是在某一专业领域有比较高的建树，但作为一名思想政治教师，要教育学生，就要从各个方面去了解学生，与学生沟通，如果没有相关方面的基础知识，与学生交流起来就会非常的困难。目前，在大学思想政治教师中存在对政治理论知识理解透彻，但是却缺乏教育心理学、社会学等其他人文学科常识以及基本的理工科知识的现象，由于其他学科基础知识的欠缺，在面对当今知识面普遍比较广泛的大学生，有些问题就不能很好地去为学生解答，也比较难以融入这些学生中去，老师与学生之间的交流也会出现问题。

所以说，在如今这个知识经济时代，知识更新迅猛，大学思想政治教师想要跟上时代的步伐，需要不断地更新自己的知识结构，树立终身学习的观念，不断吸收和学习新知识，了解各类学科的发展方向，对时下热点科学文化观点和理论都应该有所了解，这样在面对不同专业、有着不同兴趣爱好的学生时，才一能更好地与他们沟通和交流，例如，老师通过学习心理学知识，能够分析不同学生的心理特点，针对其心理特点，有的放矢地指导学生，所达到的效果肯定比千篇一律地说教更好，如在像西南石油大学这样的石油专业为主的学校，如果老师能够知道一两点有关石油钻机和开采的最新技术，了解当今世界石油经济产业的发展趋势，在与石油专业的学生沟通起来就更为容易，学生也更乐于接受。所以说，有了沟通，才会有了解，师生之间才会有相互理解与支持，才能达到更好的教育效果。

（三）提高教师的创新素质

大学思想政治教育要创新，教师首先就要具有创新的意识，就文化素质教育而言，创新是一种能力，也是一种个人素质的体现。所以说，高校教师要具有创新的意识，才能培养具有创新意识的学生人才。江泽民说过，创新是一个民族进步的灵魂，是国家兴旺发达的不竭动力，也是一个政党永葆生机的源泉。党的十七届六中全会通过的《中共中央关于深化文化体制改革推动社会主义文化大发展大繁荣若干重大问题的决定》也再次强调："弘扬以爱国主义为核心的民族精神和以改革创新为核心的时代精神。"

当前，大学思想政治教育面临着很多新的问题。比如，现代大学生较之以往观念更为前卫，思想更为开放，对优越的物质生活和精神生活的追求更为强烈；由于互联网络的兴起，大学生的社交网络较之他们父辈也更为宽泛和新颖，社交活动丰富多彩，但与此同时，这也为国内外一些不良信息的传播提供了温床。大学思想政治教育工作者在面对不断变化的新情况时，如果没有创新的意识，迂腐守旧，势必跟不上时代的步伐，思想政治教育工作也不能与时俱进。所以说，思想政治教育工作者应该及时纠正自己的思路，打破传统思想观念的束缚，跟上时代发展的步伐，了解和掌握新的教育方式、方法，与学生沟通交流，思想政治教育工作才能与时俱进。

一方面，教师应该改革传统的教学方式和手段，原始、落后、枯燥的教学方式将不再适应现代教育工作。思想政治教育工作者应该多了解国内外优秀教师的教学方式，在他们的基础上总结出适合自己、也适合本校学生的教育方法，即教学应该有自己的个性。从对在校大学生的调查了解中发现，有鲜明个性特征的那些思政老师，由于独特的个人形象和与众不同的授课方式，往往会给学生留下深刻的印象，真正激发起学生学习的兴趣和动力。这种独特的人格魅力能够转换成一种强大的精神感染力，能够调动课堂气氛，学生受到这种精神力量的感染，能够集中注意力，全身心投入看似枯燥的思想政治理论课程的学习。教育主体在长期的学习和工作中通过自己特有的人格魅力与风格对学生发挥积极的影响。因此，教育者应加强自身的人文知识修养和人文精神塑造，用自己特有的人格魅力与风格对学生进行潜移默化的影响。

另一方面，大学思想政治教师应该着重培养学生的创新能力。在现今社会，知识和技术发展日新月异，新技术的产生和发展都来自于人的创造性。我们国家要想走在世界的前列，实现科学技术的领先，就要实现对高校学生进行创新性人才的培养，而学生的创新意识从根本上说还是一种个人素质的体现，这种素质体现在学生是否具有创新的意识观念，这其实也是文化素质教育所要达到的目的之一，是素质教育所要培养学生成才的必要素质。从根本上说，创新意识这种素质，不能仅仅依靠专业知识和技能的传授，而是需要教师对学生进行思想上的引导，激发他们创新的灵感和敢于创新的勇气，教师应该鼓励学生在看问题的方式上敢于换一种角度，提倡学生"敢于犯错"的精神，因为学校本来就是为今后走入社会工作做准备的，学生在平时的训练中能够多受磨炼，在磨炼中提出新问题，解决新问题，这就是一种思维上的创新和进步，也是个人素质和能力的体现。

（四）借鉴文化素质教育设施建设经验，加大思想政治教育投入

加大对大学生思想政治教育的投入，使思想政治教育工作得到广大师生的重视，使全社会都关注大学生的身心健康，尤其是心理健康，对于改变大学思想政治教育的现状有着重要的现实意义。思想政治的投入有多方面，最重要的是要从硬件设施和软件设施，即物力资源和人力资源两个方面来加大对思想政治教育的投入。

（1）硬件设施投入

1. 要更新教学手段和设施。进入21世纪，科技发展日新月异，思想政治教育也应该与时俱进，充分利用先进的教学设备与资源，一方面可以提高思想政治理论课对学生的吸引力，另一方面也能培养大学生的创新意识。

一方面，在课堂思想政治教育中要大力提倡和使用多媒体教学。多媒体教学手段的使用，可以让学生从各种图片和影视资料中得到信息，增加思想政治教育的说服力和感染力，让学生更能直观地得到教育，相比以往只是通过黑板板书和教师的口才来向学生传授本来就枯燥乏味的理论知识而言，更能增强教学的实效性。从课堂教学的反映情况来看，学生几乎都倾向于在课堂上通过观看影片和图片的方式来上思想政治理论课，因为影视资料非常生动、形象和直观，也更能吸引学生的注意力，观后也更能引起学生的共鸣。

另一方面，加大思想政治教育投入，一是可以建设服务于高校的思想政治教育网络。现今，随着互联网的普及，大学思想政治教育也应该好好利用网络资源，但思想政治教育在互联网运用方面还比较滞后，因而，加强教育网络的建设十分必要。网络教育不受时间地点的影响，信息量大，资源又可以共享和互补，各种论坛可供学生交流讨论，非常方便和开放。高校可以在校园网上开辟思想政治理论讨论网站，专门回答和解决学生所困惑和关注的各类热点问题，比如各类重大的新闻事件，这一方面能够培养学生关心时事的习惯，同时也培养了学生的政治意识，提高了学生的综合素质，相当于同时进行了文化素质教育与思想政治教育。由于网络开辟了大学生思想政治学习的第二课堂，也更贴近学生实际和喜好，在学生中大大增加了思想政治教育的影响力。二是通过电子邮箱、QQ、飞信、微信等新媒体技术，建立老师和学生之间交流的专用通道。例如电子信箱的产生为老师与学生之间的面对面交流提供了一个良好的环境，这样的环境具有私密性，很多问题对于学生而言，可能不愿他人知晓。这种情况下，在寻求老师帮助的时候，

通过电子信箱就可以起到保护隐私的作用，对于老师与学生之间的沟通能够起到很好的桥梁作用，也更易于思想政治教育工作的开展。

2. 要建设专门服务于思想政治教育的学生活动中心。目前全国高校鲜有供学生开展思想政治教育活动的专用场所，很多时候，老师要开展类似的活动，都苦于没有固定的教室或者活动室而放弃。很多活动也因此中途搁置或者就直接取消。很多时候都在讨论学生的参与热情不够高，其实，如果学校能够重视学生的思想教育问题，建设专门的教室和学生活动中心，协助老师和各院系开展学生思想政治教育活动，让活动真正受到关注，落到实处，才能吸引更多学生参与其中来，才能真正体现思想政治教育的效果

（2）师资建设投入

教育是人与人之间的沟通与交流，所以师资建设的投入在思想政治教育中作用毋庸置疑。思想政治教育一直强调对学生的素质培养，但是教育是教育者和被教育者双方共同的任务，教育者的素质同样需要培养，因此，思想政治教育要创新，不能忽视对教育者，即教师资源的投入力度。目前，我国高校的教师队伍状况不容乐观。首先，我国的教育几乎默认是一种专业人才的培养模式，只注重对人的专业培训，忽视了人的综合素质的培养，导致培养出来的教师质量一定程度上具有局限性，出现诸如知识面狭窄，缺乏相关专业基础知识的状况，在教育学生的时候也往往找不到正确的方式方法，得不到学生认可；其次，学术研究缺乏创新，主要是因为现今社会人的急功近利，导致教师在作学术研究时很少真正深入，而只求速度和结果；再次，现今很多年轻老师在高校任教任务繁重，但是待遇不高，得不到重视，最后辞职离开；最后，一部分教师缺乏职业精神和责任心。对于本职工作没有足够的重视，只关注于自身的发展，所以导致教学质量大打折扣。以上现象在思想政治教师群体中更为明显，因为国家对于人文学科的教育经费投入有限，思想政治教师得不到足够的重视，人才流失严重，导致很多高校文化素质教育和思想政治教育几乎成为学校的附属品。所以说，加大思想政治教育师资建设投入，对于改善和创新思想政治教育来说必要而且迫切。

要加大对思想政治教育师资建设的投入，可以从下面几个方面来考虑。

1. 对思想政治教师队伍进行一个全面规划

思想政治教师队伍的规划要依据本校的发展战略和实际情况，来确定队伍的人才需求。要确立本校思想政治教师队伍建设的目标，以便在管理队伍时能够明确方向，把学校的思想政治教育工作任务落实到各部门，落实到个人。这样一支高素质的教师队伍才能担负起培养一批高素质大学生的重任。

2. 做好高素质思想政治教师人才的引进工作

在人才引进的问题上，高校应该根据本校的实际情况和建设规划，积极引进高素质人才。进入21世纪，人才资源是稀缺资源，优秀的思政教师都是各高校追逐的焦点，高校对于人才的引进工作应该增大财力和物力投入，保证高素质教师

人才能安心留校开展教学工作，有了高素质的教师资源，学校的思想政治工作才能更好地开展，才能让学生满意，让家长放心。

3. 重视对本校辅导员队伍的建设

辅导员是大学生思想政治教育工作的主力，他们与大学生关系最为紧密，其职业素养高低，决定着大学生思想政治教育工作能否顺利开展、大学生能否培养良好的综合素质。在建设队伍的同时，还应该考虑辅导员的实际状况，由于辅导员职位的特殊性，他们工作辛苦，但薪酬待遇却普遍偏低，很容易产生跳槽走人的念头。所以，高校应该适度提高辅导员的福利待遇，保证他们的生活与工作都能减少一部分压力，这样，辅导员在做学生思想政治工作的时候才能全身心地投入，大学思想政治教育工作才能保证实效性。

（五）借鉴文化素质教育方法与途径，提高思想政治教育工作实效性

对于一项工作而言，用好的方法能够事半功倍。教育部在《关于加强大学生文化素质教育的若干意见》中总结了加强文化素质教育采取的多种途径与方式：一是第一课堂和第二课堂相结合；二是将文化素质教育贯穿于专业教育始终；三是加强校园人文环境建设，改善校园文化氛围；四是开展各种形式的社会实践活动。思想政治教育也是如此，面对如今经济、信息全球化趋势，面对新的教育环境，面对"90后"受教育者，传统的思想政治教育方法已经不能满足其要求，思想政治教育需要借鉴素质教育方法的成功经验，与素质教育有机整合，不断改革创新思想政治教育方法，从而提高思想政治教育的实效性。

（1）注重情感教育

情感教育法无论对于素质教育还是思想政治教育而言，都是一种最好也是最有效的一种方法，因为教育是人与人之间的沟通与交流，教育双方只有达到情感上的共鸣，受教育者才能接受教育者的教诲。在《外国学校素质教育通览》一书中有讲到美国素质教育中关于情感教育的一个例子，美国康涅狄格州纽黑文市的一所公立小学开展的"情感教育"活动。这个活动的成功开展影响了美国的很多学校。学校的一位叫爱德华的小学老师在一次课堂教学中教小学生做一个滚球的游戏，学生之间不时交头接耳，仔细一听都是在互相真诚地夸奖对方的优点，"你写的字真好看""你画的画好漂亮"等等一类的赞美不绝于耳，课堂上一片温馨和谐的气氛。爱德华老师认为，这样的"情感教学"无疑对青少年的健康成长是有利的，教育孩子们学会与人为友，善待他人的品德，等他们长大了，就会了解其中的真倚。

这个例子告诉我们，情感教育对于素质教育以及思想政治教育的重要性，思想政治教育也是培养人的良好思想素质的教育，在这个过程中，情感的力量是巨大的。思想政治教师要培养这种情感，最重要的是要有爱心，爱学生。对学生的教育不是打骂和教训，更多的是一种真诚的沟通和交流，多多肯定和赞美学生，让学生感受到老师的爱，自身不自觉地也能行动起来，努力提高自身的思想素质。

尤其是对一些在常人看来不爱学习、思想有偏差的大学生，在课堂上对他们多一些鼓励，多一些夸奖，让他们也感受到老师真诚的关心之情，自己也知道努力了。所以说，"晓之以理，动之以情"，思想政治教育需要加强情感教育，人都是情感动物，人之所以为人，感情因素的存在是其中一重要原因，忽略了情感因素的教育都是不成功的，素质教育如此，思想政治教育也是如此。如果只有道理而没有情感，道理也就只是道理，没有真正成为教育和开导人的工具。老师们如果能真正付出爱心，无论学生是成功还是失败，都给予他们一定的鼓励和肯定，使他们能重拾信心，才能真正达到教育的真正目的。

（2）课堂教学与实践活动相结合

不可否认的是，无论是素质教育还是思想政治教育，都有自身的一个教育体系，都有理论依据作为指导。课堂教学是实施素质教育最主要、最重要的一个渠道。课堂教学使老师能够集中对大部分学生进行教学，能够扩大教育影响的范围，所以说，对于思想政治教育而言，以课堂教学为主渠道都是毋庸置疑的，关键是要对课堂教学的内容和方法进行不断的完善。

传统意义上的教学是老师对学生进行灌输，但是在21世纪这个飞速发展的时代，大学生的个性特点发生了很大的变化，各方面综合能力较之他们的父辈都有了很大提高，特别强调一种自主意识，一种平等观念，教师在课堂教学中应该特别注意这一点，站在平等的角度，以一个平常人的观念去与学生交流，而不是灌输式教学。

思想政治教育和素质教育一样，都不仅仅是知识和技能型教育，而是一种思想观念的教育。要使学生真正从思想上改变，并将其落实到行动上，理论和实践的结合必不可少。例如，像美国这样的西方国家，十分重视对大学生的精神教育，其实也就是一种思想政治教育，他们崇尚一种"美国精神"，并且要使大学生能受到他们这种"美国精神"的感染，高校都采用了社会实践作为主要的教育方式。不仅要求大学生必须进行社会实践或是社区劳动，有的学校还把这一环节作为学生毕业的必备成绩。通过这样的社会实践活动，提高学生的思想政治素质，加强学生作为一名美国公民所应该具备的观念意识，将"美国精神"传递给了每一个受教育者。

党中央在《关于进一步加强和改进大学生思想政治教育的意见》中指出，社会实践对于促进学生了解社会、了解国情，增长才干、奉献社会，锻炼毅力、培养品格，增强社会责任感具有不可替代的作用。可见，实践活动对于大学生思想政治教育具有重大意义。思想政治教育的课堂教学与理论实践必须要很好地结合起来，这是高校开展新时期思想政治教育工作的重点。

（3）重视隐性教育氛围的营造

上文谈到，文化素质教育是思想政治教育的基础，文化素质教育本身就具备了思想政治教育的特殊功能，根据他们二者之间的联系和融合我们可以看到，文化素质教育其实就是一种创新的思想政治教育模式。这种模式并不是传统意义上我们讨论的思想政治教育模式，如思想政治理论课的教学，以及一些有关思想政治教育实践的活动，这些都是直接的教育方式。这种模式是类似于文化素质教育在潜移默化中传递了文化的模式，这整个形成过程是隐性的，也是水到渠成的。前文提到，美国教育学家杰克逊提出了"隐性课程"的概念，与之相对应的隐性的教育模式是将正确的价值观念在潜移默化中传递给受教育者，使受教育者在不知不觉中受到教育，养成正确的、良好的习惯，形成正确的世界观、人生观和价值观。

　　这里我们将再次提到美国高校的思想政治教育，他们的思想政治教育就是一种文化教育，也是一种素质教育，其范围非常广泛，已经融入美国人的日常生活中，其所提倡的一种美国文化，在不知不觉中营造着教育的氛围，感染着美国的青年学生。美国高校非常重视教育氛围的营造，而这不光是各大高校的任务，很多涉及思想政治教育职能的机构，像国会、州政府、企业以及社区等等，都会共同参与营造良好教育氛围的队伍中来。《美国2000年教育目标法》更是通过立法来要求整个美国社会都要关怀青少年的成长，参与促使青少年增长社会知识、文化知识和感情的活动。并且要求校长、教师、学生、企业界、官员、新闻界、医务界与社会服务机构、公民与宗教团体、执法机关、成年监护人和友好邻居组织起来，为青少年的成长创造良好条件。通过全社会的努力，为大学生的文化修养和思想政治修养的养成提供了良好的环境，在潜移默化中灌输大学生美国观念的同时，也达到对大学生思想政治教育的目的。

　　借鉴美国素质教育与思想政治教育融合的经验，我国高校在开展大学生思想政治教育工作时，除了对教学设施更新和教学实践活动的开展以外，还要注意对大学生正确思想形成有关的隐性环境要素的建设，比如教师所体现出来的人格魅力，比如校园文化氛围的营造、社会环境的影响等等。只有将这些显性因素和隐性因素有机结合起来，思想政治教育工作才能更好地开展。一方面，思想政治教育的内容应该与文化素质课程内容相融合，高校文化素质教育的授课内容中应该隐含思想政治教育；另一方面，思想政治教育应该通过各种活动的开展、制度的制定、管理的规范以及环境的营造来影响和教育学生。

（四）关注大学生心理健康教育

　　文化素质教育中一个重要方面是培养学生健康的心理素质，这也是思想政治教育的重要内容。在现今复杂多变的社会环境影响下，各种社会的不良风气席卷学生群体，社会上频频出现大学生炫富、打人、吸毒等一系列道德败坏现象，而根据事后调查发现，这些问题的产生，很大一部分原因与学生的心理缺陷有关。比如关于"炫富"和打人的事件，在学生中有一部分学生是"富二代""官二代"，仗着自己家庭背景优越，仗势欺人；另外一些学生则是由于攀比心理或是嫉妒心理严重，模仿这些不良行为，以至于很多高校都有类似的情况发生。在现阶段，大学生这些心理问题的产生给大学思想政治教育工作的改革和创新提出了新的要求，高校应该重视对大学生的心理健康教育。

一方面，要让心理健康教育真正为大学生服务。心理问题往往不容易显现，高校的心理健康教育要主动关注大学生的心理问题，尽量在学生出现心理问题的苗头前，及时为他们排解心里的矛盾，避免心理问题的扩大。

另一方面，学校对于心理健康教育体系应该加大投入，完善各项设施。通过提高心理健康教师的待遇，开设更为完善的心理课程，通过学习系统的心理学基础知识，让学生真正认识到心理健康的重要性。

（五）注重大学生自我教育

大学生文化素质教育的目的是全面提高大学生的文化素质，素质本身具有内在性，这就要求受教育者最终能够形成属于自身的一种能力。思想政治教育也是要培养大学生良好的思想政治素质，这也是人的一种内在属性和能力。要形成这种内化的能力，仅仅依靠教师的指导是不够的，必须要受教育者，即学生自身要发挥主观能动性，真正掌握老师所传达的思想，需要学生的自我教育能力的培养。

自我教育，意思就是受教育者对自身的教育，主动接受积极的外界影响，从而提高自身素质。对于大学生思想政治教育而言，自我教育意思是大学生为了自我全面发展，依靠自我意识，充分发挥主观能动性，形成符合国家和社会要求的良好的身心素质、思想政治素质、道德素质和文化素质而开展的一种思想上的转化和行为控制活动。前文谈到，文化素质教育和思想政治教育都不是单纯依靠灌输来达到教育目的的，更多需要的是依靠一些积极的人和事来暗自影响受教育者，使受教育者自我心灵受到启发，督促自己形成正确的世界观、人生观和价值观。因此，思想政治教育的方法创新，需要注重自我教育，实现教育者与被教育者的双向互动。学生要提高自身的思想道德素质受到自身的天赋和外界的影响两个方面的影响，如果只是单纯被动地接受，教育效果将不明显，必须根据自身所学习的理论和亲身实践去形成属于自我的一种能力，这样才能达到更好的效果。在这个过程中，教师的努力固然重要，但学生是否积极参与、积极反馈信息则更为重要。所以，思想政治教育既要重视传统的外部灌输，还要重视受教育者是否真正受到启发，自身能够产生教育自我的能力，这样才能体现教育的实效性。这就要求高校教师体现主导作用，认识到自身所肩负的教书育人的责任，全面提高自身素质，通过多启发、少灌输的方法，尽量使学生发挥自我主观能动性，以此培养学生自我教育能力。

思想政治教育主要研究人的思想和行为，是人与人之间的沟通与交流。大学生自我教育是对自我的严格要求和约束，是一种自觉性的体现，大学生具有良好的自觉性对大学思想政治工作的开展有着重大意义。

第十章　新媒体与思想政治教育相结合的创新研究

第一节　新媒体时代大学生网络舆情引导的依据和途径

在信息大爆炸、新媒体称雄的信息时代，互联网+新媒体平台日益成为社会舆情的敏感区和发源地，其重要性、影响力和渗透力已经远远超越了传统媒体。网络舆情深刻改变和重塑着社会舆论生态，对当代大学生的思想、行为和生活产生直接作用和广泛影响，给青年大学生的健康成长和实现党在新形势下的大学生思想政治教育工作目标造成了不容忽视的冲击。

一、网络舆情改变和重塑着社会舆论生态

（一）网络颠覆了传统的信息传播方式

在信息社会到来和网络时代崛起之前，人们之间的信息传播主要依靠人与人之间的口耳相传、文字交流和纸质媒介等方式，呈现出点对点、单向度、被动性、线性的特征。公众掌握和接受的信息极其有限，个人发表意见、发布信息、传播思想的渠道和平台也十分狭窄，也决定了信息传播速度、传播范围和影响力的局限性与效度。社会舆论基本处于官方掌控和主导的范围内，对于一些不利于社会安定团结和有悖于国家治理的信息，政府有关部门可以轻而易举地进行防范、删除、封堵。然而，网络技术以其层级扁平性、多向互动性和交流开放性等特点，使信息传播和交流实现了自由顺畅、高度共享、即时交互的目标。"事实上，智能手机的出现，已经将我们带入另一个世界。在这个世界，信息不再是稀缺物，很难再成为垄断资源"。网络消除了参与者身份、地位、阶层等个体性的差异，人人都可以自由、简易、快速地在网络上发布信息，也可以根据自己的兴趣、爱好和关注话题发表观点、搜索信息，并与其他用户就共同关心的话题进行广泛讨论、深入交流。这种无障碍的信息传播模式完全改变了传统信息传播的主客体关系，

模糊了信息创造者、发布者、传播者以及接受者之间的界限，传统的"我说你听"传播模式被大家都是"言说者"的传播方式所取代，权力主导的话语权力体系也被解构了。网络技术发展和网络工具的普及，改写了信息传播的规则，带来了信息传播方式的彻底变革，颠覆了传统的信息传播模式，解除了政府部门对信息的垄断权和控制权，使得公众信息以由此形成的及社会舆论大面积形成、大范围传播与产生巨大社会影响成为可能。

（二）网络具有很强的舆论放大效益

在网络上，每个人都可以是信息的制造者、传播者和接受者，并且可以同时兼具三种身份、扮演多种角色。特别是随着自媒体时代的到来，"随手拍"成为常态，"微博直播"日益普及，公民记者大量涌现，标志着整个社会舆论环境已经从"大喇叭"时代转型升级为"麦克风"时代。在"麦克风"时代，无形无色网络的力量无孔不入地渗透到经济社会的各个领域和人们生活的各个方面。在网络上，一则消息、一句评论或一张图片都有可能引爆网络舆情，只言片语、点滴涟漪可以在刹那间波及全球、辐射全世界，引发网络社会甚至是现实社会的轩然大波和广泛反响。正是凭借着便捷性、平民化、普泛化、自主化和快速性等压倒性优势，网络的强大互动功能推动着信息传播朝着社会的广度和深度扩散与渗透。网络舆论以其跨越时空的强大生命力、渗透力演绎了社会舆论世界和现实生活中的"蝴蝶效应"。更为重要的是，网络的这种舆论放大功能和效应并未止步，而是在持续强化和加剧。例如，近来"有钱就是任性"火爆全网。任性的来源，确实透着任性。据说，江西男子老刘网购保健品，4个月被骗了54万余元。事实上，老刘在被骗7万元时就已发现被骗，但却没有割肉止损，理由是"想看看骗子究竟能骗走多少"。于是，在新闻跟帖中，有网友叹曰：有钱就是任性。随后，这句带有一丝调侃、一点娇嗔、一份自嘲的话广为流传，继而在网络上又衍生出"大妈就是任性""券商就是任性""成绩好就是任性""长得帅就是任性""年轻就是任性"等等众说。"任性体"开始迅速走红、风靡全民。网友不经意的一句评论使全网"动容"、全民效仿，充分表明网络深刻地影响着人们的日常生活与社会交往方式，而且对舆论具有很强的聚合效应、放大效应和裂变效应。

（三）网络日益成为社会舆论的"发酵器"和主推手

随着我国网民队伍的日益壮大，网站、网页的成倍增长，互联网已经成为人们生活不可缺少的重要部分。人们在网上或"指点江山"或"激扬文字"或"隔网喊话"……网络世界众声喧哗，网络舆情风起云涌，网络社会枪林弹雨。在这样多元而复杂的网络舆论生态下，许多与公众切身利益相关的社会热点难点问题，尤其是社会关注、百姓关切的消息一经"上网"，就会立刻被无所不在、无时不在的网民迅速"围观""转载"和"追踪"。评论者有之，爆"内幕"者有之，添油加醋者有之……网络上关于某一现象或特定问题所给予的关注、所形成的讨论也随之向现实社会渗透、扩散和影响。很多社会舆论事件往往发端于网络信息，许多现实生活中的集体行动或群体性事件最初都是在网络中酝酿和发酵。可以毫不夸张地说，"自媒体时代，是每一个人只要有简单的条件（有电脑或手机，能上网，会发帖、跟帖、会发微博等等）就拥有了个人能够使用和控制的媒体，就可以随意向外界披露信息和发表意见，就相当于手中有了'麦克风'"。而网民中有关较大影响力或极大影响力的意见领袖，甚至掌握关着"核按钮"，产生舆论聚变和裂变，最后酿成舆论海啸。网络对社会公共生活与社会舆论生态的影响随着时间的推移而愈加明显、日益深刻。网络不仅完全改变了信息传播的方式和形态，而且彻底颠覆了社会舆论的生成机制和演变格局，一跃成为社会舆论的"发酵器"和推手。

二、网络舆情的新特点及其对当代青年的影响

由于网络打破信息传播主体的一元化和垄断性地位，网民既不是传统意义上的"受众"，更不是人云亦云、毫无主见的"应声虫"，而是集信息的挖掘者、发送者、接收者、加工者、使用者于一体。每个网民对网络事件的围观、点赞、转载或评论，都有可能直接影响网络舆情的发展方向，甚至是对现实社会的影响。网络舆情表现出与传统社会舆情大相径庭的新特点。

（一）网络舆情内容丰富但复杂化

网络的开放性为求知欲极强的当代青年打开了知识宝库的大门，网络海量的信息和形式多样的服务功能给当代青年带来了极大便利的同时，也面临着许多问题和挑战。一方面，由于网络公共理性发育不足，尚未形成规范有效的网络参与秩序。网民对网络信息的关注往往止于表面，通常按照自己既有的思维去认识、了解，容易忽略甚至不愿相信事件背后的真相。另一方面，当前正处于社会利益结构重大调整的转型时期，各种社会问题层出不穷，各种社会矛盾趋向激化，各种社会情绪此起彼伏。得意者、得益者、得利者可以在网上尽情潇洒，失意者、失败者、失利者也可以在网络上找到属于自己的"领地"。在网络这个对任何人、任何事几乎都可以畅所欲言的缥缈空间里，既有积极健康向上的意见，又有消极偏激虚假的蜚语，既有理性审慎、科学严谨的态度，又有无理取闹、无中生有的"奇葩"，网络虚假信息防不胜防，各种网络闹剧层出不穷，整个网络秩序呈现出无秩序的混沌状态。甚至"可以发现，互联网中网络暴力现象大量存在，不少网络舆论质量低下，很难找到理性探讨的网络空间。"由于大多数青年尚处于世界观、人生观、价值观从幼稚到成熟转型的关键阶段，极易受到外界思想观念的影响。良莠不齐、鱼龙混杂的网络信息，在使网络舆情趋于复杂化的同时，也深刻影响着青年的价值判断和价值选择。

（二）网络舆情传播迅速、难控性强

当碰到新奇的情况或一个热点事件发生时，网民可以在第一时间于微信"好友圈"、微博、QQ群、社交网站等网络平台中发表看法、高谈阔论，尽情享受、挥霍网络赐予的言论自由，使其形成网民关注的焦点，使得个体零散的意见快速聚合，不同见解或意识形态的舆论剑拔弩张，就在这种汹涌澎湃的舆论"拉锯"中，迅速形成初具规模的舆情声势。在网络知名人物、"意见领袖"和主流媒体等介入后，网络舆情对事件的影响力度将以指数级倍增，影响范围将呈波浪状向外扩散、放大，很快就形成了"滚雪球式"的传播效果。例如"切糕"事件、"鸟叔"之风、恶搞风靡等大都源自于网络，继而在在各领域引起共鸣，舆情之势直奔现实社会。缺乏理性和价值观的引导，个别的、局部的甚至是不真实的问题，经由网络传播，可以轻而易举地演变为全局性、社会性的问题。但问题并未仅限于此，"网络舆情形成后，与现实社会中的舆情交替传播，相互影响，对社会生活中的方方面面产生深远影响。特别是对公共决策、民主政治、社会伦理道德和文化安全等方面产生正面或负面影响。"与其他舆情形态相比，网络舆情具有突发性、多元性、交互性、扩散性和偏差性等特点，个人主观判断、情感直觉和情绪化意味浓厚，因此极为容易出现非理性和群体极化的倾向。这对网络舆情的可控性提出了挑战，也使青年网络舆情引导增长了难度。

（三）网络舆情成为思想文化渗透的重要手段

敌对势力"西化""分化"我国的战略图谋始终存在，更利用网络无孔不入的条件，在"无边际"的虚拟社会中大胆积极地扩大鼓吹"马克思主义过时论""社会主义失败论"，大肆宣扬"中国威胁论""意识形态终结论"等，从文化、思想、价值观念及政治制度等方面，制造出许多干扰我国社会主义主流意形态的"杂音"和"噪音"。一方面，西方敌对势力利用其在网络技术发展方面的主导地位和网络无边界、无国界的特点，通过各种如影视、音乐、游戏、娱乐等文化渗透的方式抓住人们眼球的方式，极力宣传其所谓的"民主"、"自由"和"人权"意识形态，并试图通过文化渗透、思想诱惑、制度嫁接等手段，不遗余力地夺取我国社会主义主流意识形态的舆论宣传阵地。另一方面，随着改革开放的全面深化和社会利益格局的深刻调整，部分社会成员出现利益受损，一些消极腐败现象多发易发，风险社会的到来助长了人们的压力感、危机感和焦虑感。这种特殊的网络舆情渗透和攻击行为具有很强的隐蔽性、渗透性和欺骗性。它通过制造吸人眼球的话题，策划轰动网络事件，进行蛊惑宣传、造谣欺骗和煽动攻击，企图以潜移默化的方式影响或动摇青年对中国共产党的信任、对中国特色社会主义的信心。于是，网络中到处充斥着各种居心叵测、似是而非的思想、观点，个人主义、功利主义、享乐主义逐渐渗透网络，形成非主流意识信息洪流。青年作为社会生活中思想最为活跃、热情最为高涨的群体，自我意识极强、表现欲突出、对新生事物充满好

奇心，一旦进入互联网的"自由空间"的界域，在无人监督的情况下，个人道德防线和自律防线很容易崩溃，继而成为西方敌对势力思想文化渗透的"俘虏"导致部分青年出现思想迷惘和价值取向紊乱。进而造成社会主义主流意识形态渗透受到冲击，诱发中国特色社会主义理论、制度和道路信任危机。

三、大学生网络舆情引导的基本策略和实现途径

以"90后"为主体的大学生群体处在一个人世界观人生观价值观趋于成熟的关键阶段，但尚未最终定型，极其容易受外界因素的影响和形塑，波动性极大。思想文化对大学生思想观念、理想信念和价值取向的影响不可小觑。要实现"两个一百年"奋斗目标和中华民族伟大复兴中国梦，保证中国特色社会主义现代化建设事业后继有人，就要准确把握社会信息化、网络生活化对青年思想和行为的深刻影响，扎实有效做好大学生网络舆情引导工作，使网络舆情引导成为当代大学生成长、成才、成功的重要武器。

（一）抢占网络舆论阵地，牢牢把握网络舆情引导权

当前，社会意识形态领域的竞争、斗争和博弈日趋复杂，各种思想文化交流交融交锋此起彼伏。网络作为各种社会思潮宣扬和兜售其"价值秘方"的重要市场，是各方势力竞相争夺的敏感地带。在网络社会，一些热点话题和敏感问题极易被居心叵测的人利用，通过歪曲事实、挑拨离间、添油加醋等手段，造成"波涛汹涌"的网络舆情。网络舆情对青年大学生的思想、思维、性格、道德和日常行为的影响与日俱增。从这个意义上讲，互联网已然成了宣传思想战线和意识形态领域争夺人心、争夺大学生的主战场。要赢得未来必须赢得大学生，而只有贴近网络，方可赢得大学生。对此，高校各级党委、各个部门和思想政治教育工作者必须牢固树立阵地意识，及时跟上互联网发展的步伐，做好官方网站、官方微博的建设和应用，积极促进传统媒体和新兴媒体融合发展，通过创建校务微信、思政专家微博、公众微信平台等方式，全面进军新媒体舆论场，主动抢占网络舆论阵地、网络舆论空间，做到平时"润物细无声"，重大问题不缺位，焦点问题不迟钝，关键时刻不失语，牢牢把握网络舆情引导权、主动权。

（二）加强预警机制建设，正确引导网络舆情走向

由于网络信息鱼龙混杂、良莠不齐，因而在网络世界里，既能"乱花渐欲迷人眼"，又如"黑马激起万里尘"。网络在给人们带来便利的同时，也对网络谣言、网络暴力的产生蔓延起到推波助澜的作用。网络谣言扭曲事实真相、颠倒是非黑白、混淆舆论视听，而网络暴力则会破坏社会正常秩序、颠倒社会主流价值。由于"90后"大学生网民年龄偏小、认知受限、经验不足，缺乏鉴别网络谣言、抵制网络暴力的定力，极其容易被网络谣言所误导、被网络暴力所俘获。这些"网络病毒"毒性极强、危害极大，并且具有隐蔽性和传染性，一旦"中毒"即被毒

害思想、侵蚀灵魂、腐蚀情操，导致大学生道德崩溃、精神颓废、信仰缺失、心灵物化、物欲横行，进而侵蚀社会的主流价值观和道德观，最终掏空国家和民族长远发展的精神根基。因此，做好大学生网络舆情引导工作意义非凡，关键是要建立一套反应灵敏、响应快速、运转顺畅、应对有力的网络舆情预警机制，建设完善网络舆情收集、分析、研判、应对工作机制。通过经常性、不间断获取网络舆情信息，全面分析、科学甄别，合理研判网络舆情中苗头性、倾向性问题。宣传思想战线和青年工作者要增强政治鉴别力、政治敏感性、政治敏锐度，对涉及政治立场、社会思潮、重大问题等网络舆情，要及时迅速捕捉热点焦点，掌握全面、准确、详细的信息，做到率先发声、权威发声、引导发声，努力抢占舆论先机、舆情制高点，通过主动回应社会关切、满足大学生网民关注心理，引导网民在互动参与、真诚对话和理性讨论中发现事实真相、辨明是非曲直，消除公众的疑虑和不安，稳定和安抚网民情绪，杜绝网络谣言的产生和扩散，引导网络舆情从无序、混沌的状态朝着正常、有序、可控和建设性的方向发展。

（三）掌握基本规律和方法艺术，提升对大学生网民的网络舆情引导力

在复杂多变的网络舆论生态中，"舆论导向正确的刚性要求，与讲求良好的传播效果和引导效果的柔性做法，力求实现和谐统一"。而要达成这种统一，必须要以熟悉网络舆情形成特点、传播规律和掌握驾驭网络舆论的艺术，提高防范和化解网络舆情危机的能力与水平。一是要深入研究大学生网民的网络心理、行为习惯、网络偏好，以及大学生网络沟通、联络、交流和聚集方式，通过主动设置议题、利用舆论领袖、增强人性化关怀等手段巧妙、灵活地引导网络舆情，做到网络舆情引导有方、有术、有力、有效。二是要贯彻尊重包容、平等互动的原则。宣传思想战线的同志和广大思想政治教育工作者与大学生网民进行对话、交流，要坚持理性的精神和谦卑的态度，抛弃高高在上、盛气凌人的姿势，用真诚、坦诚、热诚赢得大学生网民的认可、信任和支持，建立起与大学生网民有效沟通和良性互动的长效机制，努力实现对大学生的引导、吸引和凝聚；三是要善于用大学生的语言、大学生的思维、大学生的逻辑以及大学生乐于接受的方式与大学生网民进行交流，准确掌握大学生普遍关心、高度关注的现实问题，对接大学生网民多样性、多元化的网络需求、心理问题、思想困惑，广泛运用微博、微信、手机媒体等新媒体工具，认真做好解释说明、分析论证和网络舆情引导工作，引导广大学生树立网络文明意识，帮助大学生培育积极向上的价值观。

（四）激发网络正能量，进一步强化社会主义核心价值观对网络舆情的引导功能

做好大学生网络舆情引导工作，必须要高扬社会主义核心价值观的旗帜，传播"好声音"，激发正能量。一方面，要依托网络技术和网络平台，在网络上设论坛、定主题、立专栏，讴歌真善美，鞭挞假恶丑，传递真善美、传递向上向善的价值观，引导大学生树立和实践正确的利益观、权利观、道德观，自觉抵制庸俗、低俗、媚俗之风，增强道德判断力和道德荣誉感，向往和追求讲诚信、尊道德、守戒律的生活。另一方面，要根据当代大学生的特点、兴趣和爱好等，把文学、影视、音乐、艺术乃至生活，赋予网络的表达形式和展现途径，把社会主义核心价值观的内涵和要求活灵活现、淋漓尽致地充分镌刻在网络作品之中，做到春风化雨、润物无声，最大限度地增强广大青年对社会主义核心价值观的价值认同、情感认同和理论认同度，不断提升社会主义核心价值观在网络舆情中的影响力、渗透力和主导力。

第二节　新媒体时代背景下高校共青团工作模式创新

胡锦涛同志在党的十八大报告中指出，要"丰富人民精神文化生活"，"加强和改进网络内容建设，唱响网上主旋律。加强网络社会管理，推进网络规范有序运行"。对以立德树人为使命的高校共青团组织而言，如何面对新媒体时代背景下共青团工作面临的机遇与挑战，进一步有效推进共青团工作向网络渗透和延伸，为落实胡锦涛同志提出的"要确保团组织覆盖全体青年，力争使团的活动影响全体青年"提供网络保障，这显然是当前高校共青团工作面临的一项重大课题。

一、新媒体时代背景下高校共青团传统工作模式面临新挑战

在中国网民构成当中，知识层次较高的高校大学生是网民构成中普及率最高的群体之一。高校完备的互联网基础设施建设与个人电脑、平板电脑和智能手机在高校大学生中的普及，从技术层面消除了现实物理世界和网络虚拟世界的边界，青年大学生的上网活动在变得随时随地、随心所欲的同时，也客观上增强了他们对于互联网的黏性与依赖性。"身在校园，心在网"成为对青年大学生工作对象的最生动描述。如今，高校中占主体的"90后"团员青年是在网络伴随下成长起来的一代，新媒体与网络空间已经成为他们生活中不可或缺的一部分，也已成为他们获取信息的最主要来源。高校团组织传统工作模式，例如板报宣传、主题团日、面对面的宣讲讨论等形式，虽然曾经在引领学生团员成长、服务青年团员、提升参与者的感性认识等方面起到不容置疑的促进作用，但随着网络与新媒体时代的到来，高校共青团传统工作模式正面临诸多新的挑战。

（一）新媒体的自由性和选择性对高校共青团宣传教育职能的挑战

互联网的发明和新媒体的应用引发了全球的信息化浪潮，它不但超越了民族、国家和语言等界限，而且打破了时间和地域上的限制，正以其对时空的绝对和相对抽离而改变着整个世界和人类社会。一方面，新媒体与网络空间是一个限制极少的虚拟空间，但又具备海量存储功能，例如谷歌，号称有80亿的存储页面，百度号称有十几亿的存储页面。在这个大熔炉里，任何组织和个人都可以随意在网

络上写博客、发帖子、写留言、发表评论，宣传自己的思想，表明自己的观点，宣泄自己的情绪；另一方面，网络上的内容繁杂多样、丰富多彩，信息良莠不齐、鱼目混珠，不乏色情、迷信、暴力甚至反动的内容充斥其中，特别是某些非法组织和反动势力通过极力利用一些社会问题和现实矛盾在网络上蓄意制造是非、非法传播谣言以吸引人们的猎奇心理来达到他们的非法目的。由于监管技术的不完善，新媒体与网络的自由性和选择性削弱了信息的可控性。当团员青年置身于新媒体与网络空间，面对鱼龙混杂的海量信息时，难免避免思想困惑、认识模糊、行为偏差，干扰和破坏了共青团思想政治教育与正面宣传教育的效果。

（二）新媒体的开放性和交互性对高校共青团吸引凝聚职能的挑战

以互联网为主体的新媒体平台是一个全球性的开放、互动系统，它既无地域中心也无空间边界，并且具有无限的扩张性和随意性，在平台上的任何一个网点所引起的涟漪都会快速波及全球、辐射全世界。新媒体尤其是互联网开放性和交互性的优势和特点消除了时差和距离的障碍，为人们的自由交流和交往提供了便捷通道，使之日渐成为青年宣泄情绪、交流思想、沟通感情的重要场所。《2009中国网民社交网络应用研究报告》则显示，社交网站的用户规模已接近国内网民总数的三分之一，其中，大专以上的中高学历人群为社交网站的主体人群。青年学生通过网络交往平台和运用各类通讯软件，可以自由、直接和便利地进行沟通、互动、交流和社交。新媒体已成为青年大学生进行沟通和联络的重要途径，如何充分利用网络实现吸引、凝聚青年大学生并对其进行有效引导的目标成了高校共青团亟待解决的重大课题。

（三）新媒体应用的广泛性和便捷性对高校共青团组织动员职能的挑战

发布号召、召开会议、布置任务、组织活动等是共青团组织动员青年的传统模式和工作法宝，在共青团组织团结带领广大青年投身革命、建设、改革和发展的实践中发挥了统一思想、凝聚人心、集中智慧和汇聚力量的重要作用，然而，当新媒体以其独特优势和魅力吸引越来越多青年的时候，这些传统方式的作用便显得捉襟见肘了。因为新媒体在移动互联网时代具有广泛覆盖、快捷传播、多点沟通、直接互动和广泛影响等特点和优势，具备了很高的传播效率和极强的快速组织动员功能，所以正逐渐成为一种全新的号召动员和组织行动的新方式。如今，手机网民占全体网民的九成以上，而新媒体是手机与互联网的最重要媒介，成为网民关注社会热点问题的重要方式。例如2006年发生的浙江"瑞安事件"。2006年8月18日凌晨，瑞安三中年轻女教师戴海静离奇坠楼身亡，当地警方草草认定为自杀，不予立案。但是戴海静的学生却不这么认为，于是把她的照片发到网上去，问网友：这样一个年轻漂亮、充满阳光、灿烂迷人的老师会那么随便自杀吗？网友们纷纷留言说不会，网民分析说一定是他杀的。结果学生们认为：既然全国网民都是说他杀的，那一定要为老师主持公道。于是纷纷聚集街头鸣不平，后来越来越多人加入其中前往戴海静婆家的工厂，结果发生了砸工厂、破坏机器和汽车甚至冲击政府的群体性泄愤事件。由此可见，如何科学利用新媒体来增强团组织的组织动员青年能力，是我们面临的严峻挑战。

（四） 网络的虚拟性和匿名性对高校共青团服务大学生成长成才职能的挑战

竭诚服务青年大学生成长成才是高校共青团组织的一项基本职能和重要任务。网络具有身份虚拟性、地位平等性和交往匿名性等特点，许多青年大学生可以在网上交流娱乐、表达需求、展现自我和反映问题等，许多在现实中无法实现的需求却可以在互联网上得以暂时满足。但是，网络又是区别于现实的虚拟世界，如果青年大学生过度依赖网络和沉溺网络，对他们的成长成才极为不利。一是网络的虚拟性会使青年大学生容易放纵自己的行为，导致道德和法律意识的淡化；二是网络加夹着消极颓废、低级趣味和庸俗无益的内容，一些意志不坚定的青年往往经不住诱惑而难以自拔，以至于价值判断迷失，是非观念混淆；三是长期习惯于人机对话，会导致青年大学生精神世界空虚、社交能力低下、集体意识淡漠；四是青年大学生过度依赖网络，会弱化甚至丧失自主学习、独立思考和调查研究能力。例如，学校要求学生在假期进行实地调查研究的基础上提交一份社会调查报告，许多大学生习惯于在网上"搜索—复制—粘贴"而敷衍塞责。鉴于此，如何通过网络、利用网络来服务青年大学生的成长成才是新形势下高校共青团组织必须深入研究和认真解决的重大课题。

二、新媒体时代背景下高校共青团工作新模式探析

高校共青团工作如何应对新媒体时代的挑战和冲击，积极抢占网络新媒体宣传阵地，紧握网络新媒体抓手，创新性地履行好组织青年、引导青年、服务青年和维护青年合法权益的四项基本职能具有理论与现实的重大意义。广西师范学院团组织通过对青年工作规律的把握，对网络新媒体功能的研究，结合自身长期应用网络新媒体辅助思想政治教育工作的实践经验，创新性地提出了共青团组织三级网络工作模式，为网络时代背景下高校共青团工作模式的创新做了有益的探索和尝试。

（一） 创新：高校团组织三级网络工作模式的提出

学校团委针对当前团员青年喜欢运用新媒体凝聚、交流的特点，结合工作实际，大胆创新，借助博客这一载体，以网络分团委和网络团支部建设为突破口，创造性地建立了团组织三级网络工作模式，大力加强互联网团建。把团组织三级网络作为反映工作和联系青年、凝聚青年、服务青年的主渠道建设，大力推进团组织网络化，不断强化利用互联网团组织对团员青年实行全时段、全地域的覆盖，让互联网成为团组织思想引领、组织动员、服务学生、开展工作的四位一体综合信息平台，从而实现共青团网上、网下"两线作战、联动并进"的战略转型，并

从结构形式、建设内容、运行机制三方面进行了有益尝试，创新性地建立了团组织三级网络。

（1）团组织三级网络的结构形式

2009年11月，学校团委制定下发了《关于加强基层团组织网络建设的通知》和《关于加强基层团组织互联网阵地建设的实施方案》两个文件，在全校所有二级学院分团委、班级团支部统一建设两级博客群，并依托博客建立网络分团委和网络团支部，并要求在建立网络团总支博客的时候每个团员都要参与讨论建言献策，最终实现了团组织三级网络对团员青年的全面覆盖。

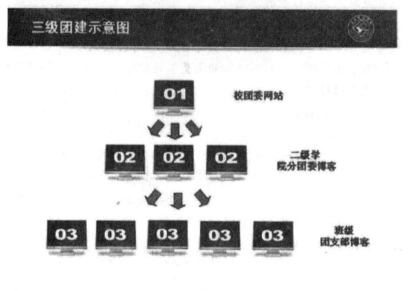

（2）团组织三级网络的建设内容

各级团组织博客内容涵盖各类工作文件以及思政教育、党团知识、专业学习、生活休闲、求职信息等。运用多媒体技术，充分挖掘博客的各类功能，把网络博客打造成固定的、可持续的团组织宣传新阵地，构建团员青年的网上精神家园。

（3）团组织三级网络的运行机制

团组织三级网络由校团委的网站上链接各二级学院分团委的工作博客，形成了以校团委为核心，以二级学院分团委为重要节点、各班级团支部紧密连接的校——院——班三级团组织网络。建成后，团干部改变了过去只通过开会、传达文件、谈话的方式开展思想政治工作的方式，代之以虚拟的身份与大学生在博客上展开交流，通过发帖、回帖、留言、讨论等方式，以亲切和蔼的姿态在网上和同学们就社会热点问题、时政新闻等话题展开互动，引导大学生关心政治、关注国家大事，将思想政治学习的风气通过"润物细无声"的方式，悄然引入同学中。

（二）超越：团组织三级网络对高校传统工作模式的重构

团组织三级网络的建立为共青团工作的开展翻开了新的篇章，带来了新的工作理念与思维方式。以往主要以板报、展板、现场面对面的讲座、谈话、报告、讨论等为主体的传统工作模式被具有创新性的团组织三级网络所超越，并且团组织的工作环境也因此被改变和重塑：摆脱了物理时空的限制，使信息传递表现形式更为多样化，信息内容对视听感官具有更强的调动性与冲击力。

（1）团组织三级网络互动的时空特性

互联网技术的迅猛发展，注定会深刻地改变了人们开展社会互动与人际交往的习惯与方式，如果把互联网技术支持下的网络空间看成人类社会的一个组成部分，那么在这片疆土中，人们可以持续地展开一对一、一对多以及多对多的社会互动。众多的学者对于这片"疆土"场域特性的主要研究可以归纳为"非场所""流动空间"，即他们认为网络空间具有流动性、过渡性、暂时性。一方面能感受到它"真实"的存在，另一方面它却又不断变化着位置，互动的可延续性差。正是由于网络空间的这些特性，所以以往我们在利用网络空间组织开展共青团工作中总会感觉难以找到与团组织传统工作模式的最佳契合点。以往高校共青团工作的"上网"往往形式大于内容，为"上网"而"上网"，既没有把共青团工作的传统工作模式中的优势在网络空间里发挥出来，也没有真正通过网络技术和新媒体促进高校共青团工作的突破与超越3校团委系统借助博客这一特点鲜明的网络互动工具，很好地规避了网络空间不利于共青团开展工作的特性，并形成了自身独特的网络互动的时空特性。具体表现为：场所化、正式性、延续性。

1. 场所化。通过搭建校团委网站到各二级学院分团委博客群再到全校各团支部博客群三级团组织网络架构，每个层面的团组织都在虚拟的网络空间建立了独立的网络阵地与精神家园，使全校各级团组织在网络空间拥有了开展各项活动的"固定场所"，实现了共青团工作"上网"的场所化。

2. 正式性。有别于QQ群、飞信群等即时通讯工具，博客可以有更为完整的独立页面，页面也可以根据使用者的要求进行较大程度的美化完善。全校各级团组织的网站博客都有专人设计、维护、更新。围绕"展现团组织活力，营造团组织氛围"的思路，各二级学院、各团支部结合自身优势、特点对各自博客进行精心设计美化，这样从形式上表现得更加正式。另外，从制度层面规定部分信息的传达与输入和活动的开展必须在团组织三级网络中展开实施，从而在制度上给予了团组织三级网络权威。在这个系统中，博客已经从简单的"网络日记本"的功能变成了各级团组织交流互动的正式平台。

3. 延续性。团组织三级网络的"场所化"特点，使在网上开展的各类共青团活动具备了延续性。例如经管学院分团委在博客上推出"在线学习"板块，每隔两周组织各班级团员青年在博客上就某个话题进行专题思想政治理论学习，同学们通过留言的形式就话题的互动交流、发表看法，积极展开讨论。每次讨论可以根据团员学生的感兴趣程度延续几天甚至到开展下次讨论之前。同时，团支部根据线上交流情况撰写一份在线学习总结，挂在班级博客上供全体团员学习。此项活动取得良好效果，团员青年参加讨论积极性很高。

（2）团组织三级网络互动形式的超越

由于受到场地、时间、载体等因素的制约，高校共青团传统工作模式在形式上表现单一，沟通向度上自上而下，具体表现为单向性与不对等性。一方面，高校共青团传统工作模式在思想政治教育方面的信息输出都是单向的，无法形成真正意义上的互动，比如在宣传上我们主要依靠校园广播、校报、黑板报、横幅、展板、传单、海报等形式来开展工作，这些形式只能传递信息，起到简单的告知说教作用，没法得到受众即我们的教育对象——团员学生的互动与反馈。由于没有大量详细的信息反馈，我们的宣传效果与活动组织往往容易陷入吃力不讨好的窘境。另一方面，高校共青团传统工作模式中主要依靠依托物理空间的现场集会、宣誓签名、讲座、谈话、报告、讨论等互动形式，由于是面对面的，从形式本身就确定了互动双方地位不对等的状态，上级与下级，老师与学生的关系对位中，下级团组织与学生出于所处位置和身份的考虑往往不愿甚至不能与上级团组织和老师形成实质性的互动交流。

团组织三级网络对传统互动模式予以了超越。一方面，借助博客这个载体，在虚拟网络空间中建立了固定的宣传阵地，搭建了信息输出与输入的平台，通过这个阵地，我校团组织可以在更大的覆盖面上开展思想政治教育工作，同时通过对这个平台上的信息的阅读、评价、讨论、调查反馈，形成了穿梭往来的信息沟通，实现了真正意义上的团组织间，团组织与团员间的双向交流互动；另一方面，由于允许匿名留言、讨论，从形式上实现了互动主体间的地位平等，拉近了团组织与团员学生的距离。由于团员学生在身份匿名状态下更敢于表达自己的真实想法和感受，达到了畅所欲言、袒露心声的效果，为我们提供了最真实的反馈信息，为下一步团组织工作的开展提供了第一手资料。

（3）团组织三级网络互动内容的超越

三级团组织网络在解决传统团组织开展大学生思想政治工作的载体和方式问题上进行了超越，但团组织开展大学生思想政治教育的传统工作模式，例如开主题班会、利用团属新闻媒体宣传等，形式感较强，团员自发性不积极，且学习方法单一、工作载体单一，内容以文字、图片和团干的说教为主，可延续性也不强，无法保证思想政治教育真正入脑、入心。鉴于此，我们的三级团组织网络在与团员学生的互动内容上也进行了有益尝试。

1. 运用多媒体技术，实现良好的教育效果

由于博客使用技术的可获得性较高，各级团组织博客可以轻松方便地加入多媒体技术，运用文字、视频、图片、动画、音乐、表格、链接等表现手段，把国内外热点政治事件，领导人重要讲话、共青团重要文件精神、大学生热点话题、

大学生校园文化生活、学术研究、就业信息等集德育、智育、体育于一体的综合性信息在博客上集中表现出来，寓教于乐，既缓解了团员学生在进行政治理论学习的枯燥感，又考虑到了学生的全面发展，充分调动团员学生视觉、听觉多重感官，同时达到生动、直观的良好教育效果。

2. 互动内容更贴近大学生活实际，增强团员青年的主体意识和集体凝聚力

校团组织三级网络，在互动内容上强调要符合团员学生的年龄特点和接收习惯，满足他们的确实需求，服务于他们的成长成才。比如经济管理学院分团委开辟了"团员菁华"板块，定期推选一批在德智体各方便表现优异的团员代表进行网络宣传，把他们努力学习，拼搏进取的事迹放到板块中去，让团员们进行学习，还定期举行网络交流会，让优秀团员代表与团员们在网上互动畅谈学习工作体会。一方面树立了团员们学习的榜样。由于这些优秀代表都来自团员们身边的普通同学，因此对双方都有很强的激励作用；另一方面，在团员中也成功的营造了比学赶帮的热烈氛围。

团组织对团员青年的凝聚力、吸引力是关系到团组织生命力和影响力的重要因素。传统组织体系上，校级团组织和各分团委、班级团支部之间缺乏经常性的互动。这在一定程度上抑制了团组织的组织资源利用，影响了团组织的活力，并最终导致团组织影响力的下降。这也是团员青年组织性和团员意识不强的客观原因。团组织三级网络打破了传统团组织机制行政化、互动不强、形式固定化的弊端。开放式的博客交流平台为上下级团组织的交流开辟了一个全新的自由领域。

团组织对团员青年的凝聚力不但有赖于制度性的组织生活，还有赖于活跃的班级文化。各团支部通过建立博客，将班团活动、以视频、照片、动态新闻等形式放在博客上，极大活跃了班级文化、团支部文化，强化了团员之间的情感联系，改变了过去单一依靠班会、团活动联系同学的局面，班级集体凝聚力空前高涨。例如文学院09（3）班团支部充分运用多媒体手段开展团工作，在班级博客上开设网络电视，将一周班级重要活动制作成视频短片，上传至博客供同学们观看。同时将主题班会制作成专题视频短片，积极运用生动的视频短片形式凝聚同学、树立班风。

此外，为了进一步增强团组织开展创业就业教育的效力，校团委号召各级团组织在博客上开辟"就业创业指导"和"社会实践"等板块，将就业创业宣传教育、就业信息搜集、创业指导等工作下放到每个基层团组织的博客建设中，进一步强化了大学生就业创业工作。如资环学院06地科（2）班团支部等多个班级团支部，在博客上开辟"就业信息"板块，及时收集就业信息上传至该板块，给毕业班同学求职提供了方便。

（三）回馈：三级网络工作模式对团组织功能的完善

团组织三级网络工作模式，在网络互动的时空性、互动主体的范围、互动方式、互动内容等诸多方面都实现了对高校共青团传统工作模式的超越。这种超越，

从表面上看是对高校共青团传统工作模式的否定，是先进网络技术对原有工作方式的取代，而就其本质而言，团组织三级网络工作模式恰恰正是建立和依托于高校共青团传统工作模式基础之上，更好地利用了网络博客这个抓手，对原有的工作模式进行了有益补充和回馈。因为高校共青团工作的对象始终是人——团员学生，所以工作的最终落脚点与归宿归纳起来仍然是：落实"两个全体青年"，推进"两大战略任务"，履行"四项基本职能"。

（1）通过创建团组织三级网络实现校园网络覆盖全体青年大学生的目标，不断增强了高校团组织的思想引领功能

校团委在全校所有二级学院分团委、班级团支部统一建设了两级博客群，各二级学院分团委和班级团组织以博客为平台纷纷建立了网络分团委和网络团支部，形成了以校团委为核心，以二级学院分团委为重要节点、各班级团支部紧密连接的校——院——支部三级网络团组织，切实增强了共青团的以下两项具体职能：

1. 以建设学习型和服务型团组织为主线，打造团组织魅力形象，增强了共青团组织动员青年大学生的职能

由于在团组织与团员学生间搭建了全面覆盖的团组织三级网络，实现了对团员青年的全时段、全体性覆盖，因此共青团的工作手臂也在真正意义上第一次触及到了每一个团员学生，"使团的基层组织网络覆盖全体青年"，高校共青团的组织动员职能也得到了前所未有的加强。借助网络博客这个载体，团组织与团员学生互动的形式与内容有了质的超越，通过团员青年喜闻乐见的形式，丰富实用的博客板块内容设置，寓教于乐，服务性明显增强，也已成为建设学习型和服务型团组织的有力抓手，很好地落实了"成长服务"的战略任务，同时也进一步提升了团组织的吸引力和凝聚力，使团组织的魅力形象进一步提升。

2. 以创建网络精品文化为依托，开辟宣传教育新阵地，增强共青团引导青年大学生的职能

"思想引领"战略任务的落实，需要依托有力的宣传阵地，营造积极向上的文化氛围。团组织三级网络在网络的虚拟空间开辟了新的宣传阵地，在传统宣传形式的基础上增强了多媒体技术的运用，注意结合多种信息输出形式，调动团员的视觉、听觉感官，达到了生动、直观的宣传效果；同时，结合共青团工作的特色和现有校园文化的成果，运用网络博客的技术功能，结合具体学院、专业的特点，通过开展网上征文、博客设计大赛、Flash动漫大赛、摄影评比大赛等科技文化活动，创建了一大批特色鲜明的网络团支部阵地，形成了为团员青年喜闻乐见，互动性强的网络精品文化。

（2）通过创建团组织三级网络实现校园网络影响全体青年大学生的目标，不断提高高校团组织成长服务功能

团组织三级网络的创建使许多以往受限于物理空间的服务活动现在都可以实现"全员参与"，真正落实了"使团的各项工作和活动影响全体青年"。在此基础

上不断提高高校团组织成长服务功能。

1. 以打造素质拓展平台为主线，构筑成才就业新途径，增强共青团组织服务青年大学生的职能

网络博客在建设内容上注重集德育、智育、体育于一体，鼓励团员学生把素质拓展的成果放到博客上与大家分享，并通过博客大赛，年度评优等多种激励机制保障了团员的参与积极性，同时也激发了团支部的创造力，营造了和谐友爱的文化氛围。例如物电学院08物本（1）班团支部利用博客大力加强主题团日活动的影响力，在博客上制作播放主题团日活动"航天科技模型展"视频纪录片，利用共同参与主题团日活动的精彩片段，进一步深化了团员青年的集体意识；物电学院09通信团支部为团员青年在博客开设"生日祝福"板块，同学们利用刊登照片、写祝福留言为过生日的同学献上祝福，增强了集体凝聚力；数科院08数本（2）班在班级博客上开设"我们的荣誉"板块，将班级每位曾经获得学校、学院荣誉的同学事迹荣誉公布出来，大力营造了争做先进的优良学风。

同时，博客的全天候运行，不受地域、时间限制的优势，方便了各级团组织随时随地地开展工作。以往大学生寒暑假常常是团组织工作的盲点，同学们返家留校，无人组织开展活动，交流困难。有了团组织三级网络后，团组织彻底解决了工作阵地缺位的问题，同时还填补了团组织对毕业生的覆盖盲点，激发了团组织的长效性。大学生在毕业之后，进入工作单位之前，会有一段时间的空白。这段时间，对于团组织来说是一个工作盲点。由于就业环境的严峻，不少大学生在毕业后无法迅速实现就业，从而成为"漂一族"。这部分大学生亟待团组织提供思想引领、就业指导等服务。博客团支部建成之后，团组织可以在网上建立内容丰富的服务资讯栏目，通过搜集就业信息、整合校友资源、提供网上就业辅导、发布就业创业和投资信息等方式，对未充分就业的大学生进行团组织关怀，帮助团员青年解决就业困难，实现"毕业不分家，人在阵地在"的目的。博客团支部是一个长期存在的、服务功能强大的信息资源平台，凝聚广大校友，这将为团组织服务大学毕业生、未来整合校友资源埋下了管线。

2. 以网络化管理为手段，创建合法维权新载体，增强共青团组织维护青年大学生合法权益的职能

在高校共青团传统工作模式中，团员对于团组织而言，更多时候是处于被动的接收信息的地位，同时团组织也没有太多的途径获取更多来自于团员的信息输入，团组织的工作难免陷入无的放矢的状态。团员没有合理反映问题的渠道和合法维权的平台，长此以往容易滋生不稳定因素，团员的合法权益受到损害也没法得到及时维护。团组织三级网络的创建，为团员合理反映问题及合法维权提供了平台，对高校团组织工作也起到了有效的舆论监督作用，有利于把不稳定因素消灭在萌芽阶段。借助这个平台，利用校内法律资源，为团员学生开展普法教育、法律咨询、就业合同签订等特色服务板块，进一步增强共青团维护青年大学生合

法权益的职能。

第三节 新媒体视域下创新高校校园文化建设的原则与对策

高校校园文化是高校在长期的办学实践和发展过程中逐步创造、不断积淀而形成的具有自身特色的一种特殊类型的社会文化形态，它是高校办学思想、育人理念、理想追求、教学实践、管理机制、行为规范的总和，是高校发展进步的精神基石、动力源泉和核心竞争力。随着21世纪的到来，特别是新媒体的广泛应用和日益普及对高校校园文化建设产生了新的影响，赋予了高校校园文化新的内涵、特征和发展趋势，通过新媒体传播大量互联网信息等正在逐渐影响着师生们的学习和生活，对高校校园文化的建设既带来了新的机遇也迎来了新的挑战，研究和加强新媒体视域下高校校园文化建设意义深远、势在必行。

一、新媒体对高校校园文化的影响

（一）新媒体对高校校园精神文化的影响

新媒体具有音乐、收音、录音、照相、摄像和上网浏览和发送信息等众多功能，随着移动互联网时代的到来，新媒体视域下的高校校园生活更容易在网络的海量信息中搜索到自己需要的学习资料和生活信息，真正做到了"足不出户，尽知天下事"，极大地方便了师生的学习生活，大大拓展了他们的视野。在当前中国特色社会主义事业蓬勃发展的新时期，新媒体的广泛发展有利于社会主义主流思想的传播和正能量的传递，能很好地帮助学校开展德育教育，帮助学生树立正确的世界观、人生观和价值观，直接或间接地促进着中华民族伟大复兴的中国梦的实现。但是，由于整个世界意识形态及思想环境的多样化和复杂化，特别是西方国家亡我之心不死，通过各种途径尤其是新媒体途径加速其腐朽思想和错误价值观的传播，特别是个人主义、拜金主义和享乐主义的输入，使人们对个人利益的要求成了社会生活的基本动力，久而久之大大地削弱了社会主义核心价值观的主导地位，导致了部分老师和学生缺乏爱国主义、集体主义、责任心、奉献精神等，相反投机主义和个人主义却一度盛行，严重的摧毁的社会主义核心价值体系。另一方面，由于大多数的学生都处于一个思想尚未成熟的阶段，认知体系比较片面，没能拥有一个辩证全面看待问题的态度，导致负面的思想弥漫了整个大学校园，比如之前的"学生为老师撑伞"事件，被一些媒体的恶意炒作，影响了整个校园主流文化发展。

新媒体对高校校园行为文化的影响。大学作为人们心中的"象牙塔"，是培养高层次人才的摇篮，学习是大学生的第一要务，课堂是老师传递知识的主阵地。以往师生的课堂都只局限在三尺讲台上的黑板和粉笔，但随着新媒体应用日益普遍，促使高校的教学方式和学习方式等多种校园行为文化发生了深刻的变化。多媒体、视频、图片等技术在课堂上得到广泛应用，课余时间同学们也可以在网络上查阅下载学习资料，甚至通过网上寻找答案排疑解难，极大地方便了师生的学习和生活，大大提高了学习的效率，彻底改变了传统单一枯燥的学习方式。另一方面，新媒体视域下校园网络的日益发展和新媒体技术的迅速普及，突破了不同国家、地域、民族之间的制度、观念、语言和风俗等传统束缚，把整个世界连成为一个小小的"地球村"，世界的时空界限变得日益模糊，几乎消除了社会交往的"社会藩篱"。在大学校园，人与人之间的交往非常频繁，各种活动的组织，恋爱的发展和交际的拓宽都离不开新媒体技术传播，以往人与人之间单纯的书信和面谈已经不能满足现代人交流的需要，特别是随着智能手机的出现和普及，还有QQ和微信时代的到来，人与人之间的交往打破了时空的限制，提高沟通的效率，降低了沟通的成本。但同时也让人与人之间的交往增添了许多的陌生，交往中缺乏了真感情的流露，变得敷衍甚至虚伪。

新媒体对高校校园制度文化的影响。随着新媒体在校园新闻中的广泛应用和迅速发展，使得在传统媒体意义上建立的校报、广播站等逐渐退出了校园文化的中心地位，取而代之的是跟新媒体技术息息相关的一些新兴机构，如校园网、官方微信、官方微博、网络电视台、易班等，这些管理机构正在出现并发展壮大，已经成为校园生活及新闻宣传不可或缺的文化重要平台。这些平台的产生一方面是为了更好的服务学校的教学工作，打破了传统的教学模式，丰富了教学手段和形式，拓展了教育渠道和途径；另一方面是为了保证社会主义核心价值体系得到正确的传播，加强正能量的输送，更好的帮助师生树立正确的"三观"。在这些平台产生的同时，相应的管理制度也要应运而生，逐步形成和丰富了适应于新媒体环境的制度文化。加强对这些平台的监督和引导以及对新媒体制度文化的建设，才能保证校园文化的主流思想得到发展，保证学校成为社会主义人才培养的基地。

二、新媒体视域下创新高校校园文化建设的原则

随着新媒体发展步伐的不断加快，加强对新媒体视域下高校校园文化建设是绝不容忽视的重大问题。新媒体确实给师生们带来了很多的方便，改变传统的教学模式，提高了学习和交往的效率，但是也带来了很多负面的影响，如果我们不能很好地引导和规范新媒体技术的应用，不仅影响青年大学生的健康成长，而且还关系到我国高等教育事业的科学发展。移动互联网和媒介融合时代，繁荣发展高校校园文化需要牢牢把握以下几项原则：

（一）坚持传承和发展相统一

高校校园文化是高校在长期办学实践的过程中，经过历史积淀而逐步形成的一种特殊的社会文化形态，这种积淀的过程既是传承的过程，也是发展的过程。

新媒体的快速发展和普及应用，开辟了高校校园文化建设的新领域。一方面，高校作为创造知识、培育人才的重要摇篮，是传承优秀传统文化的重要平台。高校校园主体可以结合各自学科的不同理念、专业特点、办学特色和历史传统等，运用新媒体手段积极传播中华文化的历史价值、优良传统和知识体系，充分展现高校校园文化的独特魅力和发挥其引领社会风尚的功能；另一方面，新媒体的出现使得发展高校校园文化比任何时候都显得更为重要和迫切。高校应按照高校校园文化的独特价值和发展规律，充分发挥高校师生的思想文化创造活力，广泛运用新媒体打造更多的校园文化精品，推动高校校园文化在传承中创新、在创新中发展，使高校校园文化成为我国社会主义文化"百花园"中的一朵艳丽奇葩。

（二）坚持开放与融合相统一

高校校园文化是一种依托于社会文化又区别于社会文化和其他亚文化的相对独立的文化体系，它随着社会文化的发展而变化。媒介融合的加速，新媒体的应用普及，促使高校对外联系互动的渠道、方式和形式变得日渐丰富且推陈出新，对外开放的广度愈广和深度愈深，变得越来越便捷、快速而富有效率，构筑出一种全新的文化交流和传播方式，赋予了高校校园文化建设新的内涵和发展方向。高校校园文化与社会文化之间的融合程度、趋同性、互动性日臻明显。例如，高校学者在其微博上发布其对某个社会问题或事件的看法和意见，可以在瞬间把信息传达到其"粉丝"和其他用户手中，广播、电视、报纸等传统媒体纷纷跟进，就会在现实生活和网络社会之间掀起对这一问题或事件的轩然大波，进而影响社会管理和政府决策。因此，在移动互联网和媒介融合时代，高校校园文化建设应该坚持开放性和融合性相统一，努力借助新媒体的强大力量，积极吸取和借鉴一切社会优秀文明成果，古为今用、洋为中用，让高校校园文化绽放绚丽光彩。此外，新媒体对经济社会发展和人们生产生活的影响已经远远超越了纯技术或某一学科的研究范式，必然要求对人才培养和科学研究的理念与模式进行调整，这是社会生活网络化、信息化在高等教育领域中的新确证和新影响。高校应适时调整学科设置和专业结构，敢于打破学科间的壁垒，更加注重不同学科之间的融合与渗透，增设新媒体应用、管理和对经济社会发展影响方面的课程，积极搭建产学研一体化、跨学科融合研究等各类平台。

（三）坚持多元化与主导性相统一

高校校园文化对青年大学生的成长成才具有潜移默化的熏陶作用，对于社会主义文化发展进步及社会风尚具有明显的导向和引领作用。在移动互联网和媒介融合时代，高校师生不仅可以随时随地利用各种终端在网络上开博客、发微博、玩微信、聊QQ，参与各种讨论，进行信息交流，甚至在网络上开展各种商业活动，铸就了一种全新网络社会文化。这种文化作为高校校园文化的重要组成部分，致使高校校园文化更加多元化：一方面来自于高校不同学科、专业和办学理念的差异和历史传统的不同，形成形态各异、种类万千的文化风格和品位，另一方面也来源于媒介融合造就网络文化的多样性。尽管高校校园文化具有多元化的特征，但是，我国高等教育的性质、根本任务和社会主义办学方向，决定了高校园文化建设必须坚持主导性，即必须坚持马克思主义指导思想在高校校园文化建设中的主导地位，用社会主义核心价值体系引领高校校园文化繁荣发展，善于占领网络信息传播和网络舆论的制高点，毫不动摇地坚持用社会主义荣辱观引领网络舆情，引导青年大学生知荣耻、明是非、识美丑、辨善恶，坚决抵制庸俗、低俗、媚俗之风，积极营造文明和谐、健康向上的高校校园文化环境，使网络成为宣传党的主张、弘扬社会正气、创造先进文化的重阵地。因此，坚持坚持多元化与主导性相统一，是新媒体视域下高校校园文化建设必不可少的一个重要原则。

三、新媒体视域下创新高校校园文化建设的对策

今天，我们正处于移动互联网和媒介融合时代，媒介融合是以计算机技术、移动通信技术和互联网技术等多种技术相融合为基础，众多传播媒介汇集一体发挥多种功能的媒介传播形态。随着媒介技术、媒介业务的融合程度不断加深，新媒体获得迅猛发展，这对校园文化产生了巨大的影响。为了更好地营造积极向上的校园文化氛围，在坚持"三统一"的原则上打破传统思维，根据新媒体发展的规律和校园文化建设的特点寻找新的对策。

（一）完善新媒体应用管理制度，营造积极向上校园文化环境。

首先，新媒体在大学校园的广泛应用是社会进步的体现，是高等学校发展的需要，但是新媒体带来的各种思想广泛传播对健康校园文化的塑造带来了很大的冲击，这需要我们在思想上重视新媒体这把"双刃剑"，使之在校园中更好的服务我们的学习和生活，另一方面也需要我们警惕新媒体带来的负面思想冲击校园健康生活，加强对新媒体应用管理制度的完善，使风险得到有效管控，积极营造高雅和谐的校园文化。其次，新媒体视域下西方资本主义国家宣扬的各种拜金主义，享乐主义和个人主义思想迅速传播，大大削弱了学校开展德育教育的积极影响，学生的健康思想受到了侵蚀，这需要对信息源头进行监管，筛选、过滤健康的思想，阻止、隔离腐蚀的落后文化，同时建立师生互动的公共平台，并且做到身份公开、信息交流真实，及时发现和过滤各种庸俗、反动和低级的信息，尤其是西方敌对势力进行渗透活动而发布的有害信息，建立起校园网络文化的安全"防火墙"，必要时候运用技术、行政和法律手段及时制止。再有，学校层面要加强对新媒体管理人员进行教育培养，完善新媒体管理人员的选拔、管理和考核制度，使之成为一名校园文化主流思想的传播者，同时相应新媒体平台例如校园新闻网站、官方微博、官方微信、易班等需要在相关老师指导下开展工作，规范他们的日常管理制度，把好新闻报道的出口关，提高他们对事情的认知能力，减少负面思想

的传播，保证整个校园文化积极向上。

（二）加强媒介素养教育，增强文化自信

媒介素养教育就是指导公众正确理解、建设性地享用大众传媒资源的教育。为了更好地运用新媒体技术，使之成为我们学习和生活的好帮手，必须要加强师生的媒介素养教育，也就是增强师生对网络媒介的认知能力、对网络信息的解读和评估能力、创造和传播能力、利用网络媒介信息发展和完善自我的能力，只有增强了媒介素养教育，才能保证校园主流文化得到发展，保证青少年学生的身心不受西方腐朽思想的影响，保证学校的各项教学工作沿着社会主义方向进行。在提高师生的媒介素养教育中必须坚持"引进来"和"走出去"相结合战略。"引进来"即引进一些新媒体教育的专家和学者通过学术论坛、交流会、报告会等各种形式教会学生如何提高自己对信息的辨别能力，如何抵制腐朽思想的影响，做到更好地运用新媒体技术服务我们的生活和学习；"走出去"即通过引导学生走出校园，走入社会，用心去了解新媒体技术的发展对社会带来的利弊，认真去揭露西方腐朽思想通过新媒体技术毒害人们心灵的真面目，只有坚持"引进来"和"走出去"战略，才能真正提高师生的媒介素养能力，才能帮助学生树立正确的"三观"，才能真正了解中华民族五千年的灿烂文化，从而增强了对社会主义文化建设的自信心。

（三）传播社会主义核心价值观，维护社会的正能量

网络具有开放性、自由性和无边界性的特点，在给人们带来方便和快乐的同时，也为各种谣言和错误思潮的传播"插上了翅膀"，是一把锐利无比的双刃剑。面对世界范围思想文化交流交融交锋形势下价值观较量的新态势，面对改革开放和发展社会主义市场经济条件下思想意识多元多样多变的新特点，积极培育和践行社会主义核心价值观，对于巩固马克思主义在意识形态领域的指导地位、巩固全党全国人民团结奋斗的共同思想基础，对于促进人的全面发展、引领社会全面进步，对于集聚全面建成小康社会、实现中华民族伟大复兴中国梦的强大正能量，具有重要现实意义和深远历史意义。由于现在青年学生处于一个思想尚未成熟的阶段，再加上对网络媒介的认知能力、对网络信息的解读和评估能力、创造和传播能力、利用网络媒介信息发展和完善自我的能力都较为薄弱，往往容易被社会上一些负能量思想的侵蚀，对问题的了解停留在表面，缺乏对新媒体商业属性和政治属性的分析，进而导致主流思想传播受到阻碍，负能量在校园粉墨登场。"网络垃圾"毒害大学生的思想、侵蚀他们的灵魂、腐蚀他们的情操，冲击、淡化青年大学生的主流价值观和道德观，甚至扭曲马克思主义主流意识形态。社会主义核心价值观是社会主义核心价值体系的内核，体现社会主义核心价值体系的根本性质和基本特征，反映社会主义核心价值体系的丰富内涵和实践要求，是社会主义核心价值体系的高度凝练和集中表达。党的十八大以来，中央高度重视培育和

践行社会主义核心价值观。习近平总书记多次作出重要论述、提出明确要求。所以新媒体视域下的校园文化建设一定要坚持社会主义核心价值观，维护社会正能量，教会学生从历史和现实的角度去批判西方腐朽文化，教会学生懂得如何抵制负能量的传播，教会学生如何掌握中华文化的优秀成果，要让学生懂得今天西方国家利用新媒体的技术在极力推行文化殖民主义实行文化霸权主义，必须加强对西方国家腐朽思想的警惕，坚定共产主义的理想信念，保证整个社会正能量的传递。

在新媒体时代的到来，各种网络信息充斥着整个校园文化，影响着社会主义建设者和接班人的教育，这不仅迫切需要高校尽快打造一支具有良好媒介素养和新媒体技能的校园文化建设者队伍，更需要校园文化建设者们能够进一步统一思想、形成合力，坚持"三统一"原则，完善校园文化管理制度，加强媒介素养教育，保证社会主义核心价值观成为高校文化建设的主流思想，只有这样，大学校园文化才会更好地迎合移动互联网和媒介融合时代，并呈现出勃勃生机，社会主义现代会的建设才能拥有可靠的保证。

第四节　新媒体时代开展大学生马克思主义意识形态教育的依据与要求

在2010年底至2011年初，由脸书（facebook）等社交网站推波助澜，北非、中东的突尼斯、埃及、利比亚等国家像瘟疫蔓延一样，相继发生了骚乱。这些骚乱被一些媒体称为"中东革命"或"茉莉花革命"。对这些所谓的"革命"，用网友"超级评论员"的话来说："一个没有革命方向、道路的所谓革命，算不上什么真正意义上的革命，只是由剥削阶级的另一个代理人上台的简单重复的政府更迭变换罢了。但因为民众的压力也能考虑一下给穷人多一点汤的问题。弄好了是改良，弄不好剥削压迫更甚。"应该说，北非、中东今日之乱，其导火线是物价暴涨以及专制、腐败引发民愤，但究其根源，不能不说与西方长期的意识形态渗透，包括其利用先进的网络技术及新媒体优势兴风作浪大有关联。这一事件，波及我国一些城市，西方敌对势力趁机策划鼓动我国的一些网民在互联网上串联组织游行示威活动，所幸没有造成全国性事件。尽管如此，此事件还是给我们一个警示：新媒体时代，意识形态问题是关乎执政党及国家前途命运的大问题，意识形态教育绝不是可有可无的"鸡肋"！

一、新媒体时代开展大学生马克思主义意识形态教育的主要依据

（一）新媒体时代意识、形态问题更加突出

互联网诞生于美国，以互联网为重要手段，对其他国家实施监听及意识形态渗透，早已是美国一贯的做派。尤其是从意识形态领域对社会主义进行和平演变，

是冷战以来西方发达国家尤其是美国的一贯阴谋和策略。美国前中央情报局局长艾伦·杜勒斯在《战后国际关系原则》中提出：美国要在（社会主义国家）里播种下混乱的种子，应该在他们不知不觉中把他们有价值的东西换成赝品，并使他们相信这些假的东西。美国一定能在他们国内找到志同道合者以及帮手和盟友，这就能使那些世界上最不驯服的人民，一场接一场地演出自身灭亡及其自我意识不可逆转地完全消失的规模极其巨大的悲剧。美国应消除（他们）文学和艺术的社会本质，使（他们的）艺术家疏远它，使他们不想去描写和了解人民群众内部发生的事情，让（他们的）文学、戏剧和电影都来表现和颂扬人的最鄙劣的情感；我们要千方百计地支持和鼓励那些往人的意识里灌输崇拜暴力、色情和叛卖行为的思想，简言之，灌输崇拜各种不道德行为的思想的所谓艺术家。我们要在国家管理部门制造混乱，使人不易觉察地、但是积极而始终如一地鼓励官员们的恣意妄为和贪污受贿，把不讲原则、官僚主义和拖拉作风捧为美德。我们要（他们）嘲笑诚实和正派，使之成为（社会主义国家）谁也不需要的愚蠢东西，成为过去时代的残余。要促使社会主义国家变成"粗野、撒谎、酗酒和吸毒"的国家，要促使（他们）相互之间出于本能的猜疑，反复无常，民族主义和各族人民的相互敌视，首先是对本国人民的敌视和仇恨等等。所有这些东西应该用巧妙的和使人不易觉察的方式加以培养，使之开出鲜艳的花朵。只有少数人才能猜测到或者甚至懂得正在发生什么事情，但是我们将设法使这些人处于无能为力的地位，使他们成为大众嘲笑的对象，我们一定能够找到诽谤他们和宣布他们为社会渣滓的方法。事实正如所言，以美国为首的西方发达国家，战后一刻也没有放松对社会主义国家意识形态的渗透，尤其是随着互联网的迅速普及和新媒体的广泛应用，美国等西方发达国家更是充分利用其对信息技术的绝对优势，以脸书等大型国际社交网站来推波助澜，不断催化所谓的"阿拉伯之春"，导致了利比亚、埃及、叙利亚等北非、中东国家长期陷入混乱和内战的深潭之中。

反观当今世界，国与国之间围绕国家利益展开的斗争，尤其是核大国之间的斗争，已不再是纯军事上的斗争，更是关于意识形态主导权的争夺战。苏联解体、东欧翻船、中亚颜色革命，都表明了当代国家之间斗争的这个特点，即便是发生军事战争，但最后决定胜负的都无一不取决于谁赢得了在意识形态上的主导权。自东欧剧变、苏联解体以来，西方发达国家非但没有因为"冷战"的终结而放缓了对社会主义国家在意识形态领域上的攻势，反之愈演愈烈。他们的策略是：一面宣称"意识形态终结"，另一面则把"冷战"升级为"超限战"；一面加强对其国内意识形态领域的控制，另一面又加紧对以中国为主要目标的社会主义国家和非"亲西方"发展中国家的意识形态渗透，其手段包括网络袭击、价值观及宗教文化渗透、以人权为借口干涉他国内政、支持分裂势力制造内乱、武力威胁乃至入侵等，可谓无所不用其极。美国最大智囊库兰德公司于1999年6月份向美国政府提出的对中国三步打击战略是：第一步是西化、分化中国，使中国的意识形态西方化，从而失去与美国对抗的可能性；第二步是在第一步失效或成效不大时，对中国进行全面的遏制，并形成对中国战略上的合围；第三步就是在前两招都不能得逞时，不惜与中国一战，当然作战的最好形式不是美国的直接参战，而是支持中国内部谋求独立的地区或与中国有重大利益冲突的周边国家。这个对美国政府决策有着强大影响的美国政治智囊库提出的"三步走"新方略，其本质与美国原中央情报局长艾伦·杜勒斯的《战后国际关系原则》一样，目的都是要颠覆和肢解中华人民共和国。在这样的背景下，我国仍有一些学者对这些事实视而不见，继续在"意识形态终结"的问题上纠缠不清，争论不休。"意识形态终结"思潮发端于20世纪50年代西方思想界，尽管其流入我国时即受到了广泛的批判，但是它仍像一只幽灵，在一些人的思想里游荡，在不同领域和层面得到了渗透。《当代中国思想政治教育意识形态功能研究》一书的作者李辽宁在其著作中写道：一些文化论者以学术与意识形态分离为标榜，对哲学社会科学教学科研中坚持的马克思主义立场、观点和方法极尽批判之能事。高校课堂上也出现了所谓"话语系统的转换"，学术与意识形态分离的口号变成了为分离而分离的借口，以至于一些从事思想政治教育教学和研究的学者也躲避现实的意识形态，主张淡化思想政治教育的意识形态性，认为思想政治教育要想迈向科学化，就必须"价值中立"。在这种思想、观念、意识主导或影响下，高校思想政治教育面临着意识形态阵地萎缩的危险。这是新媒体时代我国高校意识形态建设面临的重大现实挑战之一。

新媒体时代我高校面临的另一挑战是在全球正愈演愈烈的人才争夺战。在人类跨入21世纪以来，由科技革命和全球化、网络化所催生的知识经济得到了充分发展，日渐成为21世纪的主导型经济形态，知识经济时代已经向我们蹒跚而来。在知识经济时代条件下，知识就是财富，人才作为掌握和创造知识的主体，尤其是高素质高层次人才，成了最为宝贵的全球性稀缺资源，成为各国"争夺"的焦点。以美国为首的西方国家早就意识到了这一点，因此，在这一历史新时期到来之初，他们对社会主义国家的意识形态渗透的重点就已经转移到争夺高层次高素质人才上来。在这个不见硝烟的意识形态战场上，我国高校无可避免地成为了在意识形态领域里反和平演变和人才争夺战的重要前沿阵地。《人才战争》一书的作者、中国与全球化研究中心主任王耀辉认为，人才流失是以削弱自己的方式增强了对手，中国已经是目前世界上数量最大、损失最多的人才流失国之一。自1985年以来，清华大学高科技专业毕业生80%去了美国，北京大学这一比例为76%。2004年《中国统计年鉴》称，当时中国出生而移居美国的博士约62500人。截至2006年，中国公立研究机构博士总数才不过18493人。2007年，被美国高校研究生院录取的中国留学生人数居世界各国留学生之首，中国逐渐成为美国最大的高科技人才供应国。中国社科院《2007年全球政治与安全》中承认：中国流失的顶尖人才数量在世界居于首位。在这场人才争夺战中，美国成了全球最大的"人才收割机"，而我国则是全球最大的被他国收割的"麦田"，就连美国媒体都公开宣称清华、北大是"最肥沃的美国博士培养基地"。我国人才流失有多方面原因，既有个人层面（价值取向等）的、也有国家层面（机制体制等）的，既有物质待遇层面的，也有精神需求层面的。比如在一些正准备考托福的大学生圈子里，他们相当一部分人选择留学美国的动机就是追逐所谓的"美国梦"。有网友调侃说：一流人才漂洋过海，二流人才深圳珠海，三流四流在家喂奶。当这些思想观念和意识成为一种社会风气、一种社会思潮，它对青年大学生的影响不知有多么巨大！与当前人才大量外流形成鲜明对比的是，在新中国成立之初，尽管那时我们百废待兴，生活和创业条件远不如外国优越，但仍然有成千上万留洋海外的学子和科学家冲破重重阻挠和困难回归祖国，为新中国建设和社会主义现代化事业做出了不可磨灭的贡献，"两弹一星"元勋钱三强、钱学森、王淦昌、郭永怀、邓稼先等就是其中杰出的代表。可见，当前我国优秀大学生人才的"流失"，固然与物质待遇有一定关系，但究其根源，更多的还是与这个时代大学生的意识形态及社会风气有关。这是高校意识形态建设面临的又一重大现实挑战。从某种意义上说，这场没有硝烟的人才战争背后，是国与国之间的利益博弈，同时也是国与国之间意识形态的较量，是在信仰上争夺优秀人才的较量。这个问题很值得我们高度重视和认真研究。

应该说，加强和改进大学生思想政治教育，发挥社会主义主流意识形态的功能，提高大学生的思想政治素质，把他们培养成中国特色社会主义事业的建设者和接班人，是我国高校的神圣使命，更是广大思想政治教育工作者义不容辞的重要职责。1999年我国高等教育扩招以来，大学生人数逐年递增。截至2009年底，我国高等教育在学总规模达2979万人，其中在校大学生包括本科生、专科生和研究生达到了2826万人，此外还有高等职业教育在校生1280万人。可见，我国至少有四千以上的在校大学生（含高职生、研究生）。能否培养好这一庞大的知识群体，使他们为国效力，这关乎国运兴衰和民族复兴！自从2004年8月《中共中央国务院关于进一步加强和改进大学生思想政治教育的意见》（中发〔2004〕16号）出台以来，我国各个高校认真贯彻落实中央要求，切实加强和改进了大学生思想政治教育工作，为当代大学生总体和主流上保持积极、健康、向上的思想政治状况发挥了重要作用。但该意见中反映的一些问题至今仍然不同程度地存在。比如：部分大学生政治信仰迷茫、理想信念模糊、价值取向扭曲、诚信意识淡薄、社会责任感缺乏、艰苦奋斗精神淡化、团结协作观念较差、心理素质欠佳等问题仍较为严重，尤其是国家意识淡漠问题日益突出；面对以"80后""90后"为主体的新生代大学生，一些高校思想政治教育模式陈旧、办法不多；一些高校思想政治理论课教师队伍建设滞后，思想政治理论课实效性不强的老问题仍然没有得到有效解决，思想政治理论课对大学生思想政治教育的主渠道作用和意识形态功能没能充分发挥，主流意识形态阵地包括互联网上的阵地出现萎缩现象。来自于学生工作一线的辅导员在实践中也感觉到，现在的大学生政治敏感性、国家意识已经大不如前了，有人概括他们为"有知识没文化、有智商没智慧、有欲望没理想"的一代。这尽管有失偏颇，但也不无道理。甚至还有人把20世纪30年代以来大学生的思想轨迹概括为：30年代，到延安去，到太行去，到敌人后方去；40年代，到辽沈去，到平津去，到长江对岸去；50年代，到农村去，到边疆去，到祖国最需要的地方去；60年代，到山上去，到乡下去，到贫下中农当中去；70年代，到城市去，到部队去，到能生活得好一些的地方去；80年代，到大学去，到夜校去，到可以拿到文凭的地方去；90年代，到美国去，到法国去，到一切不说中国话的地方去；2000年代，到国企去，到外企去，到年薪百万的地方去；2010年代，到党政机关去，到公务员队伍中去，到一辈子不失业的地方去。这些从一个侧面反映了新媒体时代大学生意识形态教育面临的一些带有普遍性的社会问题。

所有这些问题，不仅值得作为培养社会主义可靠接班人和合格建设者的高校深刻思考，也值得承担着对大学生思想政治教育发挥主渠道作用的思想政治理论课教师认真思考，更值得最靠近学生圈子、最贴近学生生活、最亲近学生思想的高校辅导员反复思考。

（二）对大学生进行马克思主义意识形态教育的主要依据

（1）时代背景。在当前经济全球化、信息网络化不断深入发展和我国改革开放向纵深推进的背景下，我国社会进入了加速转型的新阶段，社会经济成分、组织形式、就业方式、利益关系和分配方式日益多样化，人们思想活动的独立性、选择性、多变性和差异性日益增强。在这种复杂的时代背景下，我国大学生难以置身世外，正面临着全球化、网络化和社会转型等多种因素的挑战与冲击。在意识形态领域，各种意识形态涌向校园，涌向网络，冲撞涤荡，致使以新生代为主体的大学生群体中的马克思主义信仰危机、社会主义信念危机日益突出。意识形态领域产生的问题，就需要用意形态的方式来解决。因此，用开展马克思主义意识形态教育的方式解决高校大学生意识形态方面的问题，成了时代的呼声，更是应对时代变革的创举。

（2）本质规定。从理论的角度来看，意识形态性是思想政治教育的本质属性，意识形态功能是思想政治教育的主导功能。因此，开展马克思主义意识形态教育是思想政治教育的本质规定。脱离意识形态教育的思想政治教育，因为缺乏核心，注定会显得苍白无力；而脱离思想政治教育的意形态教育，因为漫无边际，也注定难有作为。因此，将大学生思想政治教育与意识形态教育有机结合起来，在思想政治教育视域下着力开展马克思主义意识形态教育，是马克思主义理论品质的应有之义，也是在新媒体时代推进大学生思想政治教育工作创新的有益探索。

（3）现实需要。在新媒体时代，当代大学生存在着信仰选择的非理性化、多元化和功利化，以及政治信仰迷茫和人生终极信仰缺乏等不容忽视的问题。有研究者提出，一些宗教已经成为部分大学生信仰的"归宿"。1998年，北京市大学生中明确表示有宗教信仰的占13.4%，其中信仰基督教的占5.2%，信仰佛教的占

4.5%，信仰道教的占2.3%，信仰天主教的占0.7%，信仰伊斯兰教的占0.7%。2001年，北京地区已经有24.74%的大学生信仰宗教，其中信仰佛教的占11.38%，信仰道教的占5.46%，信仰基督教的占3.60%，信仰天主教的占2.79%，信仰伊斯兰教的占1.51%。2003年，中央民族大学的相关调查显示，28.4%的大学生具有宗教信仰，其中信仰伊斯兰教的占13.8%，信仰佛教的占10.3%，信仰民间传统的占2.1%，信仰基督教的占1.7%，信仰道教的占0.4%，信仰天主教的占0.1%。2003年，对北京地区10所高校的2820名大学生调查发现，信奉各种宗教的大学生占9.2%。在如今的大学校园里，出现了一批"望教者""宗教文化追随者"。他们在日常生活中自觉不自觉地践履着一些以宗教文化为底蕴的流行时尚；一些宗教书籍、宗教器物成为他们的抢手货。个别大学生由"望教"到"慕道"，最后皈依宗教，成为信徒。由此可见，大学生出现马克思主义信仰危机已经成为不折不扣的事实。要解决这种思想问题，也须用思想的办法来解决，这无疑向我们提出了开展马克思主义意识形态教育尤其是进行马克思主义信仰教育的现实需要。

（4）育人要求。从实践的角度来看，开展马克思主义意识形态教育，是执政党赢得青年赢得未来的需要。毛泽东曾深刻指出：马克思主义政党只有赢得青年，才能赢得未来。而要赢得青年大学生，关键在于赢得他们的"心"！人心向背，是我们事业成败的关键所在。人心是什么？其实质是一个信仰问题。信仰问题，涉及党的指导思想、社会制度、干部队伍建设等诸多重大问题，事关人之思想灵魂，党之兴衰成败，因而，它绝不是无关紧要的，相反，它是具有提纲挈领意义的关键性问题。对一个民族而言，一个民族的年轻一代人要是缺失了信仰，那就是这个民族的大不幸！缺失信仰，民族就会失去了凝聚力，就会变成一盘散沙，因而是一个难有作为、没有希望的民族；对个人而言，缺失信仰，这个人就像折断了精神的脊梁，失去不断进取的内在动力，因而是一个难以挺立起高贵头颅自信面对人生的人。同样，对大学生、对大学生群体而言，信仰都是不可或缺的精神动力和精神支柱。因此，着眼于培养具有马克思主义信仰的社会主义合格建设者和可靠接班人，开展马克思主义意识形态教育理应成为当代大学生提高素质坚定信仰的必修课。

二、新媒体时代开展大学生马克思主义意识形态教育的基本要求

新媒体时代，根据"90后"大学生不太喜欢高大上的纯理论课，而是更喜欢灵活的、接地气的精品美文等特点，采取网上网协同育人的教育模式，有针对性地开展马克思主义意识形态教育，不失为一个有效的策略。不管采取任何教育策略或方式，在教育过程中，都必须坚定不移地坚持马克思主义在大学生意识形态教育中的主导地位，必须坚定不移地坚持三个基本价值取向，这是马克思主义意识形态教育的基本要求。

（一）坚持马克思主义在大学生意识形态教育中的主导地位

在新媒体时代，互联网上信息的海量性、思想的多元化和选择的多样化，极容易冲击着马克思主义在意识形态中的主导地位。因此，在新媒体时代，坚持和巩固马克思主义在意识形态领域中的主导地位显得十分重要和紧迫。对我们教育者而言，坚持马克思主义在意识形态中的主导地位，首先体现在坚持马克思主义在大学生意识形态教育中的主导地位，也就是说，把大学生意识形态教育要以马克思主义为主导，聚焦到马克思主义意识形态教育上来，通过马克思主义意识形态教育引导大学生树立坚定的马克思主义信仰和社会主义信念，引导大学生相信人民群众的力量和信任共产党的领导。这显然是由我国的社会主义国家属性和社会主义大学培养人才的根本任务所决定的，同时也是应对新媒体时代互联网对主流意识形态冲击与挑战的策略选择，更是马克思主义自身本质的内在要求。从马克思主义本身来看，我们坚持马克思主义在大学生意识形态教育中的主体地位，主要基于以下三个方面的原因：

马克思主义是颠扑不破的真理。我们选择马克思主义，最根本的原因就在于它是关于人类历史发展规律的伟大真理，是指导人们认识世界和改造世界的强大思想武器。马克思主义诞生已经160多年。历史的积累，知识的积累，实践经验的积累，使我们可以站到了一个从未达到过的高度，比较容易看清历史洪流的走向，因此，我们完全可以看清马克思主义是真理还是谬论！我们考证马克思主义是否科学时，一定要结合中国的国情和现实来考证，但又不能把它局限在中国这个地盘上，而应该把它放到几千年人类文明史中，放到全球的视野中考证。这样得出的结论才能让人信服！关于人类历史发展规律的学说，在马克思主义诞生之前，就已经有了不少理论和主张，比如社会达尔文主义、空想社会主义等。马克思主义正是在吸收这些理论与学说的科学养分的基础上发展而来。站在宇宙观的高度对于社会发展和人类终极命运的思考和追索，是集人类文明成果之大成，这成就了它前所未有的宏观指导性。不论是苏联的成功之路抑或是我国改革开放的成功，无一不是在坚持马克思主义指导下取得的，而我们的挫折也无一例外的与抛弃它或错误地理解它和运用它有着密切的联系。在它诞生以来的160多年里，不论是社会主义国家或是资本主义国家，不论是发达国家还是发展中国家，不论是取得成功还是遭受失败的经验，都能从中印证和丰富了马克思主义的科学性——唯物辩证法和唯物史观。尤其是在全球化、网络化的知识时代背景下，全球利益、全人类利益越来越联成一体，"只有解放全人类才能解放自己"，马克思在《共产党宣言》中的这句预言，正越来越成为一个逼近我们的事实。马克思主义作为迄今为止关于人类历史发展规律最科学最严整最有生命力的思想理论体系，它包括三大部分：一是马克思主义哲学，即辩证唯物主义和历史唯物主义；二是马克思主义政治经济学；三是科学社会主义。三者相辅相成，揭示人类社会由原始社会向奴隶社会、封建社会、资本主义社会、社会主义社会递进的发展规律。

马克思主义哲学是共产党人的世界观；马克思主义关于通过社会主义走向共产主义的科学预见，是共产党人为之奋斗的最高社会理想。因此，我们从这个意义上可以说，科学社会主义是整个马克思主义的核心。我们选择马克思主义，信仰马克思主义，就是选择和信仰其整个理论体系，而不是工具性地抽取其中的个别论断或固守和照搬其个别结论，否则，这与教条主义没有多大分别。

马克思主义是崇高的科学信仰。马克思主义不仅仅是一种科学的世界观，更是一种无产阶级的价值观，是一种将科学的世界观方法论、彻底的唯物主义、无产阶级的党性原则、全心全意为人民服务的精神融为一体的崇高信仰。坚持科学与价值的统一，理想与现实的统一，理论与实践的统一，是它有灵有肉的精髓彰显；有真理、有正义、有精神、有人性关怀，这是它超凡脱俗的品质体现。符合客观规律，顺应人类良知，追求公平正义，这是它与众不同的信仰追求。正因如此，信仰马克思主义，能给人以睿智和坚毅、高尚和文明，使它的信仰者脱胎换骨，成为脱离了低级趣味的人，顶天立地的人。这正是我们开展马克思主义意识形态教育，引导大学生树立马克思主义信仰的根本目的所在。

马克思主义是社会主义中国的立党之本、强国之魂。马克思主义在中国传播，并在中国共产党的引领下实现与中国国情的结合，这是20世纪初以来我国最伟大的历史事件之一。毛泽东说，十月革命一声炮响，传达了马克思主义，从此引起了中国翻天覆地的大变革。这一点都不夸张，中国人民历史地选择了马克思主义，这有其内在的必然性。而马克思主义来到中国之后，就与中国人民的先锋队——中国共产党如影随形，难以割离。马克思主义从一开始就被确立为党的根本指导思想，它是缔造我们党的灵魂。我们党正是在它的指导下，战胜了一系列艰难险阻，不仅建立了新中国，建立了社会主义制度，实现了人民民主，而且在伟大的革命与建设实践中进一步发展了马克思主义，目前已经先后产生了两大马克思主义中国化理论成果——毛泽东思想、中国特色社会主义理论体系。这些中国化的马克思主义是马克思主义与中国具体国情紧密结合的产物，是我们的立党之本、强国之魂。我们开展马克思主义意识形态教育，正是为了更好地运用马克思主义尤其是马克思主义中国化最新理论成果武装我们的大学生，确保他们成为具有马克思主义信仰的社会主义建设者和接班人。

（二）新媒体视域下开展马克思主义意识形态

教育的基本取向马克思主义意识形态教育的内容十分广泛丰富，要全面涉及不太现实，也不容易出实效，因此，我们在开展马克思主义意识形态教育时，把意识形态教育放到大学生思想政治教育视域中，以问题为导向，针对当前大学生信仰危机等严峻现实和问题，把马克思主义意识形态教育集中聚焦到马克思主义信仰教育、社会主义信念教育、共产党信心教育之上，并作为马克思主义意识形态教育的核心加以实施，从而形成大学生马克思主义意丨只形态教育的三个基本取向：

第一，坚持用中国化的马克思主义来武装大学生头脑。

用中国化的马克思主义武装广大学生的头脑，引导他们树立坚定的马克思主义信仰，这是马克思主义意识形态教育的首要任务。而马克思主义只有与具体国情相结合，才具有强大的生命力。因而，我们开展马克思主义意识形态教育，重中之重是用马克思主义中国化的最新理论成果来武装大学生的头脑，进而达到引导他们树立马克思主义信仰的目的。被号称为台湾狂人的李敖在一次演讲中强调：中国要成为一个强盛和公正的现代化强国，必须高举毛泽东的伟大旗帜，在毛泽东思想的指引下前进！确实如此，没有毛泽东思想，中国就是一个失去灵魂的国家。新中国六十年，不仅前三十年离不开毛泽东思想，后三十年也离不开！新中国前三十年，为后三十年奠定了无可替代的基础。没有这个，就没有后面三十年的改革开放和辉煌成就。所以，基于后三十年改革开放取得巨大成功，有人想借此否定毛泽东及其思想，这就有背叛历史的嫌疑！苏联就是因为全盘否定斯大林及斯大林主义而逐步走向衰亡之路的！苏联解体后，俄罗斯人曾经一度迷失了信仰，面临被美国进一步分化肢解的危险，好在俄罗斯的执政领导人及时发现了这个问题，用立法的方式来捍卫历史，包括捍卫斯大林领导的卫国战争历史，从而让俄罗斯人又重新找回了自己的信仰，找回了大国的自信！从我们本国的历史及苏联的教训中，我们思想政治教育工作者应该能明确一个取向：开展马克思主义意识形态教育尤其是马克思主义信仰教育，首要的就是引导大学生树立对中国化马克思主义——毛泽东思想和中国特色社会主义理论体系的信仰。方志敏同志有句名言：在理论的政治的认识上，站稳着脚步，才不至于随时为某些现象或谣言而动摇自己的崇高信仰。通过开展马克思主义意识形态教育，用中国化的马克思主义武装大学生头脑，这既顺应了我国历史潮流，顺应了人民根本利益的需要，也是培养社会主义合格建设和可靠接班人的必然选择。实践已经证明，树立了马克思主义崇高信仰的大学生，能够经受住包括互联网以及其他各类新媒体上的不当言论及诱惑的影响和冲击，成了互联网时代健康成才励志成才的示范者、成功者。

第二，坚持引导大学生确立对社会主义必胜的信念。

引导大学生树立社会主义信念，是马克思主义意识形态教育的目的之一，也是马克思主义信仰教育的一个指针。用马克思主义武装大学生的目的不仅是为了让大学生用这一思想武器来认识世界，更重要的是用它来改造世界——建设社会主义现代化强国。马克思主义的核心是科学社会主义，因此，开展马克思主义意识形态教育，就必然要落实到引导大学生相信社会主义一定能战胜资本主义，即有社会主义必胜的信念。相信社会主义，是信仰，也是信念。然而，我们对什么是社会主义、怎么建设社会主义曾经有过非常剧烈的学术争论，而在实践中我们也走过不少弯路。不论是学术上还是实践上，对什么是社会主义、怎么建设社会主义理论与实践探索仍将继续不断进行着，这才是马克思主义与时俱进的理论品质的体现和要求。本书作者也加入这一探讨者行列，并在博客上发表博文：提出解决"什么是社会主义"这一问题是"怎么建设社会主义"问题的基础和前提，认为把握"什么时社会主义"关键在于从马克思主义基本原理出发把握社会主义的基本特征，并从中国特色社会主义具体实践中，把中国特色社会主义基本特征概括为七个方面：一是以维护人民根本利益为宗旨的人民性。这是社会主义应该彰显的基本价值品性。二是以解放和发展生产力为核心的发展性。这是社会主义应该彰显的基本经济品性。三是以实现社会公平正义为目标的公正性。这是社会主义应该彰显的基本社会品性。四是以促进社会和谐发展为基础的兼容性。这是社会主义应该彰显的基本文化品性。五是以保障人民当家做主为主题的民主性。这是社会主义应该彰显的基本政治品性。六是以坚持民族独立发展和促进民族共同繁荣为取向的民族性。这是社会主义应该彰显的基本国家品性。七是以破除垄断和促进公平与良性发展为追求的竞争性。这是社会主义应该彰显的基本动力品性。这篇博文在博客上引起了广大学生网民的关注和点评，达到了良好的教育效果。总之，思想政治教育工作者应深刻地研究和正确地把握社会主义的本质及其本质特征，从根本上解除大学生的疑惑，从而助力和引导他们确立对社会主义必胜的信念！高校从事马克思主义研究的学者、精英云集，具有深入开展社会主义理论研究得天独厚的优势，这无疑为我们开展马克思主义意识形态网上网下教育，引导大学生树立马克思主义信仰、坚定主义信念提供了很好的理论基础和得天独厚的条件。

第三，坚持引导大学生相信人民群众的力量和信任中国共产党的领导。

办好中国的事情，必须紧密依靠人民群众的力量和党的正确领导，两者缺一不可。因此，开展马克思主义意识形态教育的一个重要任务和取向便是教育和引导好当代大学生相信人民群众的力量和信任中国共产党的领导。人民群众是历史的创造者，这一最简单的历史唯物主义观点，当前在大学生群体中能发自内心地相信的并不多见。由于受官场潜规则、腐败以及享乐主义等不良风气影响，大学毕业生多数不愿到最底部的广大人民群众中去——到农村到基层去建功立业了，千军万马挤考研、考公务员在中国早已经是司空见惯的现象了。同样，互联网的去中心化倾向和扁平化特点也无时不在削弱政府和党在网民中的权威形象和中心地位。要应对这些进前中的挑战，显然只有通过广大思想政治教育工作者主动担当，勇于开展包括网上网下协同的马克思主义意识形态教育在内的多种教育来解决。通过学习教育，让大学生从唯物主义的高度认识人民群众是历史的创造者的论断。通过学习教育，让大学生从历史的脉络中了解中国共产党领导地位的确立，是人民的选择，也是历史的选择。自从1949年执政以来，中国共产党带领人民，以一往无前的进取精神和波澜壮阔的创新实践，不断探索和回答什么是社会主义、怎样建设社会主义，建设什么样的党、怎样建设党，实现什么样的发展、怎样发展等重大理论和实践问题，逐渐走出了一条富有中国特色的强国之路，谱写了中华民族自强不息、顽强奋进新的壮丽史诗。今天，一个面向现代化、面向世界、面向未来的社会主义中国巍然屹立在世界东方。梳理这条强国之路，回顾中国共产党执政兴国的历程，可以帮助广大学生重温中国人民、社会主义中国和中国共产党面貌发生历史性变化的点点滴滴，可以使他们更加自信地高举中国特色社会主义伟大旗帜，更加自觉地坚持中国特色社会主义道路和理论体系，更加发自内心地相信人民群众的力量和信任中国共产党的领导。总之，通过学习教育，让大学生们真正明白：在中国，如果没有中国共产党的坚强领导，全国就如同一盘散沙，对内难以实现自强和崛起，对外难以抵御外来势力掠夺与侵略。没有中国共产党，就没有新中国，更不可能有中国特色社会主义伟大事业的实现。我们要建设富强、民主、文明的社会主义现代化国家和实现中华民族伟大复兴的中国梦，必须紧密依靠人民群众的力量和党的正确领导，两者缺一不可。

第十一章 不同背景下的大学生思想政治教育创新研究

第一节 多元文化背景下的大学生思想政治教育创新

多元文化的发展越是蓬勃，思想政治教育工作力度就越不能减小，反而要不断地加大力度。思想政治教育要在弘扬传统中，坚持发展中不断创新，保证思想政治教育源源不断的发展动力，丰富生动鲜活的教学内容，树立所有参与教育教学的全体成员"敢想敢干"的精神风貌。最终投身于建设有中国特色社会主义现代化进程中。创新是高校思想政治教育的力量之源，灵感之源。本节着重从创新的角度来说，即高校思想政治教育的创新工作是多维度，全方位的，组成思想政治教育中任何一个因素都不能偏废，割裂开来。事实证明创新才是取得巨大成功的重要保证。在社会瞬息万变、新的文化如雨后春笋，社会文化环境瞬息万变之时，社会矛盾集中，新的问题、新的挑战不断涌来，思想政治教育工作面对如此错综复杂的环境变化，必须敢于创新，必须勇于创新，必须常在创新，才能保证高校思想政治教育在意识领域的"话语权"。

改革开放三十年来，多元文化影响着我国的国情、党情、人情，多元文化给思想政治教育工作带来了良好发展时机的同时，也考验着思想政治教育工作在意识领域的的重要地位，提出了严峻挑战。在新形势下，高校教育工作的重点必须始终放在教育改革，紧跟时代步伐。必须以创新发展教育工作为新起点，保持和发挥好思想政治工作的优势。

一、坚持"以人为本"创新大学生主体地位

思想政治工作是关于人的工作，多元文化对学校思想政治教育培养目标定位在人的全面发展，注重人文关怀。思政教育始终围绕贯彻以人为本，服务于学生，探索一条以大学生为创新主体的理念新思路。

把尊重大学生的主体地位作为思政教育创新的出发点，要有针对性开展思政

教育工作。大学生自我意识、独立意识强，他们不喜欢"我说你听"，喜欢发表自己的不同见解。思想政治教育工作要准确把握当代大学生的思想特征，在思想政治工作中切实认真贯彻以人为本的发展理念，促进大学生全面发展应努力做好几项工作。

（一）激发和培养大学生的主体积极参与意识

学生的主体性在思政教育中起着十分关键的作用。因此，要激发和培养学生的主体参与意识，教育的过程不能总是教师自说自演，学生错误地把自己放在"观众"的位置上。学生努力培养自身要具备积极的创造力和热情的参与意识，促成学生成为自我教育的主体，并成为能动的、有创造力的主体。在教育的过程必须赋予学生应有的权利，在享有他们权利过程中，他们的"主人翁"的意识不断增强，同时他们更乐于去承担他们在教学过程中的义务。

（二）学生工作者由"教育者"转变为"引导者"，学会积极引导，而不是试图束缚学生的思想和行为

大学生心理日渐趋向成熟的时期，他们对任何活动都有很强的好奇心和积极参与愿望，但主体意识在行为层面的表达能力还不成熟，在参与实践的行为中缺乏科学有效的引导行为。这就更需要教育者科学地指导大学生，使他们内在的参与愿望转化为外在的参与实践行为，将大学生主体意识积极能动性转化为自我教育、自我管理、自我提升的强大动力，在参与实践中实现自我全面发展。

改进工作方法作为思政教育创新的切入点，把是否有利于提高大学生综合素质、是否有利于促进大学生思政教育工作全面发展作为检验教育方法成效的标准和依据。

多元文化的新形势下，大学生的思想活动和行为方式呈现出一些新的特点，意识上混乱和多样，行为上的独立和多变，教育工作者应该具体问题具体分析，把当代大学生新特点作为创新工作方法的突破口。

（1）应正视并尊重教育对象的思想和行为上变化，正是因为不同对象间各个方面的差异大，教育工作者要做到抓重点的同时重全面，教育达到分行别类教育。

（2）在多元文化影响下，一部分大学生呈现出不同程度地存在理想信仰的迷失，思想意识观念混乱、价值取向偏离社会主义方向、明礼诚信缺失、社会责任感的空位、奢侈浪费行为严重、集体主义观念淡化、实践能力较差等问题，教育工作者要坚持贴近实际、贴近生活、贴近学生基本原则，积极开展调查，真正深入思想政治教育对象中，及时了解大学生的物质、文化需求，工作方法把握好五个"新"趋向，即在管理上更加趋向平等，在对象上更加趋向引导，在教育上更加趋向实践，在时间上更加趋向长效，在范围上更加趋向全面。通过切实可行的方法，实现思想政治工作"三个转变"，转变管理说教向服务、转变封闭教学环境向开放、转变狭隘工作方法，最终形成服务为先，文明互通，合理科学的开放式教育教学。

（3）把做好思想政治教育工作和注重人文关怀相结合。在思想政治教育中坚持"一切为了学生，为了学生的一切"的原则，那么思想政治工作就不能只停留在书本层面或是只停留在意识领域问题上，说到底，教育工作者要深入实际、深入学生，既要关心学生的思想上实际问题和关注思想上疑惑，努力引导、教育、解惑；又要关怀和关爱学生的生活现实问题，努力倾听学生最真实的呼声，努力使思想政治工作体现深厚的人文关怀最终从情感上赢得学生信任，在日常生活的点点滴滴中做到春风化雨、润物无声。

二、把营造互动沟通教育环境作为思政教育创新的突破点

思想政治教育的环境不单只是局限于在思想政治理论教学的课堂上，多元文化为思想政治教育工作提供了更广的传播媒介，营造良好的教育环境更有利于师生间沟通交流，相互促进，共同提高。要做到课堂上平等互动，网络中文明互动，心理上情感互动。

（一）课堂上的互动

传统的思政理论课教学主要以教师的单向灌输式的教学为主，整个教学过程成了教师的一言堂，学生处于被动的地位，只能单方面接受教师的"灌输"，思想政治教育由此也就由人格培养演变为科学文化知识的传授。不仅不能培养学生的创新能力，反而会禁锢学生的思维，扼杀学生的想象力。良好的教学环境是由师生共同努力下形成的。在课堂上，教师采取生动活泼教学方式，抽象和具体相结合，概念和实例相配合，课堂教学和课外活动相促进、教师导向和学生互动共发展的教学方式，学生在愉快的心情下学习，师生相互合作、平等和谐。加强用先进的科学文化知识武装大学生的头脑，弘扬中华民族优良传统美德，坚定爱国主义情怀和建设社会主义事业的愿望，在主旋律的教育的基础上开展"平等讨论课堂"教学方式，最大限度地发挥学生主观能动性。在互动的课堂上，正确处理老师和学生的关系，畅通师生交流渠道，使学生感受到他们是学习的主人。疏导学生与社会的关系，为学生提供一个锻炼创新能力的舞台。

（二）网络中的互动

网络媒体提供给大学生多元化信息，拓宽了大学生知识视野同时拓宽了思想政治教育传播渠道，丰富了学生的文化头脑，网络生活已成为大学生活的重要组成部分。在网络文化蓬勃发展今天，传统的思想教育方式出现"效果弱化"现象，教育者总以单一正面灌输的形象示人很难吸引大学生的"思想走向"。只有占领网络思想教育阵地，利用网络平台信息量大、内容丰富、方便快捷、普及范围广等优势进行网络对话，互动交流，分析与概述，才能在多元文化的世界中找到主旋律，这是加强思想政治教育自身建设的一种有效途径。从实践情况来看，思想政

治教育网络平台建设，加强弘扬社会主义价值观，充分发挥在网络思想政治教育
科学性价值，最大限度激发大学生的主体能动性，主导性价值观渗透到教育的方
方面面。网络互动教育模式使思想政治教育由"固定"转向"可变"，由"一维"
变成"多维"，由"单调"换作"多彩"。

（三）心理上的互动

面对日益严峻的社会挑战和竞争激烈的就业压力，大学生很容易产生悲观厌
世的情绪。针对大学生棘手的心理问题，教育者要通过互动交流的形式在思想政
治教育过程中强化心理健康教育，进行耐心细致的心理慰藉和辅导，帮助学生学
会适当有效地调节自身心理情绪，学会协调学生与教师之间、学生与学生之间和
学生与社会的关系；在互动中学生积极建设自我心理疏导机制，保持良好乐观的
心态，提高自我抵抗压力能力和心理预警能力。激起学生奋发进取，自强不息的
宝贵精神。

三、大学生思想政治教育以培养复合型人才为落脚点

进入21世纪以来，随着经济和社会的快速发展，我国已进入了高等教育大众
化多元化阶段。为适应经济与社会发展对人才的需求和人性全面自由发展的需要，
创新大学生应用复合型人才思想政治教育工作，对于提高大学生应用型人才的整
体素质，保证应用型人才培养质量，更好地完成人才培养目标具有十分重要的
意义。

大学生思想政教育不是离开素质教育另起炉灶，另走一路，而是与素质教育
一样都要以培养复合人才为目标，高素质复合型人才至少具备以下几方面的能力，
即道德素质、创新素质、审美素质、技能素质和身体素质。其中，创新素质是核
心，道德素质是根本。知识经济时代下复合型人才必须具有创新意识、创新情感
和创新意志和创新实践能力。教育要以培养学生的创新精神和实践能力为重点，
全方位的开展工作。培养高素质复合型的人才，思想政教育工作提出了更高的要
求。在知识方面，复合型人才要具有深厚专业理论和可供广泛迁移的知识平台，
具备较强的终身学习能力和专业转换的适应能力；在能力方面，除了具备某种岗
位所需的基本的操作技能、技巧外，还要具备探索能力、乐于钻研，把发现、发
明、创造转化为具体实践或接近实践。在思想素质方面，应具有正确的人生观、
世界观、价值观。

社会主义教育培养的人才还要有坚定正确的政治方向，坚持建设有中国特色
社会主义的共同理想，坚持和高举邓小平理论的旗帜。我们必须看到，坚定正确
的政治方向并不是与生俱来的，是通过思想政治教育过程和社会实践过程不断确
立的。忽视人才培养过程中的思想政治教育是不能培养出社会主义建设所需要的
合格人才的，也是不符合党的教育方针，背离社会主义人才方向的。

思想政治教育是培养复合型人才创新能力的一个重要手段。首先，它有助于激发大学生的创新意识。思想政治教育可以帮助学生全面把握当今时代的特点，增强社会责任感、使命感，并深刻认识到21世纪是需要创新的时代，同时能进一步激励人们进行更高层次的创新追求。其次，还有助于发展大学生的创新思维。创新思维要求在思维过程中，破除习以为常、司空见惯的思维定式，积极采取发散性思维、逆向思维、求异思维、联想思维等思维方法。思想政治教育是以马克思主义理论为指导的，马克思主义哲学是批判的、开放的、发展的学说，通过对唯物辩证法的学习，培养学生的科学怀疑态度和问题意识，绝不盲从权威、迷信书本，敢于怀疑，从而不断发现新问题，进行新思考，提出新观点，给出新答案。

思想政治教育把素质教育推向了一个新的台阶，素质教育是思想政教育的灵魂。思想政治教育深化素质教育，实现做人与成才的统一，如果忽视了对学生的思想政治素质的培养，一味追求所谓的"才智"，从而忽视了学生"三观"的教育，那最终培养出来的只能是"蠢材""歪材"。思想政治教育是培养德才兼备复合型人才一个"强抓手"。

四、高校思想政治开展师生创造力的双向开发新课题

多元文化背景下创新思想政治教育要走出一个误区：只注重学生创造力的培养，而忽视了教师自身创造潜能的开发，这势必影响了思想政治教育的创新成效。只有师生双方的创造潜能得到开发，思想政治教育才能达到真正意义上的解放。

思想政治教育作为一种文化传播的特殊方式，它是师生共享、共创的过程，在"创新比赛中"师生是站在同一起跑线上的"两名选手"。虽然教师是知识的先知者，但在教学授课的过程中他们也存在对新的文化的理解，这种理解包含着他们对教学内容、教学方式方法运用以及自己本身通过创新思维整理好的观念传授给学生，思想政治教学离不开师生的共同参与，思维交换。离开任何一方，师生双向共创共享思想政治教育工作就无法实现。

当前的创新教育只是强调传统的教学模式有碍学生创新思维的培养，而忽视了整个教学活动中的传播者，以及师生间相互配合、相互作用的意识层面的交流。因此我们在创新思想政治教育工作中要构建教师和学生两极主体，教学创新与文化融合双向发展。一方面老师通过教学活动进一步扩大自身的知识储备的深度和广度，不断地完善他们内在自身的认知结构和创新意识，使其创造潜能不断地得到开发；另一方面，学生通过教学活动，不仅掌握了一定的知识，而且不断地增强了自身的创新意识。并且在一定教学互动中迸发出创造火花，随着教师和学生双方的创造力都得到有效的开发，多元文化背景下创新思想政治教育形成良性循环，思想政治教育工作不断向着有序化方向演进。

21世纪是一个倡导多元文化，尊重个性的时代，这为思想政治教育创新发展提供大的社会背景，师生双方都应从不利于创造的思想观念束缚中解放出来，不

断吸取新的文化，丰富自己的内心世界。

第二节　构建和谐社会背景下的大学生思想政治教育创新

构建和谐校园是高校思想政治教育创新的实现途径，构建和谐校园是构建和谐社会的重要组成部分，是构建和谐社会的示范区。构建和谐校园应从五个方面寻求突破口。

创建和谐的人际关系，是构建和谐校园的重要内容。和谐的人际关系应该是民主平等、团结协作。高校党员应该用党内民主带动校内民主，应该以同志情怀促进人格平等；尊重学生的创造性，尊重学生及每个人的人格尊严，应该做团结的模范，民主的先锋。

建立良好的师生关系，是构建和谐校园的保证。和谐的师生关系应该热爱学生、甘为人梯。高校教师党员应该把热爱学生作为热爱人民的体现，应该把甘为人梯作为为人民服务的实现形式。

形成良好的工作氛围，是创建和谐校园的根本途径。这种工作氛围应该是尊重人才、尊重创造。高校党员应该做尊重人才的中坚、尊重创造的先锋。高校党员首先应该成为一个创造性的人才，创造是和谐的源泉。

创建良好的育人环境，是创建和谐校园的根本目标。和谐校园的育人环境应该是管理有序、运转协调、安全稳定。高校党员应该在有序管理中发挥核心作用、在运转协调中发挥传导作用、在安全稳定中发挥骨干作用。

要充分体现大学的文化精神。和谐校园的文化精神应该是以人为本，充满生机活力，富有科学理性，又体现人文精神的大学文化精神。

一、采取有效的措施构建和谐校园

（一）构建和谐校园的含义及其特点

和谐校园是一种以和衷共济、内和外顺、协调发展为核心的素质教育模式，是以校园为纽带的各种教育要素的全面、自由、协调，整体优化的育人氛围，是学校教育各子系统及各要素间的协调运转，是学校教育与社会教育、家庭教育和谐发展的教育合力，是以学生发展、教师发展、学校发展为宗旨的整体效应。

创建和谐校园具有以下几方面的特点。

（1）构建和谐校园是必须与时俱进

江泽民早在《关于教育问题的谈话》中就指出"要切实保证学生有一个安静、和谐、健康的学习环境。"党的十六届四中全会提出"和谐社会"这个新概念，构建和谐校园是构建和谐社会的重要组成部分，同时也是教育规律的体现。长期以来，在应试教育的影响下，基础教育存在着"五育"之间、师生之间和学校教育与社会教育、家庭教育之间不和谐的现象，损害了学生的身心健康，产生了教育的"畸形儿"，严重影响国家教育方针的贯彻。因此，构建和谐校园是大势所趋，人心所向。

（2）构建和谐校园必须坚持科学发展观

科学发展观的本质和核心是以人为本，就是要以人为中心，突出人的发展。一人是教育的中心，也是教育的目的；人是教育的出发点，也是教育的归宿；人是教育的基础，也是教育的根本。一切教育都必须以人为本，这是现代教育的基本价值。

（3）创建和谐校园是和谐社会的基本组成部分

（4）创建和谐校园要求学校要有新的、科学的教育理念

（5）创建和谐校园要处理好四个关系：干群和谐、师生和谐、家校和谐、四育和谐

干群和谐是学校发展的关键，要相互尊重、主动合作。师生和谐是学校发展的条件。家校和谐是学校发展的保障，学校和教师要努力做到加强沟通、体现尊重、密切配合、共同育人、遇事研究、达成共识。智育与德育、美育、体育和谐发展。

（二）构建和谐校园的有效措施

社会是一个有机整体，校园是社会这个有机整体的组成部分。整体是由部分构成，部分之和大于整体。部分具有相对的独立性而相对地成为另一整体，但归根结底要和它所构成的整体密切联系。高校相对于社会是一个部分，同时又是一个独立整体。因此我们必须全方位分析校园，才能更好地构建和谐校园。

（1）处理好内部和谐与外部和谐的关系

所谓内部和谐是指校园内各个有机组成部分要和谐发展。也就是指高校自身的发展。它的自身发展存在不协调的地方。一是高等教育区域发展不平衡。二是高等教育城乡差距突出出现受教育机会不协调。为此我们必须借助于校园的外部力量即社会的力量来解决，即外部和谐。所谓外部和谐即校园弓社会有机体这一外部环境要协调发展。从外部环境看，高等教育与经济发展不相适应。不少学校的发展规划严重脱离学校和所在地发展实际，超越经济和社会发展阶段，出现过分超前的倾向；也有部分学校的发展和规划明显滞后于社会经济的发展步伐，教学活动不能适应社会发展的需要。为此，针对院校的超前和滞后的弊端方面，我们必须从实际出发，制定切实可行的规划，促进校园与社会协调发展。

（2）整体把握高校的发展，确保高校的各方面的发展与时俱进

我们不仅要把握好校园内部和外部协调发展，更重要的是要整体把握校园这一个整体要与时俱进地发展。高等教育的发展是全方位的发展，它包括校园文化、校园制度、校园群体等各方面的发展，也包括校际的发展，国际交流与合作等。我要促进校际国际间高校互通有无，以便更好地创建和谐校园。

（3）构建和谐校园必须认真贯彻理论与实践相结合的科学发展观

我们提倡科学发展观，构建和谐校园，不能只停留于口头，而要付诸实施。要用科学发展观引领高等教育事业振兴，就必须制订切实可行的计划并且付诸行动。要对整个高等教育进行统筹规划，实现协调发展。社会对人才的需求是多种多样的，是不同层次的，所以要求建设不同类型、不同层次、不同特色的各种高校，树立科学的人才观，树立科学质量观，最终真正落实以人为本、协调发展的科学发展观，构建和谐校园。在构建和谐校园、构建和谐社会背景下促进高校思想政治教育创新，培养合格的人才。

二、注重学生始终是构建和谐校园的重要因素

在以人为本全面协调发展的科学发展观指导下，构建和谐社会、和谐社团、和谐校园是我们建设小康社会的近期目标。构建和谐校园是教育规律的体现。学校教育、社会教育、家庭教育之间的不和谐现象损害了学生的身心健康，与此同时，学生教育的诸多因素也严重影响了和谐校园的构建，学生始终是构建和谐校园的重要影响因素，我们必须把培养学生的一切工作放在校园建设的首位。

中国共产党第十六届中央委员会第五次会议认为，"发展科技教育和壮大人才队伍，是提升国家竞争力的决定性因素。要深入实施科教兴国战略和人才强国战略，坚持教育优先发展，全面实施素质教育，普及和巩固义务教育，大力发展职业教育，提高高等教育质量，深化教育体制改革，加快教育结构调整，促进各级各类教育协调发展，建设学习型社会。因此，加强人力资源能力建设，实施人才培养工程，重视学生的发展和校园的发展，构建和谐校园。"所谓的和谐校园是一种以和衷共济、内和外顺、协调发展为核心的素质教育模式，是对各种教育要素整优化的育人氛围。学校的发展离不开学生的发展，和谐校园的构建离不开学生各方面的因素的均衡发展。进行思想政治教育，改变教育思想和教学观念，改善教育形式，搞好思想政治工作，处理好教育主客体的地位关系，进行心理健康教育，高校思想政治教育的诸方面都是以学生这一主体为中心的。学生个性的全面和谐发展，构建和谐的校园文化，协调学生比例，健全学科建设，探讨就业模式，也是为学生这一主体为中心，这几方面工作做得好坏，直接影响校园的和谐发展，学生是构建和谐校园的重要影响因素。构建和谐校园是时代展的必然趋势，我们必须一以贯之，我们必须把学生的发展放在首位。

（一）学生个性的全面和谐发展与和谐校园的构建

和谐校园的构建最终要落到学生身上。学生个性的全面发展是构建和谐校园的重要标志。当代教育的基本宗旨是培养人的自我生存能力，促进人的个性全面和谐发展。既要培养适应社会需要的各种人才，又要培养具有鲜活个性的多样化人才，使学生的潜能、兴趣、爱好、特长得以充分发挥，使学生的知、情、信、

意、行诸方面协调发展。把校园改造成由个性得到全面和谐发展的学生组成的和谐校园。和谐的校园文化包括，基础设施文化、自然人文环境文化、以人为本的制度文化、教师文化、学生文化。其中的学生文化是和谐校园的文化的主流。没有学生参与的文化，不能称其为学校文化。建设个性完善、人格健全的学生文化，直接影响着和谐校园的人才培养。从内容上说学生包括德育文化、学习文化、综合实践活动文化、文娱体育和审美文化、生活与心理卫生文化等。在学生文化建设的实践中，应坚持育人为本，使学生做到人格上自尊；积极向上求进步，学习上自主主动参与和探究；生活上自律，主动自理与服务；行为上自律，主动约束与反省。完善学生文化本身的协调发展是建设和谐校园文化的基础，文化是校园文化的主流。学生的培养离不开协调的学和文化，离不开和谐的校园文化。学生是构建和谐校园文化的主力军。

（二）大学生思想政治教育的诸多因素始终影响着和谐校园的构建

大学生思想政治教育存在诸多方面的不和谐，如教育形式单一、教育的主客体地位不平等、教育工作脱离实际、心理健康教育受到忽视等。这些因素影响学生全面和谐发展的同时，也制约了校园的和谐发展。

（1）改变教育思想和教学观念是构建和谐校园的指导性因素

传统教育思想和教学观念的弊端之一是专业划分过窄，知识分割过细，课程设置过分定向，致使学生的知识结构单一，视野狭小思维迟钝，在新事物新情况面前缺乏应变性和解决问题的能力。其弊端之二是在市场经济条形件下，人才流动大，职业转换频繁，甚至在很多部门和单位，职业的概念已经模糊，用人单位对专业对口的要求大大放松了，而大学生思想意识与文化知识相互脱节。在这种情况下，我们必须实施素质教育，把思想教育、专业教育与知识教育相结合，注重与相邻学科专业知识衔接的同时，绝不放弃思想政治教育，从而造就品学兼优、德才兼备、适应性强的合格人才，构建与和谐社会相匹配的和谐校园。

（2）改变思想政治教育形式是构建和谐校园的根本因素

说教的教育方法是一种较为传统的教育方法，它的弊端是缺乏师生互动，不能激发学生兴趣，教育效果收效甚微。我们可以通过诸多方式进行思想政治教育，坚持说教与体验相结合的原则，坚持教育形式科技化现代化的原则。当今的世界是开放的世界，是科技飞速发展的世界。互联网的出现使整个世界变成了一个地球村。互联网的特征是灵活、迅速、及时、高效、生动、直观。因此世界上各国家及其各个高校都重视互联网的应用。应用互联网可以缩小空间，缩短时间，达到直观教育的效果。进行思想政治教育，首先应选择互联网进行教育，但是也应引导学生正确的使用互联网，杜绝学生受互联网的不良影响及其负面效应产生。另外，可以开展各种实践活动，对大学生进行思想政治教育。举办大学生三下乡活动、文艺会演活动、学术论坛、听报告、道德与法制教育知识竞赛活动等。要做好思想政治工作必须通过循循善诱的分析和说理，采用思想引导、政治教育、宣传活动的方式，解决大学生政治信仰、价值教育、理想观念、伦理道德等思想问题。只有这样才能增强学生在校园生活和社会生活的体验，把思想认知与情感体验紧紧结合起来，达到知、情、信、意、行的内在统一。

（3）做好大学生群体的思想政治工作是构建和谐校园的基础

进行大学生思想政治工作首先要正确地认识学生群体，分析学生群体。为学生服务的思想政治工作，不能脱离学生的实际情况，不能搞一刀切。要具体问题具体分析，从而引导学生的可行性和共性的和谐发展。现在的大学生大都来自五湖四海、不同地区、不同的家庭背景，经济状况有差异，性格也存在着差异，因此会出现诸多不同的个体和群体，这些群体有贫困生群体，学习困难群体，独生子女群体，心理障碍群体等。针对这些不同的群体，要采取不同的教育方法进行思想政治教育，不能脱离这个实际，要正确处理这些特殊个体、特殊群体之间的关系，使学生之间，师生之间建立和谐发展的关系，促进校园的和谐发展。

（4）处理好教育主客体地位的关系是构建和谐校园的重点

在思想政治教育过程中，教师是教育主体，学生是教育客体。在传统的教育模式中的简单的说教、生硬的灌输、强制接受显然是忽视了学生的主体地位，缺乏对学生的关心及对学生的平等交流。因此，我们要构建教育主体与教育客体间和谐的平等关系，就必须尊重学生主体意识，树立以学生为本的思想政治工作理念。充分发挥学生主体性和主观能动性，即，发挥教师的主导作用的同时，更要重视学生的主体性，放手学生进行自我教育、自我活动，协调教育主客体互动的关系，认真落实科学发展观，以大学生全面发展为目标，深入进行素质教育，遵循以学生为主体，以教师为主异的教学规则。

（5）进行大学生心理健康教育是构建和谐校园不可忽视的因素

长期以来，心理健康教育没有走入课堂，这是普遍的现象。高校没有设立全校性的心理健康教育选修课是一个极大的弊端。因为这门课程能系统地为学生提供科学有效、实用的心理学技术和方法，促进学生的心理成长与潜能开发，增进学生社会适用能力。正是因为没有开设这门课，才产生令人意想不到的后果——媒体不断报道的学生自杀事件及杀人事件。为什么会有那么多的学生想自杀呢？其一，大学生正处于准社会阶段，由封闭的应式教育的中学进入大学，缺乏自我调节能力。其二，随着我国经济的发展高校逐渐扩，在校大学生的数量成倍增长。社会竞争的压力，家庭教育与学校教育的局限性以及个人性格发展的限制，会造成应对挫折的能力的差别。当突发事件发生时不会处理，非常无助，必然产生绝望。此类人群主要是失恋者、极端自卑者、重要考试失败者、亲人突然去世者、突发不治之症者、性伤害者、未婚怀孕者、单相思者、被骗去大量金钱无力偿还者、经济困难者、无法接受伤残者、精神分裂症患者、抑郁症患者等。为了防止他们自杀行为，需要广大师生及心理咨询专业人员共同参与，更重要的是在全国各高校普及心理健康教育选修课，预防其发生，促使学生身心健康得到全面协调发展。只有这样，才能构建由心理健康的学生群体所组成的和谐校园。

（三）大学生层次比例、健全学科建设与和谐校园的构建

我国部分高校本、硕、博的比例不协调，甚至一些高校的硕士、博士教育刚刚起步，这是急需排除的一大弊端。随着世界经济全球化和国内经济体制改革的深入开展，社会对人才的需要越来越多。一方面，为了与社会发展的步伐保持一致，我们必须加大硕、博比例，扩大招生硕士、博士研究生；另一方面，硕、博招生不能盲目地扩大，要有针对性。要针对社会的各行各业的需求适当地进行扩招，否则将形成高层人才的相对过剩，给国家和人才造成极大的损失，导致学校的发展社会的发展失调。因此，我们不但要协调学生比例，还要加强学科建设，排除学科不健全的弊端。要排除以上弊端，必须采取以下措施。

（1）强学科规划与学位点建设，不断增加学科建设与学位建设投入。

（2）视学科梯队建设，造就一支高水平的学科梯队和领导队伍是学科建设的根本保证。学校要根据学科建设发展的需要，将有发展前途的青年教师列入学科梯队进行重点培养，鼓励他们外出进修学习提高学历层次，扩大学术视野，在科研课题立项、申报经费资助等方面均向中青年骨干教师倾斜，促使他们快速成长。

（3）极大发挥高级专家在科学研究、研究生培养、青年培养等方面带头人的作用，确保导师队伍和学科梯队始终保持合理的结构和较高的水平。积极有效地采取措施保证学科梯队的活力和研究生培养的质量。

（4）建设一批有一定实力和影响的学科，增强高校在高层次人才培养和社会经济发展方面的能力，提高高校的知名度。由此观之，无论是学生比例问题，还是学科建设问题，都与学生息息相关，都影响校园的和谐发展。

（四）大学生就业模式与和谐校园的构建

大学生就业问题是高校与社会关注的焦点问题，是高校与社会连接的纽带和桥梁，是两者协调发展的调解器。因此，世界各国都重视这一问题。目前，世界大学生就业问题是世界大学校园普遍存在的问题。对于这一问题的解决，各国分别采取了不同的措施。据调查，国内外大学生就业趋势呈现以不同的情形。

（1）国内外大学生就业趋势的多样性，影响了和谐校园的构建

1. 巴西大学生先就业后择业。大学生普遍认为毕业后只能先就业后择业，不管工作是否满足，都应先干起来逐步积累经验，一边工作一边寻找自己所喜爱的工作。

2. 美国实行毕业生自主择业制度，设有专门大学毕业生就业市场，政府部门中也设有专门主管高校毕业和就业的机构。

3. 西班牙的大学不负责为毕业生提供任何就业线索，学生毕业，就与母校再没任何关系，找工作靠自己，大学生通过实习找关系是未来实现就业的途径之一。

4. 加拿大鼓励大学生到艰苦地区工作，加拿大大学生找工作的途径有三种：第一种是求助学校的职业介绍所；第二种是通过由校方安排的专业实习计划找工

作；第三种是到学校或自己联系的单位实习然后工作。

5. 印度大学生自谋出路是主要选择。近年来，在经济不振，人才需求下降而高校毕业生逐年增多的情况下，大学生就业越来越困难，自谋出路是他们面临的选择。

6. 日本具有完备的就业机制。网络信息准确，在求职方面，网络作用明显，报纸刊登，各种各样说明会到校招揽人才，政府预算支持。

7. 英国名校毕业生更有优势。尽管许多用人单位表示名校和普通学校的毕业生并无偏颇，但实际上名校毕业生更有优势。

8. 俄罗斯大学生平静面对改行。大学生毕业后根据自己的实际工作进行相关专业的再学习和再培训是不可避免的，甚至这些大学生毕业改行是必然的。

与此同时，国内大学生就业趋势呈现出不同寻常的情形：随着社会主义市场经济的发展，我国高等学校毕业分配、就业制度改变了统包统分和包当干部的就业模式，正在实行少数毕业生由国家安排就业、绝大多数自主择业的制度。与此相配套，各地区及高等学校还相继开办供需见面会和毕业生就业市场，组织毕业生与用人单位进行双向选择，积极开展就业指导工作，为毕业生提供服务，针对国内外大学生就业趋势的复杂性，我们必须处理好大学生从校园步入社会的过渡阶段的和谐发展关系，从而更好地构建和谐校园。

（2）大学生就业问题，是构建和谐校园不可忽视的因素

1. 大学生存在心理困扰。面对就业压力，大学生有的不能正确认自己，容易产生自卑、攀比、保守和不知所措等心理困扰。有的缺乏基本的职业常识，不能正确对待职业选择和职业流动，常出现恐慌、迷茫、无奈无助等心态。甚至出现大学生就业极端问题。所谓就业极端，即，极少数大学生不堪就业压力而走不归路。例如，有些因招聘会就业不顺，跳楼自杀，有的因应聘公务员被淘汰而杀人。这些奇怪现象的出现，严重阻碍了和谐校园的构建，我们必须想方设法解决好大学生就业问题。

2. 必须正确认识大学生就业形势。

就业有利因素：目前我国处于政治稳定，经济飞速发展的大好时机，需要大批受高等教育、有专业技能、讲究社会公德、有良好职业道德的"四有"新人参加社会的建设。国家各级政府越来越关心高校毕业生就业问题。

就业不利因素：几百万毕业生集中在一个时间段就业，导致就业形势严峻。具有博士和硕士学历的毕业生成群增长使就业形势由"研热、专冷、本一般"向"博受捧，本受冷，研一般"方向转化。

调控的滞后性和人才需求的迫切性的矛盾，使高校的专业设置和调整不能完全适应职业发展的需求。因此部分毕业生就业紧张问题不可避免。

3. 教育大学生做好就业的心理准备。

正确认识社会需求与自身竞争条件的基础上，先求职有了立身之地再寻求

发展。

弱化专业对口的奢谈。以充分发挥你的素养和素质及能力为标准，灵活调查专业方向，不要死抱专业不放。

遭遇挫折的准备和乐观看待求职失败。

我们必须排除大学心理困扰，认清就业形势，教育大学生做好就业心理准备，使学生的身心发展与社会的发展相协调，为和谐校园构建坚实基础。

构建和谐校园始终与学生息息相关，学生的言行举止影响着和谐校园的构建。因此，进行思想政治教育，不可忽视校园的主人——学生。学生是校园的主人，校园是学生生活的家园、精神的乐园、成才的摇篮，构建和谐校园就要为学生的成才注入活力，使学校的组织得到发展，提高教师教书育人的积极性和学生学习的主动性，促进师生身心健康，积极营造良好的育人环境。

三、正确处理和谐社会与和谐校园的关系

科学发展观是以人为本，全面协调可持续发展观，是促进经济、社会和人的全面发展的发展观。在科学发展观指导下，构建一个和谐社会是必然的趋势，与之相呼应，为了协调社会与学校的发展，应该构建这样一个和谐校园，即师生们生活的家园，精神的乐园，人才的摇篮。只有这样才能培养身心和谐，健康成长的合格人才，为建设和谐的社会主义贡献一分力量，才能真正做到落实科学发展观，全面辩证谋发展。

"以人为本，树立和落实全面、协调、可持续的发展观，构建和谐社会。"这是中国未来发展的必然选择。新的发展观强调发展是全面的发展。我们的发展应该是经济、政治和文化全面发展的过程，应该是社会的全面发展和人的自由全面发展的过程。同时，发展应当是均衡协调发展包括经济领域与社会领域的协调发展，物质文明、政治文明、精神文明的协调发展，协调是保证全面发展的条件。胡锦涛指出："我们所要建设的社会主义和谐社会，应该是民主政治、公平正义、诚信友爱，充满活力，安定有序，人与自然和谐相处的社会。"我们所构建的和谐校园是和谐社会的有机组成部分，那么和谐校园也应该是一个民主法治、公平正义、诚信友爱、充满活力、安定有序，和谐发展的文明校园。构建和谐校园，就是把学校建设成最适宜学生成长发展的生态系统，具备民主、科学、人文开放的育人环境，就是要使学校教育与社会教育、家庭教育和谐发展。因此，我们必须采取有效措施处理好学校与社会的和谐关系，尤其是人才培养与服务社会的关系，最终达到培养合格人才的目的。

（一）促进大学生品德教育的针对性与法治社会的复杂性的和谐一致，培养品德高尚的人才

法治对于社会主义而言，其重要性和必要性表现为社会主义民主要求我们实

行法治，社会主义市场经济从客观上要求我们实行法治，社会主义精神文明本身就包括对法治思想的内在要求，是繁荣科学文化事业的重要保证，同时法治还能促进社会全面协调持续发展。社会主义国家的稳定，人民生活的幸福安宁，也要求实行法治、建设法治国家，社会主义的对外开放事业也提出了法治要求，社会主义的终极目标要求各种制度充分体现对人的关怀，只有实行法治，才能保障人权，体现对人的尊严和爱护。

十一届三中全会以来我国由人治转向法治。随着工作重心转移，我国进入改革开放和现代化建设时期，日益发展的社会主义市场经济和民主政治需要健全的法制推动、保障、引导，社会的稳定需要加强法制，因此我国的法学教育得以扩大和发展。我们党实行和坚持依法治国，努力实现国家各项工作的法制化、规范化，保证人民群众依照法律规定通过各种途径和形式，参与管理国家、管理经济和文化专业、管理社会力量，真正做到有法可依，有法必依，执法必严，违法必究，保证了社会主义各项事业顺利发展，但是思想政治教育也不可忽视的。

在社会主义法制建设的大环境里，搞思想政治教育，必须坚持科学发展观，使思想政治教育全面协调可持续发展，思想政治教育要与法治建设相协调，两者相辅相成不可分离。思想政治教育是集伦理学、心理学、教育学为一体的综合课程，其目的是通过引导和帮助大学生树立正确的世界观、人生观、价值观、道德观、法制观，学会以科学的方法应对和解决生活、学习、工作中实际问题，为将来服务于社会奠定基础。思想政治教育是法治社会的基础是公民守法的基础。高校教育就是适合社会的需求，培养和输送德才兼备的人才，社会需要高新知识技术武装的人才，更需品学兼优的人才。一个人只有知识而没高尚品德不行，只有高尚的品德而没有知识也不行。所谓的"人才"既是指成人又是指成才。具有高深知识而无视国法违法犯罪的人屡见不鲜，如贩卖制造毒品、网络犯罪、制造假币、印刷盗版书籍，制造枪支弹药等。这些人都具有高智商，可以说是奇才，但不能算是合格的人。因为他们失去了人格、人品。这一问题的解决不仅需要学校教育更需要社会各方面的协助，如，报刊、广播、电视、互联网等媒体的宣传教育。

当今社会是法治社会，校园是社会的一个有机组成部分。对大学生教育不仅要进行思想教育也要进行法制教育，这样才能做到校园与社会的和谐。但国内外的大中学校园犯罪案件频频出现。报纸、互联网等经常报道，美国、日本等发达国家校园伤害事件，我国的大中学校园的自杀、他杀案件也时有发生。这些案件的发生与社会背景影响和学校的品德教育是密切相关的。

要消除校园品德教育与社会的法治不和谐，构建和谐和的校园，必须采取如下措施。首先进行品德教育要做到知行统一。荀子曰："口能言之，身能行之，国宝也；口不能言，身能行之，国器也；口能言之，身不能行，国用也，口言善，身行恶，国妖也。"一方面，我们要言行一致身体力行，另一方面，要千万警锡，不能让那些口言善，身行恶的人进入社会的上层，行凶作恶。我们进行思想政治教育就是要培养出理论与实践相结合，知行统一，表里如一，言行一致的人。其次采用自我教育的方法。孔子《论语学而篇》有云："吾日三省，为人谋而不忠乎？与朋友交，而不信乎？传不习乎？"这种注重自我教育的思想和做法是可取的，是与法治社会的以德治国、依法治国的原则相和谐的。孔子《论语里仁篇》有云："见贤思齐焉，见不贤而内省也。"这就是取人之长，补己之短，是思想政治教育好方法。最后要借鉴"慎独"的思想道德教育方法。《中庸》有言："莫见乎隐，莫显乎微，故君子慎独也。"这是培养锻炼坚强的道德信念和道德意志的好方法。大学生应该培养这种高尚精神境界以适合社会的需要。

（二）促进教学活动方式的渐变性与科技发展的迅速性的和谐，培养高科技武装人才

随着科技的发展，改革开放的深入开展，信息技术飞速发展。网络信息技术渗透到各个领域。工业方面需信息技术管理控制指导生产。商业需要信息技术进行销售订购业务活动。教育部门也不例外，更需要借助信息技术进行教学管理生活，为了促进教学活动的渐变性与科技发展迅速性的和谐，我们必须密切关注互联网对高校教育活动的影响。当前，网络对大学生思想观念、思维方式、行为模式、个性心理产生了广泛的影响，这就不可避免地给高校教育教学活动带机遇和挑战。一方面互联网以其信息量大、传递方式便捷快速、辐射范围广大和高度的开放性、效互性等特点及优势，日益成为人们文化活动和思想传输的重要载体，成为高校教学活动的有益补充和机遇；另一方面，互联网是一个开放的信息传递系统，网络用户来自不同国家和地区，存在文化类型、意识形态、政治制度、宗教信仰、价值观念等方面的差异，其内涵是多元的。由此产生的多元的网络文化给高校教育带来严峻的挑战。为了达到高校教育活动的渐变性与科技发展的迅速性的和谐效果，我们进行高校思想政治教育务必抓住机遇，不能墨守成规，不能抱住传统的说教方式不放，而要充分发挥信息网络技术的优势，将高校教育引入互联网，引进先进的教学方式，从学生的思想实际出发，深入探讨网络时代思想政治教育规律，减少网络负面影响，抓住机遇，促进教学方式与科技发展的和谐。另外，要普及多媒体教学代之以传统的说教。多媒体教学具有生动形象的特点，对大学生具有具体、直接的教育作用。

随着科技的发展，社会需要掌握高技术的双边、多边人才。因此，首先必须加强对外交流与国际合作。加强对外学术交流，促进学校科研、教学和管理人员开阔视野，更新知识，了解前沿动态，追踪学科走向，进而促进校园发展与社会发展和谐。其次聘用外籍教师，加强留学生教育和校际交流。学校与国外合作院校增进彼此的了解，加强学术间交流与合作。通过建立长期稳定的校际交流关系，提高学校学术地位，扩大影响，增加社会的知名度，加强与社会的融合。再次是

文化交流。国际文化交流是传播友谊、增进友谊、感受文化、开阔视野的良好渠道。

（三）促进以人为本、全面发展的育人观念适时性与社会需求多样性的和谐一致，迎合社会需求的多边人才

科学发展观的根本目的是提高人的素质和生活质量，促进生产力的发展。坚持以人为本的科学发展观，既是经济社会发展长远的指导方针，也是实际工作中必须坚持的重要原则。它是我们党坚持解放思想，实事求是，与时俱进，理论创新的重大成果。以人为本就是要把人民的利益作为一切工作的出发点和落脚点，不断满足人们多方面的需要和促进人的全面发展。以人为本也是科学发展观的核心和主旨。以人为本主要包括两方面：

（1）为了人，即将人们的健康生存和全面发展、人的物质、文化、政治需求及其满足、人的权益和幸福作为发展的目标和宗旨、中心和主线、出发点和落脚点；

（2）依靠人，即以广大人民群众作为发展的主体力量、根本动力、发展创造力和前进推动力，能够推动经济社会又快又好地发展。

总之，以人为本就是要造就人、善用人、造福人。造就人就是指人培养造就成合格的优秀的人才；善用人就是在发展中努力使每一个人都能各得其位、各尽所能、各展所长。造福人就是提高人的生存水平、生命质量和幸福程度。

当今的高校教育就是要贯彻以人为本，全面发展的育人观念，就是要造就人，把人培养造就成合格的、优秀的社会建设者和历史创造者，以适合社会的需要，为社会输送更多的各种各样的人才。高校是社会的一个有机组成部分，它的发展与社会的发展息息相关。社会主义的经济体制改革使中国进入市场经济社会。市场经济社会是通过市场调节对资源起配置作用的，这里的资源不仅指物质资源也指人力资源。因此市场经济社会对人才的需求是多样的。高校教育是培育社会所需的各种各样的人才的教育，它不仅培养德智体全面发展的人才，培育有理想有道德有文化守纪律的人才，而且还培养专业化特别强的各种人才，这恰恰迎合了市场经济社会的需求。

认真落实科学发展观，有助于促进高校的以人为本的协调的可持续发展，也有助于促进社会的以人为本的协调的可持续发展，从而达到两者的和谐。

（四）促进高校大学生的培养模式、就业模式的灵活性与市场经济体制的人才需求模式和谐的、多样性的和谐一致

十一届三中全会以前我国实行的是计划经济体制，运用计划配置资源方式。自十一届三中全会以后，我国遵循的是市场经济体制，运用市场对资源进行配置。市场机制实质是价值规律调节。价值规律是通过价格、供求和竞争调节社会劳动分配比例的，这是一种"看不见的手"的调节。

在计划体制下，我国高校对大学生的培养模式、就业模式是有计划成比例进行的。就业分配采用统包统分的模式。而在市场经济有条件下我国高校对大学生的培养模式、就业模式有所调整，由"统包统分"的就业模式转变为"双向选择"的就业模式。只有这样才能促进高校的培养就业的人才输送与市场经济社会的人才接纳之间比例协调，达到协调的效果。

随着改革开放的深入开展，我国高校采取新的培养模式即按照"宽口径，厚基础，复合型、高素质"的要求，基于通识教育基础上的专业教育思想，以学分制为平台，把学生的学习期限分为两个阶段。学院在招生时不分专业，前两年设置相同的基础性课程打通培养。学生进入三年级时可按自己的兴趣爱好、专长以及就业做出专业选择。同时，注意学生个性发展，广开课源，不断加大跨专业、跨学科选课的数量。通过转变人才培养模式，逐步形成高素质、多样化、多层次、具有创新活力的人才培养新机制。与此同时，高校也改革了就业模式，由"统包统分"转变为"双向选择"，这就迎合社会多样性的需要和学生自主择业的心愿，许多高校举办人才供需见面会、人才招聘会等形式，落实这一举措，促成了人才供给与需求的和谐。

四、完善高校思想政治教育机制

思想政治教育机制是指思想政治教育运行过程中各构成要素由于某种机理形成的因果联系和运转方式。它要研究思想政治教育过程中思想政治教育现象的各个侧面和层次的整体性的功能及其规律，包括其运行所依据的原理和原则，运行过程的状况即运行中各个部分之间的相互作用以及和思想政治教育系统之外的其他系统之间的相互作用等等。思想政治教育机制的主要含义是：

它是思想政治教育各构成要素的总和；

它的功能是各相关因素功能的总和，其功能的发挥依赖于各构成要素之间的相互衔接、协调运转，依赖于各类要素功能的健全；

它是一个按一定方式有规律的运行着的动态过程。

思想政治教育机制主要由八个方面的要素构成：思想政治教育运行的主体、思想政治教育运行的目的、思想政治教育运行的动力、思想政治教育运行的环境、思想政治教育运行的控制、思想政治教育的运行方式、思想政治教育运行的程序、思想政治教育运行的保障。当前在探讨高校学生思想政治教育工作创新的时候，必须探讨高校学生思想政治教育工作机制的创新。

从长期的教育实践来看，高校学生思想政治教育工作机制，主要包括领导管理机制、教育机制、保障机制、评价机制、激励机制、督导机制。这些机制环节，一环紧扣一环，缺一不可，一个机制环节出现问题，就会影响整个工作。

思想政治教育是一个复杂的系统工程，是各种因素相互联系、相互作用构成的有机整体。因此，只有建立起和谐、高效的运行机制，才能使思想政治教育取得理想的效果，达到高校思想政治教育创新的目的。

（一）进行高校思想政治教育创新，必须完善高校思想政治教育主体机制

进行高校思想政治教育创新，必须坚持以人为本。树立以学生为本的工作理念，和谐社会带给我们的一个重要新理念、新认识，就是以人为本。以人为本，对于大学生思想政治教育来说，就是从大学生的实际出发，满足他们的需要，相信学生、依靠学生。过去我们对大学生思想政治教育工作的认识，主要是立足于思想政治教育工作者，缺乏理念和思路上的创新。从以人为本这一新理念、新认识出发，有助于满足大学生不同层次的精神需求，提高大学生思想政治教育的针对性和实效性；有助于发挥大学生自我教育、自我管理、自我服务的作用，形成教育和自我教育的合力，从而把大学生思想政治教育提高到促进构建和谐社会这个更高。

（二）进行高校思想政治教育创新，必须完善高校思想政治教育目标机制

进行高校思想政治教育创新，必须树立和谐教育的目标。用和谐的方法培养人，培养和谐的人，是当前大学生思想政治教育的观念创新。过去较长一个时期，我国政策导向对社会和谐问题关注不够，反映到大学生思想政治育方面，就是在认识大学生思想政治教育的目标时，比较强调它的政治功能。在当前构建和谐社会的新情况下，应当把服务和谐社会建设作为大学生思想政治教育工的重要目标，纳入大学生思想政治教育总体规划，深入开科学发展观教育，深入开展和谐社会教育，引导大学生树立科学发展和和谐发展的思想观念，促进大学生全面和谐展，为建设和谐社会增添新力量。

（二）进行高校思想政治教育创新，必须完善高校思想政治教育环境机制

进行高校思想政治教育创新，必须积极推进和谐校园文化建设，必须重视校园文化的重要育人功能。文化的发展和繁荣是和谐社会的一个重要特征，对于促进和谐社会的形成具有不可替代的作用。积极推进和偕校园建设，是坚持科学发展观，建设和谐社会的必然要求。建设和谐的校园文化，应成为加强和改进大学生思想政治教育的一个重要努力方向。

（四）进行高校思想政治教育创新，必须建立和谐的教学机制

要引导好学生，教育者就要去寻求社会规范与学生个体需要的对话渠道，这就要求我们的教育者首先要正视并尊重学生的心理世界和内在需要。同时还要讲求教育的科学和艺术，构建一个互动、对话的和谐教育机制。

（五）进行高校思想政治教育创新，必须构建新的和谐互动机制

只有构建学校教育、家庭教育、社会教育各子系统内部的和谐互动机制，构建学校与社会、学校与家庭以及社会与家庭相互间协同运作的和谐互动机制，才能实现高校学生思想政治教育的目标，才能达到思想政治教育的效果。

（1）构建学校内部的和谐互动机制

要充分整合和优化校内资源，树立德育首位意识和全员育人观念，使教书育人、管理育人、服务育人真正达到和谐统一，建立大学生思想政治教育工作的学校内部和谐互动机制，使学校内部硬件建设与软件管理达到和谐，传统教育方法与现代教育手段革新和谐统一，学校的管理、教师的教学与学生的学习和谐有序。

（2）构建社会内部的和谐互动机制

在社会日益信息网络化、经济全球化的时代，充分发挥和有效利用社会教育资源，建立比较健全的行政、法律、经济配套的措施与政策，形成全社会共同关心支持并参与大学生思想政治教育工作的和谐互动局面。

（3）构建家庭内部的和谐互动机制

家庭教育具有情感性、亲和性和补充性的特点。教育家苏霍姆林斯指出："没有家庭教育的学校和没有学校教育的家庭都不可能造就全面发展的人。"不同家庭、不同教育程度和兴趣爱好的家庭成员对大学生思想政治教育有着明显的差异。构建包括家庭人员交流谈心机制、定期联络机制、德育榜样机制、家训伦理机制等在内家庭教育机制是非常需要的。

（4）构建学校与社会协同运作的和谐互动机制

要在有力化解社会对学校教育效果抵消的状况，实现学校内部教育管理与周边环境的和谐，增强学校与社会的互动，最大限度地在多元价值并存的社会中保持思想政治教育的有效性，使学校教育的思想、内容等与社会和谐统一起来。

（5）构建学校与家庭协同运作的和谐互动机制

当前，要努力探索学校教育与家庭教育思想、方法和谐统一的支撑点，以及家庭参与学校教育的有效途径和方式，切实发挥家庭教育在大学生思想政治教育中的作用，使之与学校教育和谐统一起来，以发挥教育合力作用。这种学校与家庭和谐互动的思想政治教育机制主要有：及时有效的沟通机制、快捷的信息通报与反馈机制、共同教育与管理的协商机制、定期的双向汇报交流机制等。

（6）构建社会与家庭协同运作的和谐互动机制

在以往的研究中，很少有学者研究社会与家庭的协同运作问题，更谈不上构建两者和谐互动的机制。我们认为，长期对社会与家庭和谐互动机制缺乏研究将十分不利于大学生思想政治教育。在社会与家庭教育方面，构建以家庭教育为主，社会教育极力配合的协同运作机制将巩固思想政治教育的效果。克服社会与家庭"两张皮"的现象，协调配合，形成合力。

第三节　影视文化影响背景下的大学生思想政治教育创新

影视文化影响背景下大学生思想政治教育的创新，就是要在社会主义核心价值体系的引导下，坚持正确的创作服务方向，增强精品意识，为大学生提供更多优秀的精神食粮，在丰富作品种类与数量的同时，还要从实践入手，对其进行适当的引导，促进影视文化对大学生思想政治教育载体作用的有效发挥。

一、以社会主义核心价值体系引领当代影视文化建设

中国共产党第十六届六中全会提出社会主义核心价值体系的基本内容包括四个方面，即马克思主义指导思想、中国特色社会主义共同理想、以爱国主义为核心的民族精神和以改革创新为核心的时代精神、社会主义荣辱观。党的十七大报告对其基本内容做了进一步的提炼和功能定位。尤其在报告的第七部分，专门谈论"推动社会主义文化大发展大繁荣"问题，提出"社会主义核心价值体系是社会主义意识形态的本质体现。要巩固马克思主义指导地位，坚持不懈地用马克思主义中国化最新成果武装全党、教育人民，用中国特色社会主义共同理想凝聚力量，用以爱国主义为核心的民族精神和以改革创新为核心的时代精神鼓舞斗志，用社会主义荣辱观引领风尚，巩固全党全国各族人民团结奋斗的共同理想基础"。

影视文化作为当今社会覆盖面最广、受众范围最大的传播媒介之一，必须紧跟时代步伐，紧扣当前中国社会的政治大背景，坚持以马克思主义为指导思想，坚定当代影视文化对大学生传播思想内容的正确方向，树立中国特色社会主义共同理想，把握影视文化对大学生思想政治教育影响的主流趋势，弘扬以爱国主义为核心的民族精神和以改革创新为核心的时代精神，明确影视文化对大学生思想政治教育过程中承担的重要任务，践行社会主义荣辱观，为影视文化在大学生思想政治教育中传播正能量奠定基础。综合以上各方面因素，在正确思想的引导下释放影视文化的正能量。

（一）坚持以马克思主义为指导思想，坚定当代影视文化对大学生传播思想内容的正确方向

马克思主义指导思想，是社会主义核心价值体系的灵魂。是我们立党立国的根本指导思想，是社会主义意识形态的旗帜，它为我们提供了科学的世界观和方法论，决定着社会主义核心价值体系的性质和方向。当前的社会主义中国坚持马克思主义指导思想，就是要求我们坚持以马克思主义为主流意识形态，要求我们坚持用马克思主义特别是中国化的马克思主义指导社会实践，也要求我们坚定不移地用马克思主义理来论武装全党和教育全体人民。

结合马克思主义指导思想的理论要求与影视文化对大学生思想政治教育影响的具体实践，我们要从实际情况出发，具体问题具体分析，从传播者与观众双方面思考，提出具有针对性的意见和措施，使其做到从利国利民的角度出发，有选择地进行创作、引进与观赏，具体就是要从大学生生存的大众传播环境与自身的理论素养两方面进行努力。

（1）要净化影视文化作品的创作与传播环境，把好影视作品审核的"关卡"。

影视文化作品的创作者要自觉地坚持马克思主义指导思想，保证其作品能通过轻松、娱乐的方式向观众传播我国主流的社会意识形态。同时，也需要国家相关部门做好审查工作，坚决遏制违背马克思主义指导思想作品的产生，肃清不适合社会主义背景下传播的影视作品。

（2）巩固和强化大学生自身的理论素养，增强其对西方国家进行文化渗透的抵抗力。当代大学生作为对影视文化作品接触范围最广的观众，需要在加强马克思主义基础理论学习和自身政治价值观培养的同时，增强其对西方社会进行资本主义意识形态渗透的抵抗力，自觉抵制以宣扬某些西方社会价值观念为内容的影视作品，最终坚定当代影视文化对大学生传播思想内容的正确方向。

（二）树立中国特色社会主义共同理想，把握影视文化对大学生思想政治教育影响的主流趋势

中国特色社会主义共同理想，是社会主义核心价值体系的主题。是在中国共产党的领导下，走中国特色社会主义道路，实现中华民族的伟大复兴。它反映了我国最广大人民的根本利益、共同愿望和普遍追求，既具体实在又鼓舞人心，它将国家的发展、民族的振兴与个人的幸福紧密联系在一起，把各个阶层、各个群体的共同愿望有机结合在一起，具有强大的感召力、亲和力和凝聚力。它是当代中国发展进步的旗帜，是动员、激励全国各族人民团结奋斗的旗帜。

中国特色社会主义共同理想是具体实在的理想，是亲民利己的理想，影视文化作品是能跨越时间与空间的文化艺术，是能将故事生动、形象地完整呈现的文化艺术。两者的契合点就在于通过影视文化作品能生动、形象地再现历史与现实中伟大的共产党人领导人民执着追求"中国特色社会主义共同理想"的感人事迹，从而激发当代大学生的爱国热情，引导他们树立走中国特色社会主义道路，实现中华民族的伟大复兴的共同理想。

（1）鼓励文人学者创作能体现中国特色社会主义共同理想的影视作品，为大学生提供丰富的选择素材。深入研究我国历史与现实中国特色社会主义事业的发展历程与杰出成果，研究我党和人民为实现中华民族伟大复兴而做出的努力与取得的辉煌成就，扩大与丰富文人学者的创作题材，帮助其创作更多体现逐步实现共同理想的作品，以供广大学生选择。

（2）引导大学生观赏以爱国主义为主题的影视文化作品，激发其爱国热情，升华其理想目标。面对当前社会纷繁复杂的影视文化作品，处于价值观念、理想信念模糊不清时期的大学生，极容易迷失自己的选择方向，这就需要通过学校教师的引导、家庭环境的熏陶，来帮助学生选择有益于其健康成长的作品，选择能跨越时空生动再现社会主义中国成立的艰难历程和中国人民为实现中华民族伟大复兴而不懈奋斗的坎坷路途的优秀影视作品，以便他们在了解我国发展历史来龙去脉的前提下，感受人民奋斗的艰辛，珍惜当今和平生活的来之不易，也能够激

发青年大学生的爱国热情，升华他们的理想信念，从而达到把握影视文化对大学生思想政治教育影响的主流趋势的目标。

（三）弘扬以爱国主义为核心的民族精神和以改革创新为核心的时代精神，明确影视文化对大学生思想政治教育过程中承担的重要任务

以爱国主义为核心的民族精神和以改革创新为核心的时代精神，是社会主义核心价值体系的精髓。是中华民族赖以生存和发展的精神支撑。在五千年的历史演进中，中华民族形成了以爱国主义为核心的团结统一、爱好和平、勤劳勇敢、自强不息的伟大民族精神；在改革开放时期，中华民族形成了以改革创新为核心的解放思想、实事求是、与时俱进、勇于创新的时代精神。民族精神与时代精神二者相辅相成、相互交融，早已深深熔铸在中华民族的生命力、创造力和凝聚力之中，共同构成了中华民族自立自强的精神品格，成为推动中华民族伟大复兴的精神动力。

影视文化是一种通过鲜活的人物形象、优美的情景画面以及超前的时尚元素等相结合来展现角色人物生活经历的艺术文化。其作品不仅要给观众带来欢愉，还要承担弘扬民族精神与时代精神的重要任务，以实现当代影视文化对大学生思想政治教育的影响。影视文化这一任务的实现需要从国内与国外两个方面出发，将国内弘扬与国外引进双方面相结合来推进。

一方面，国内影视作品要从再现历史与创造现实出发，弘扬爱国主义民族精神。影视作品要将真实的历史故事用生动的画面"讲述"给观众，也要通过将现实需求与艺术特色相结合的方式创作符合当前国情的影视作品，将其完整地呈现给观众，这样才能使观众将自己置身于过去与现实的"情境"中，感受当时人民的疾苦与信念的力量，从而达到弘扬团结统一、自强不息的爱国主义民族精神的目的。

另一方面，从我国的基本国情出发，在肯定自身改革成果的基础上，有选择地引进西方发达国家以呈现重大技术创新成果为主题的影视作品。大学生可以通过观看以展现我国改革开放优秀成果为题材的影视文化作品，来了解本国的发展现状与提升发展自我的信心。也可以通过观看国外大制作的影视作品来明确我国技术发展水平在国际社会中的地位，并从中吸取经验，激发他们的创新灵感，取其精华，去其糟粕。影视文化只有经过内外双方通力合作，才能更好地完成其担负的时代任务。

（四）践行社会主义荣辱观，为影视文化在大学生思想政治教育中传播正能量奠定基础

以"八荣八耻"为主要内容的社会主义荣辱观，是社会主义核心价值体系的依托和体现，是对社会主义国家公民应当遵守的基本思想道德规范的高度概括，也是从总体上对社会主义社会主导价值体系的生动表达。它贯穿了社会生活各个领域，覆盖了各个利益群体，涵盖了人生态度、社会风尚的方方面面，它把与社会主义市场经济相适应、与社会主义法律法规相协调、与中华民族传统美德相承接的社会主义思想道德观念有机融合在一起，鲜明地指出了什么是真善美，什么是假恶丑，以何为荣，以何为耻，为人们在社会主义市场经济条件下判断行为得失、做出道德选择、确定价值取向提供了基本规范。树立社会主义荣辱观，能使社会成员知荣弃耻，扬荣抑耻，社会主义核心价值体系才能有所依托和体现。

影视文化是一种通过生动连贯的故事情节来告诉观众何为对，何为错，何该扬，何该抑的文化形式。它能将自身所蕴含的信息直接快速地传达给观众，对于好奇心重，模仿能力极强的大学生来说，影视文化作品所呈现的能迎合其内心需求的行为极易对其造成影响。所以，影视文化作品要严格践行社会主义荣辱观，将正能量传递给当今社会的青年大学生。

（1）影视文化作品要明确分割作品中呈现的荣与辱的界线，以便于正确发挥其对大学生行为导向作用。随着科学技术和影视文化事业的快速发展，影视文化的商业化发展成为必然趋势。同时，越来越多的作品所宣扬的真善美与假恶丑的界线也越来越模糊，使大学生不能接收到我国优良的传统道德文化熏陶，从而误导了他们的具体行为，轻则违背社会道德，重则触犯法律法规，走上犯罪道路。因此，我们要提倡影视作品要践行社会主义荣辱观，以鲜明的主题态度为宣传内容，使观众能清晰准确地接收到作品所传达的信息，为大学生思想政治教育增添正能量的素材。

（2）以经典的影视作品为典型，带领学生"读懂"影片所蕴含的艺术观点。很多大学生在面对艺术水平较高或阐述观点较为模糊的影片时，通常都会不知所措，面对这样的状况，就需要学校教师进行引导，带领学生走进故事情节，吸取作品中人物形象传达给观众的正能量。

二、以主流影视文化为载体加强大学生思想政治教育

电影、电视作为当今时代的新兴的大众传播媒介相继诞生，使影视文化迅速成为能够最大范围、最大限度地满足人们精神需求的重要方式，影视文化在当今社会发展过程中占有举足轻重的地位。因此，社会及高校应积极发挥影视文化的载体作用，尤其是当前社会中的主流影视文化，充分发挥其导向作用，促进大学生思想政治教育工作的顺利进行，实现其利用价值的最大化。

（一）增强精品意识，提供更多更好的影视文化精神食粮

进入21世纪以来，随着人们生活水平的逐步提高和科学技术的飞速发展，人类传统的生活方式发生了翻天覆地的变化。社会传媒成为构建社会主义和谐社会的重要组成部分，拥有社会赋予其协调物质文明和精神文明平衡发展的重大使命，而影视传媒则是当代发展最为迅速、影响范围最为广泛、大学生接触最为频繁的

大众传媒之一，它对帮助大学生树立正确的、积极向上的世界观、人生观和价值观有着不容小觑的良好效用。因此，影视工作者要严格遵守相关法律法规与职业道德，增强自身的精品意识，为观众创作更多优秀的影视文化精神食粮。

当前影视文化在国外影视文化的入侵和追求经济利益最大化的双重冲击的大背景下发展，影视媒体的创办宗旨也逐渐由宣传社会主流意识形态向追求高收视率转变，最终导致以低俗、媚俗、炒作、色情、暴力为内容的影视作品纷纷涌现。因此，影视工作者要增强自身的社会责任感，严格遵守影视艺术行业相关的职业道德与法律规范，以严格的行业自律精神，坚守职业操守和艺术良知，努力提升影视作品的文化艺术品位。"以正确的舆论引导人、以优秀的作品鼓舞人、以高尚的情操塑造人"，综合指导当代社会传媒的具体工作，增强影视文化的精品意识，督促文人学者创作拥有较高艺术品位的优秀作品，努力实现影视文化教育价值、娱乐价值和审美价值的完美结合，从而为当代大学生实现其自身的全面发展创造健康良好的影视文化环境。

（二）坚持正确的服务方向，为大学生创作更多的优秀作品

影视文化是一种建立在音乐、美术、摄影及音效等多种艺术门类交汇点上，同时又兼容了多门学科思想内涵的综合性艺术文化。它以情景故事、人物形象、语言文字作为其创作和传播的手段，向观众传播当前社会的主流意识形态和价值观，影响他们的价值观念和言谈举止。它也以其独特的传播方式与梦幻的视觉冲击效果，吸引大学生的目光，赢得他们的青睐，成为大学生思想政治教育的新型载体。因此，当代影视文化更应该坚持正确的服务方向，为大学生创作更多的优秀作品。

影视文化是一种将书面化的文字故事经过影视编剧的精心创作和明星的精彩演绎，最终以宣扬某种思想为主题而亮相银屏的文化艺术形式。创作剧本是影视作品产生的最重要提前。在以知识和科技为国家竞争力标志的当今社会，大学生是时代的宠儿，是国家社会发展的中坚力量，也是影视文化作品的最大的受众群体之一。因此，当前社会影视作品的创作者应高度重视大学生这一观众群体，要坚持以正确的教育态度与服务方向，为大学生创作更多的优秀影视文化作品，为他们的成长提供更多的学习资源，丰富高校的教育教学素材，有效促进大学生思想政治教育工作的顺利进行，也为大学生的健康成长创造良好的影视文化氛围。

三、以加强校园影视文化建设为抓手，推进大学生思想政治教育

大学校园生活是莘莘学子从学生群体到社会人士角色转换的过渡时期，是学子踏入社会的最后一站，但不是学习的终点，相反却是一个全新的起点。大学时期各种各样的教育都将会对他们日后的发展产生非常重要的影响，对于这样的状况，学校作为学生教育中的重要角色之一，就应该跟紧时代的步伐，不断地对

自身各方面进行改革创新。随着以电影、电视为代表的大众传播媒介的迅速发展，加强校园影视文化建设就理所应当地成为推进大学生思想政治教育的重要内容，其具体措施分别是从学校课堂、网络、社团、影视实践活动和学生个人等方面进行思考。

（一）推进影视文化进课堂

学校加强校园影视文化环境建设，就应以提升高校媒体素养教育水平为前提，其中以大学生媒介素养为主要内容。大学生媒介素养教育是学校有计划地组织学生接受与媒介素养相关的理论知识，指导学生正确理解和建设性地享用大众传播资源的教育。学校要通过这种教育培养学生独立辨别与正确选择媒体信息的基本能力，使学生能够在日常的学习和社会生活中合理利用有效的媒介资源完善自我，参与社会的发展。具体措施以推进影视文化进课堂最为典型，如：在公共选修课中，开设"影视文化与大学生思想道德发展研究""影视文化与当代社会政治""影视作品赏析与评论"等课程，从不同的学科角度出发，给学生分析影视文化与不同层面的社会文化的关系，解读具有典型性特征的影视作品中蕴含的深刻哲理，引导知识覆盖面不全且认识能力相对较弱的大学生全面地了解、认识影视文化的基本理论和它与社会各方面的关系，引导大学生提高自身分辨优劣影视文化信息的能力，也引导他们形成正确的价值取向；同时，也可以通过对影视文化基本知识及影视作品拍摄的基本方式的介绍，来拓宽大学生的知识面，培养大学生的审美情趣和个人兴趣爱好，陶冶大学生的艺术情操。另外，也可以在理论学科的课堂教学中，充分利用丰富的影视文化资源，将有思想性和教育性的影视片段适当穿插和引用到日常的课堂教学中，实现对枯燥的专业理论知识进行立体、生动式的教授。这样可以使教育内容生活化，使大学生更乐于接受经过艺术"加工"的理论知识，从而顺利地达成学校的专业知识与思想政治教育同步教授的双重目标。

（二）实施优秀影视文化进网络

随着当代科学技术的飞速发展，高校教学设备的不断更新，教师的教育教学方式、手段及载体都取得了创新性的发展，推动了当前高校思想政治教育的现代化进程，也实现了教育方式的最优化。影视文化作为高校思想政治教育的重要载体之一，它需要将丰富多样的影视文化与高校基础设施资源进行合理的结合才能更加有效地实现其教育功能。结合当前各大高校的教育教学资源现状，充分利用校园网络资源，积极构建校园影视网站，将优秀的影视文化作品载入，是利用影视文化推进高校思想政治教育的有效途径。

实施优秀影视文化进网络，就是借助校园内部网站，建立以多种类型影视作品为主要内容的校园影视网络平台，为学生提供影视资源下载和在线点播的影视网络教育。为了确保影视网络教育的有效实施，避免教学资源的浪费，高校应从学生的角度出发，为学生做好以下三方面的工作：首先，做好影视网站的设计与维修等工作，以独具特色的新颖设计增强影视网站的吸引力，以定期检查与维护的细致工作保证影视网络平台的正常运行；其次，保证影视网络教育资源种类齐全、更新及时，最大限度地满足学生的求知欲，保证教育教学资源的及时性；最后，制定具体措施，保证学生能随时免费下载和观看校内所有的影视文化资源，减少流量对学生使用校内资源的阻碍，提高学生对影视网络资源的有效利用。

（三）组建校园影视文化社团

鼓励、支持和引导大学生创办、参与与影视文化相关的学生社团。社团活动是大学生校园文化活动的重要组成部分，是丰富大学生校园生活的重要内容，也是高校对大学生开展思想政治教育工作的重要途径。因此，学校应鼓励、支持大学生创办与影视文化相关的学生社团，并鼓励其开展丰富多彩的实践活动，比如以社团名义组织社员集体观影，并对影视作品进行赏析，对影视作品的艺术与文化价值进行研究与探讨，从而提升影视文化对大学生政治观、道德观、人生观和审美观的教育效果；也可以从"实践出真知"的原理出发，鼓励学生设立以创作、拍摄和演绎微视频、微电影为主的社团，组织社团成员参与社团实践活动，让学生从创作剧本、演绎作品到拍摄情景等多角度、多层次去了解与思考影视文化作品的基本任务与现实价值，从而提升学生对于影视文化基本内涵与价值的认识。因此，对于此类校园社团活动，学校就应坚持鼓励、支持和引导的积极态度，通过让学生亲身经历与积极探讨的方式，培养学生勤于学习、勤于思考的正确的生活学习态度，从而促进影视文化在大学生思想政治教育过程中价值的实现。

（四）开展丰富多彩的影视实践活动

学校及相关机构应秉承"实践出真知"的理念，鼓励、支持大学生从观众和评论者的双重角度对影视作品开展参与影视创作、拍摄和影视艺术鉴赏与评论等丰富多彩的影视实践活动。影视作品鉴赏是人们在观看影片时所产生的一种观"画"如人情、动情观照的审美精神活动。而影视评论是指观众对影视作品及现象依据自己的艺术观和审美标准而进行的艺术分析和审美评价的思维实践活动。大学生电影节就是一个以高校为核心，以大学生为主体，以推动高校精神文明建设和学生文化素质教育为目的，联合相关机构举办的集参与创作、拍摄、影视作品鉴赏、影视评论、影视专题讨论和专题讲座等众多学术活动于一体的大学生文化艺术活动。大学生电影节以"青春激情、学术品位、文化意识"为宗旨，以"大学生办、大学生看、大学生评"为特色，鼓励大学生自己创作、拍摄录像作品，并对其作品进行评奖。在教育、文化和影视三界有着广泛深远的影响。目前主要以中国北京大学生电影节举办时间最长，至2013年已举办了20届，在国内具有广泛的知名度和影响力。近年来，其他大城市为丰富在校大学生文化生活，增强影视文化在大学生教育方面的积极效用，也纷纷举办电影节，已经举办的分别有广州、成都、重庆、太原、武汉、上海、杭州、天津、南京等大学生电影节。对于这种对教育与影视都有良好帮助的影视实践活动是值得鼓励和提倡的。希望更多的高校能加入这一活动的行列，以通过有效利用影视文化来推进大学生的思想政治教育。

（五）提高大学生理论水平与自身素养

马克思辩证唯物主义认为，事物的发展是内因与外因相结合的结果，外因是通过内因起作用的。同样，人们作为社会个体，实现影视文化与大学生思想政治教育的完美结合最终也是通过人们的心理机制来起作用的。即影视文化的积极正面的影响是通过大学生个体在对外在各种因素的自我构建与自我发展中形成的。因此，要实现影视文化对大学生思想政治教育的积极影响，大学生个人自身的努力也是绝对不能缺少的。具体而言，就是大学生应该从理论学习做起，在提高自身理论修养的基础之上，发挥主观能动性，综合利用多方因素实现树立正确价值观的终极目标。

第一，大学生要从夯实自身基础理论知识出发，提升自身的理论修养。马克思主义的辩证唯物主义和历史唯物主义是最科学的世界观和方法论，是形成正确价值观的理论基础，也是指导人们树立正确价值观的行动指南。因此，作为当今社会的大学生，应当认真学习和掌握马克思主义基本原理，以实现理论到实践的转化和自身政治理论修养的提升。也只有认真深入地学习这些思想和理论，才能完整、准确地掌握马克思主义理论的精神实质，为自身树立科学的价值观奠定坚实的理论基础。并以此为指导，对影视文化作品中宣扬的消极、低俗的价值观进行有效的抵制。

第二，大学生要发挥主观能动性，自觉利用各方面有利因素树立科学正确的价值观。大学生在应对影视文化带来的信息冲击与价值观多元化发展的现状时，必须积极发挥自身的主观能动性，对影视文化中宣扬的价值观念进行主观独立的分析、对比和鉴别，以明确区分科学的、积极的、正确的价值观和庸俗的、消极的、错误的价值观，并综合分析社会媒体、学校和家庭等各方面外部环境的有利因素，对其进行合理的优化配置，以实现影视文化对大学生树立正确价值观积极影响的最大化。进而实现影视文化对大学生思想政治教育影响的最优化。因此，学生只有增强自身的主体意识，才能促进影视文化积极作用的发挥。

在以经济全球化和市场经济为时代背景的社会主义中国，随着科学技术和影视行业的迅速发展，影视文化已成为人类社会文化的重要组成部分，也成为当代大学生日常生活所不可或缺的部分。改革开放以来，影视文化的市场也逐渐对外开放，来自国内与国外两大市场的多样化的影视作品潜移默化地对大学生的政治态度、意识形态、思想观念及生活态度等多方面价值观产生了积极与消极的双重影响，对他们的健康成长也造成了极大的影响，成为当今社会必须关注的重要问题之一。

思想政治教育是一种高校通过专职教师有组织、有计划地对学生群体进行教育，使其形成符合当前社会发展所需要的思想观念、政治观点和道德规范的实践活动。影视文化是开展大学生思想政治教育的重要载体，而思想政治教育是实现影视文化教育功能的有效途径。通过挖掘影视文化的教育功能使其成为大学生思想政治教育的创新型载体，激发学生的学习热情，提高教学效率和质量，充分利用现有的多样化社会资源实现并强化思想政治教育的终极目标，为国家高校教育事业的顺利推进提供便利。

结合种种情况，从当代影视文化与大学生思想政治教育的相关性出发，我们必须结合社会主义核心价值体系、主流影视文化与校园影视文化环境等多方面因素，在加强自身理论素养的同时，坚信"实践出真知"的理念，积极组织学生参加多种类型的影视实践活动，共同为大学生创造一个良好的成长氛围，实现影视文化与大学生思想政治教育的完美结合，帮助大学生树立科学正确的价值观念。这是实现当代大学生思想政治教育目标的一个重要课题，也是时代发展的客观要求。

第十二章 大学生创业教育中的思想政治教育研究

做好大学生创业教育中的思想政治教育是创业教育的一个重要环节，而正确认识创业教育中思想政治教育的含义、特点和作用是对其进一步完善和发展的前提和基础。有了这个前提和基础，才能深入地探究创业教育中思想政治教育的教育理念、内容、方法和途径，使思想政治教育更好地配合创业教育实现教育目标。

第一节 思想政治教育介入大学生创业教育的必然性

思想政治教育介入大学生创业教育存在着一种必然性。这种必然性是由思想政治教育和大学生创业教育的本质决定的。从教育的本质来看，两者都是要把当代大学生培养成为全面发展的优秀人才。

一、大学生创业教育的特殊性要求思想政治教育积极介入

首先，我国的大学生创业教育目前正处于起步的阶段，高等教育仍然是应试教育，培养出来的学生只能被动适应环境，而不会主动改造环境。所以，大学毕业生第一次独立面对社会时，除了被动就业以外，绝大多数学生没有考虑自主创业。因此，不仅在培养学生创业意识等方面需要思想政治教育的介入，更需要思想政治教育贯穿于大学生创业教育的全过程。

其次，由于我国的大学生创业教育还没有形成成熟的教育体系，缺乏创业教育的专业教师队伍，担任创业教育的教师多数是思想政治教育的工作者。

而经验丰富的思想政治教育工作者懂得如何从思想深处、心灵深处激发大学生积极进取、开拓创新，懂得如何教会当代大学生学会创造，学会生存，教给大学生一种全新的生活态度。因此，大学生的创业教育需要思想政治教育的积极介入，配合创业教育培养出思想道德素质过硬的优秀人才。

当代大学生的创业教育，不仅要培养大学生的创业知识、创业技能等专业内容，更重要的是培养大学生自主创业意识和创业精神，引导大学生树立正确的创

业观念，培养大学生良好的创业思想品德和素质，而这些思想道德等方面的内容都是与大学生思想政治教育分不开的。由此可见，大学生思想政治教育正是大学生创业教育不可或缺的重要力量。

二、当代大学生创业教育的根本目的需要思想政治教育积极介入

大学生创业教育是包括对大学生职业生涯规划进行指导，以课堂教学和实践活动为主要载体，以开发和提高就业能力和大学生综合素质为目标，培养学生尽快适应社会及未来从事创业实践活动所必备的知识、能力与心理品质等的教育。因此，为了使大学生创业教育的目的能够顺利实现，思想政治教育需要积极地介入其中，并充分发挥自身的优势和功能，服务于创业教育。

（一）提高自主创新能力，建设创新型国家

这是国家发展战略的核心，是提高综合国力的关键。当代大学生的创业教育，是培养大学生创新能力的主要途径。随着社会的发展，当代社会对大学生的评判标准也愈加严格，更多是强调综合素质，讲究"德才兼备"，因此在创业教育过程中不仅要考察知识能力水平，还应考察大学生的思想政治情况。

（1）思想政治教育与当代大学生的融合

目前大学生所接触到的教育都是由指导老师那里得来，"师者，传道授业解惑也。"所以说，加强大学生思想政治教育的事半功倍的方法就是加强对思想政治教育老师的培训。

现在的高校大多数大学生创业教育教师都不具备专业的技能与知识，大多数是由思想政治教育教师兼任的。对指导老师进行培训，恰好可以起到思想政治教育与创业教育的合二为一。如此一来，思想政治教育教师在鼓励大学生学好文化知识的同时，也会鼓励并组织开展创新实践，使大学生得到更好的发展。

（2）思想政治教育与创业教育在目的上的融合

思想政治教育看起来与创业教育毫无关系，但实际上却息息相关，它们都有着共同的目的，即让大学生在社会中成为全方位的人才。

高校思想政治教育的根本目的，就是不断加强大学生的思想道德素质，提高人们认识世界和改造世界的能力，充分调动大学生的积极性、主动性和创造性，为建设中国特色社会主义而奋斗。创业教育的目的是提高大学生的创业素质，推动创业实践的成果化，所谓的成果化就是能够在社会上成为有用之才。所以说，思想政治教育与创业教育是相辅相成的。

（二）就业创业中的思想政治教育内容

（1）创业教育首先要解决意识问题

目前我国的创业教育属于刚刚起步的阶段，各方面都不成熟，存在很多弊端。很多学生认为只有想创业的大学生才需要听这门课，而自己没有创业打算，就不

用听。殊不知，创业教育的目的是提高大学生对社会的适应能力。

我国人口基数大，可以说"遍地都是大学生，每年的毕业季就是失业季"，一大批大学生找不到合适的工作。这不仅仅是因为能力问题，更多的是因为观念问题。大学生在步入社会前，对择业创业的规划少之又少，所以一离开学校，就开始迷茫。其中就算部分人找到工作，但因职场的生活与十几年来的校园生活差异甚大，难免产生落差，被各种各样的问题困扰。创业教育就是让大学生在步入社会前先认识社会，做好对自己职业生涯的规划，来更有目标地适应社会，如鱼得水。

（2）创业教育要通过思想引导，教育学生摆正义利观

创业教育是为了提高大学生的创新能力，增强自身素质和相关能力。而有部分同学觉得创业只是为了挣钱，从而在创业的过程中为了钱不择手段，道德、法律意识淡薄，做出有损国家和人民利益的事情，而自己也受到一定的惩罚。还有的同学，眼高手低，盲目从众，为自己的创业道路落下绊脚石。

现代社会中，学术界屡屡爆出丑闻，地沟油、三聚氰胺的出现，是没有重视思想政治教育的苦果。所以，我们最先要做到的不是成才，而是成人。树立正确的世界观、人生观、价值观，然后再去追求成功。

（3）就业创业教育中的技术指导的实施

专业技术支持对未走出过大学校门的学生来讲是很重要的，他们大都不了解如何争取资金，如何办理相关注册手续以及税收、优惠、大学生创业扶持政策。因此对他们进行专业技术知识指导是重要环节，即便他们不参与创业，对他们的就业也将产生极大的推动，更易使他们受到用人单位的青睐，也更容易发展出成绩。

第二节　大学生创业教育中思想政治教育的作用

大学生创业教育是一个系统的工程，每个教育环节都起着不同的作用。其中，思想政治教育发挥着极其重要的作用，正确认识思想政治教育在大学生创业教育中的作用是做好创业教育中思想政治教育的前提。

一、引导大学生树立正确的创业观

创业观念对大学生的认识和实践活动具有明确的指向性或导向性。帮助大学生树立科学正确的创业观念，既是创业教育中思想政治教育的目标，也是创业教育中思想政治教育的过程。在教育过程中，思想政治教育能够联系大学生的实际，引导大学生在正确认识自我的前提下，把个人的创业理性选择建立在社会需要的基础上，将个人的兴趣、爱好、特长等主观愿望和条件同国家、社会需要有机结合起来。

（一）增强对市场的了解

当我们选择了创业方向以后，就可以了解行业内容规律，掌握市场运行状况，得到竞争对手资料，对自己的创业项目重新规划，找出不足和有待完善之处。

（二）提高技术水平和业务技能

走出学校，步入社会，就需要将你的专业技能与社会的需求联系起来，在实践中展现自己的知识水平，在困难中锻炼自己的技能，使自己的技术水平和服务技能能够紧跟时代的发展，满足自己创业的需要。

（三）提高管理能力

管理能力，是指系统组织管理技能、领导能力等的总称，从根本上说就是提高组织效率的能力。作为管理者必须增强与时俱进的学习意识，把学习摆在重要地位，学习是提高管理者知识水平、理论素养的途径。我们在工作中获得的是经验，而理论学习赋予我们的是进一步实践的有力武器。只有不断地学习和更新知识，不断地提高自身素质，才能适应工作的需要。从实践中学习，从书本上学习，从自己和他人的经验教训中学习，把学习当作一种责任、一种素质、一种觉悟、一种修养，当作提高自身管理能力的现实需要和时代要求。同时，学习的根本目的在于运用，要做到学以致用，把学到的理论知识充分运用到工作中，提高分析和解决问题的能力，增强工作的预见性和创造性。通过不断地学习，不断地实践积累，从而不断地提高自身的管理能力。

（四）建立广泛社会关系，组织高效团队

建立稳固有效的社会关系，利用自己的人脉圈子为自己积累人生中的第一桶金，为企业的将来打好基础。在工作圈子中，寻找有才能的人，组织高效的团队。

二、培养大学生创业的品质和人格

思想政治教育在培养当代大学生创业的品质和人格方面具有重要的作用。思想政治教育者可以依据大学生创业意识与创业活动相关联的规律，一方面通过教育措施使大学生明确自己的创业目标，确立相应的创业认知、态度、情感，产生相应的创业行为；另一方面还要通过组织大量的实践活动去形成和巩固大学生对于创业的认知、态度、情感和行为。

思想政治教育通过这种规范创业行为和实践活动相结合的方式，才能使大学生养成正确的创业所需要的思想品德、心理素质和健全的人格。

三、激励大学生的创业动机

思想政治教育在大学生创业教育中具有激励大学生创业动机的作用。思想政治教育激励大学生的创业动机，是指思想政治教育利用一定的物质手段和精神手

段，通过外在激励而引发大学生创业思想的变化，增加其内在动力，调动大学生创业的积极性和主动性，使大学生将正确的创业动机转化为创业行为，并为之努力奋斗。

第三节 大学生创业教育中思想政治教育的理念和内容

要使思想政治教育更好地配合、服务于大学生创业教育，首先要明确大学生创业教育中思想政治教育的理念和内容。

一、大学生创业教育中思想政治教育的理念

大学生创业教育中思想政治教育的理念，反映了创业教育中思想政治教育的本质，是指教育者在对教育规律认识的基础上，所形成的关于大学生创业教育中思想政治教育的性质、目的、作用等基础问题的理性认识，它对大学生创业教育中的思想政治教育具有定向作用。

（一）提高大学生创业所需的道德素质的理念

对于创业教育中的思想政治教育来说，提高大学生创业所需的道德素质是重要的教育目标，因为创业所需的道德素质是大学生创业成功的关键。大学生创业教育中的思想政治教育树立着眼于提高大学生创业所需的道德素质的理念，是指思想政治教育要着眼于对大学生进行社会所倡导的、并且是创业所需的道德原则和道德规范，并使这些道德原则和规范内化为大学生自身的道德素质，从而在创业活动中转化为德行的理念。

（二）全员参与形成教育合力的理念

大学生创业教育中的思想政治教育树立全员参与形成教育合力的理念，是指在大学生创业教育中，学校的教师、干部、管理工作人员都是教育者，要求教学、科研、后勤服务、行政管理各个方面都要承担起对学生进行思想政治教育的责任，形成教师教书育人、机关管理育人、后勤服务育人的教育合力，共同促进大学生思想素质、道德素质等创业基本素质的提高。

（三）为大学生自主创业服务的理念

大学生创业教育中的思想政治教育树立为大学生自主创业服务的理念，是指思想政治教育确立的目标、内容、途径和方法等都要以促进大学生创业教育为前提，服务于大学生创业教育，使大学生在接受教育后能更好地参加自主创业实践的理念。思想政治教育为大学生的创业教育服务，而创业教育又为大学生的创业服务，究其实质，创业教育中的思想政治教育还是为大学生而服务。思想政治教育树立为大学生自主创业服务的理念，是当代大学生创业教育的必然要求，也是大学生自主创业的必然要求。

二、大学生创业教育中思想政治教育的内容

大学生创业教育中思想政治教育的内容是教育目标的具体化，是根据大学生创业的需要，以及大学生的实际而确定的。它不仅体现创业教育中思想政治教育的性质，而且是实现大学生创业教育中思想政治教育目标与任务的重要保证。由于创业教育中思想政治教育的特殊性，决定了其教育内容的针对性，即针对当代大学生的创业教育而定。因此，主要包括以下内容：

（一）自主创业精神教育

创业精神是一个过程，即某个人或者某个群体通过有组织的努力，以创新的和独特的方式追求机会、创造价值和谋求增长，不管这些人手中是否拥有资源。创业精神包括发现机会和调度资源去开发这些机会。哈佛大学商学院将"创业精神"定义为"追求超越现有资源控制下的机会的行为"。创业理论认为，创业精神代表一种突破资源限制，通过创新来创造机会的行为。创业精神隐含的是一种创新行为，而不是一个特别的经济现象或个人的特质表现。

《21世纪的高等教育：展望与行动的世界宣言》中指出："为方便毕业生就业，高等教育应主要培养创业技能与主动精神；毕业生将愈来愈不再是仅仅是求职者，而首先将成为工作岗位创造者。"大会的《高等教育改革和发展的优先行动框架》中也强调指出："高等学校必须将创业技能和创业精神作为高等教育的基本目标。"加强创业教育这一思想，即高等教育要重视培养大学生的创新能力、实践能力和创业精神，普遍提高大学生的人文素养和科学素养。

目前，中国的创业教育仍处于起步阶段，特别是在学生的培养目标中，我们还没有把创业精神作为一种需要学生在大学教育中获取的意识和行为特性。创新精神与实践能力，或创业精神和创业技能，恰恰是我国高等教育的薄弱环节。

通过对大学生进行创业意识的教育和创新精神的教育，可以增强大学生创业的信心和积极性，克服其思想和精神上对创业的障碍和顾虑。大学生只有具备了自主创业的精神，才有了创业的基础和前提，才能实现创业的目标。

（二）艰苦奋斗精神教育

创业中需要艰苦奋斗精神，是指大学生在创业过程中可能遇到艰苦的条件和环境，可能遇到各种想象不到的困难，此时，就需要大学生能够保持一种积极进取、敢于拼搏的奋斗精神。艰苦奋斗精神并非是与生俱来的，而是靠后天教育、培养出来的。"教育+实践磨练"是培养艰苦奋斗精神最重要的"孵化器"。因此，创业教育中的思想政治教育可以从这两个方面对大学生进行艰苦奋斗精神的教育。在教育过程中，思想政治教育可以采用榜样示范的方法，用现实生活中正、反两方面创业的典型案例教育大学生。同时，思想政治教育还可以组织学生参加实践，让学生在实践中磨练自己，在日常的生活和学习中磨练自己，培养自身艰苦奋斗

的精神。

（三）创业德商教育

创业教育的一项重要内容就是通过思想政治教育切实加强大学生的创业道德，努力提高大学生的创业德商。其中包括：社会责任感教育、诚信教育。

（1）社会责任感教育

社会责任感就是在一个特定的社会里，每个人在心里和感觉上对其他人的伦理关怀和义务。责任感作为一种道德情感，是一个人对国家、集体以及他人所承担的道德责任。具体点说就是社会并不是无数个独立个体的集合，而是一个相辅相成不可分割的整体。尽管社会不可能脱离个人而存在，但是纯粹独立的个人却是一种不存在的抽象。简单点说就是没有人可以在没有交流的情况下独自一人生活。所以我们一定要有对社会负责、对其他人负责的责任感，而不仅仅是为自己的欲望而生活，这样才能使社会变得更加美好。通过社会责任感教育，坚持道德上正确的主张，坚持实践正义原则，愿为他人做出奉献和牺牲。

加强校园文化建设，利用校内第二课堂培养大学生社会责任感。培养大学生的社会责任感不是一蹴而就的事情，它需要一定时间的积淀。而校园文化建设对于大学生社会责任感的培养能够起到重要的促进作用。因此，高校要高度重视校园文化建设，使之成为大学生社会责任感教育的新载体、新平台。一是要广泛开展和谐校园创建活动，努力使责任意识成为大学生日常学习生活工作的基本意识和规范；二是要充分利用各种媒体的覆盖力和影响力；三是要大力开展校园文化活动，充分发挥校园文化活动在责任感教育中潜移默化的作用。

加强社会实践活动，利用社会大课堂培养大学生社会责任感。社会责任感作为一种道德情感，是知、情、行的统一，而社会实践则是实现这种统一的重要途径。首先，社会实践是培养大学生社会责任感的需要，大学生只有在社会实践中才能承担责任，只有在承担责任的实践中产生了愉快体验，才会在今后更乐于参与类似的实践活动，进而提高和巩固已形成的社会责任感及其层次。其次，社会实践可以满足大学生对社会认同的需要、对未来期望及成就感的需要等高层次的需要。第三，社会实践为培养大学生社会责任感提供了广阔背景，具有不可替代性。因此，要培养和增强大学生社会责任感，必须在提高他们的思想认识水平的同时，让大学生走出校园，深入社会，通过社会实践磨练大学生的意志，真正建立起社会责任感。

（2）诚信教育

人无信不立，商无信不通，国无信不稳，要建立诚信教育的系统格局。诚信教育是一项系统工程，需要靠家庭、学校、单位和社会诸方面的密切配合。单一性的诚信教育虽然也可以见效，但离开其他环节的有效配合，其效果往往不能持久。

诚信教育要同时辅之以诚信管理。诚信教育虽然重要，但是有时仅靠教育不能取得理想的效果，需要加强诚信管理，特别是要建立相应的诚信制度、诚信机制和诚信措施。

（四）法治意识教育

大学生只有依法创业，才是取得成功的根本之道。作为正在创业和即将创业的当代大学生，必须树立法治意识，自觉用法律、法规约束自己，保护自己的合法权益，在创业的过程中保证依法办事，把创业的每一个步骤都置于法律、法规允许的范围之内。

（1）高校要按照全面推进依法治国的要求，认真落实依法治校，遵循党和国家的教育方针，依法依规办事，不断优化高校法治环境。一是高校要从"以学生为本"出发，坚持权利义务的理念，在涉及大学生切身利益的方方面面，既要充分体现对大学生群体的尊重和关爱，又要维护他们的合法权益，处处都要彰显法治精神。尤其在高校学生管理工作中，对大学生普遍关注的事项，诸如违纪学生处分、评奖评优、学生干部选拔任用等方面，要严格依照有关规定和程序办事，确保各项工作的公开、公平、公正。二是要结合高等教育发展的要求和大学生全面发展的实际，加强高校法治教育的重视和投入。将法治教育纳入高校课程体系，通过设立法治教育教研室，制订专门适用教材，提高专业教师和行政管理人员法治素养等方式，不断探索符合高校实际的大学生法治教育教学形式和方法，积极主动地开展教育教学实践活动，不断提高大学生法治意识。三是将法治教育与高校校园文化建设有机融合。通过开展知识竞赛、主题演讲或者成立法律方面的社团等大学生喜闻乐见的活动形式和载体，助推校园良好法治氛围的形成。

（2）内化法治精神，提升大学生自我教育的积极性和主动性培育高校大学生的法治意识，不仅受外在环境潜移默化的熏陶影响，也与大学生自身的主观努力密不可分。在全面推进依法治国背景下，高校大学生应充分发挥主体作用，增强主观能动性，通过大学生的自我教育，理解法，信任法，敬仰法，自觉树立社会主义法治意识，将法治精神深深根植于自身的思想和行动之中，知行合一，才能真正意义上实现大学生法治意识的形成。首先，大学生要自觉提高认识水平。通过思想政治理论课堂和校园文化活动，大学生要明确当代青年在全面推进依法治国进程中的应有担当，产生培育自身法治精神积极性和主动性的觉悟。大学生的认识水平提升了，责任感强化了，那么内化法治精神，自我教育的积极性和主动性也必然提升。其次，大学生要努力培养对法律知识学习的兴趣，提升自身用法律思维武装大脑、用法治视野审视客观现实、真正从法治精神角度解决实际问题的能力和水平。要树立公平正义的法律意识，切实履行自己的义务，保障自己的合法权益，使自身行动在合法性与合理性上达成统一。再次，大学生要努力加强对法律知识和理论的不断学习，通过相关知识的积累，真正了解法律法规的内在含义，知晓法律体系的内在关联，理解法治精神所体现和追求的精髓所在。

第四节 大学生创业教育中思想政治教育的途径和方法

一、大学生创业教育中思想政治教育的途径

在我国，由于创业教育发展还不成熟，缺乏专业的教师队伍，创业教育的课程一般是由思想政治教育的教师或做学生思想政治工作的教师负责，这就为创业教育中的思想政治教育提供了良好的机会和平台。教育者在进行创业教育、传授创业知识和技能的同时，可以向学生灌输相关的思想政治教育内容，让学生把创业教育与思想政治教育的内容联系在一起，增强教学内容的吸引力和感染力，促进共同内化，这也正好符合了前面提到的创业教育中思想政治教育的特点。若在教学中仅向学生灌输要树立创业意识，提高道德素质等内容，会引起学生的逆反情绪，导致教育的负面效果。因此，思想政治教育要潜移默化地融入在创业教育的教学过程中，结合大学生创业的需要，结合创业的实际进行教育，这样才能取得较好的教育效果。

大学生创业教育中的思想政治教育以校园文化为主阵地，使学生在一个积极健康、创业氛围浓厚的校园环境中，自然而然地接受感染和熏陶。这种环境如同一只无形的手，指引学生向着创业的方向发展，无论学生愿意与否，只要长期在身其中，必定会受到影响，不知不觉中将校园文化所倡导的创业精神内化为个人的思想意识和行动。校园文化是由多个部分组成的，而创业教育中的思想政治教育尤其要重视以下组成部分的教育作用，如学生社团、学术讲座、各种文体比赛的教育作用。

学生的思想、政治、法纪、道德、心理健康等诸多方面素质的形成和发展，是社会、家庭和学校等多方面因素相互作用、综合影响的结果。在互联网快速普及的今天，网络也已经发展成为影响大学生成长和发展，配合社会、家庭和学校对学生进行教育的一种有效途径。

因此，大学生创业教育中的思想政治教育，要形成包括社会、家庭、学校和网络在内的四位一体的教育，四个方面的教育力量既相互制约、相互促进，又互相渗透、相互依赖，共同促进大学生创业素质的不断提高。

二、大学生创业教育中思想政治教育的方法

大学生创业教育中思想政治教育的方法是实现创业教育中思想政治教育目的，完成教育任务必需的中介要素。它是思想政治教育者在认识和影响大学生创业思想和行为过程中所采用的方式、手段、工具、程序等的总和，是思想政治教育者实现特定的教育目的必需的中介要素。大学生创业教育中的思想政治教育主要具有以下方法：

（一）宣传激励法

思想政治教育的宣传激励要做到说服学生，而不要命令学生；要做到鼓励学生，而不要打击学生；要做到服务学生，而不要误导学生。在思想政治教育的过程中，舆论宣传的载体包括校报、校园广播、校内有线电视、校园网和校内宣传栏等。譬如校报在大学里具有广泛的影响，学校可以在校报中开设创业教育的专栏，从大学生的思想实际出发，做关于大学生创业的专题报道；也可以建立讨论园地，围绕大学生创业的一系列问题展开讨论，增加创业者的言论内容，提高对大学生的指导性。

（二）典型教育法

典型是指同类中最具有代表性的人物或事物。大学生创业教育中思想政治教育的典型教育法是指思想政治教育通过发现、总结、推广、宣传先进的创业典型，发挥其示范引导的功能，促进大学生对其思想、精神和行为的模仿，进而内化为自身素质的方法。同时，也包括将反面的创业典型作为反面教材，警示大学生，使大学生从中吸取教训。创业教育中思想政治教育的典型教育法虽然主要宣传正面的先进的创业典型，但是，反面典型的警示作用也是不可忽视的。

（三）咨询服务法

大学生创业教育中的思想政治教育采用咨询服务法是指教育者为大学生提供关于创业的有关咨询服务，并在咨询的过程中渗透思想政治教育的方法。虽然在当代大学生中，创业已经成为他们关注的热点和焦点，但是真正了解创业的步骤、过程以及国家对于大学生创业政策的学生并不多。因此，需要创业教育中的思想政治教育采用咨询服务的方法，在咨询服务过程中，既可以普遍地渗透思想政治教育的内容，又能够有针对性地对个别大学生进行服务，以产生良好的效果。

（四）团体实践法

大学生创业教育中的思想政治教育采用团体实践法，是受团体学习的启发。团体学习最早是由彼得·圣吉在《第五项修炼——学习型组织的艺术与实务》一书中提出来的，是指通过学习的方式，以协调团体内在的功能达到能良好地发挥整体运作的强大能量。而大学生创业教育中的思想政治教育采用的团体实践的方法，就是要大学生以团体的形式进行创业实践，并在这个创业团体中互相学习，从而获得创业素质提升的方法。

大学生就业难已经成为当今社会普遍关注的一个问题，解决大学生就业也已经成为政府和高校的工作重点之一。创业是就业的一个重要途径，大学生在创业的同时还可以为社会提供更多的就业岗位。创业教育不仅为大学生的创业实践指明了道路，更重要的是，创业教育培养和提高了大学生的基本素质，起到了促进大学生全面自由发展的作用。思想政治教育是我们党的优良传统，在不同时期，思想政治教育都发挥了非常重要的作用。把思想政治教育融入到当代大学生创业教育中，充分发挥思想政治教育的功能和优势，更好地为大学生创业教育服务，是各大高校的重要任务。

参考文献

[1] 张再兴.网络思想政治教育研究［M］.北京：经济科学出版社，2009

[2] 教育部思政司.加强和改进大学生思想政治教育重要文献选编［M］.北京：中国人民大学出版社，2005

[3] 张耀灿，郑永廷，吴潜涛.现代思想政治教育学［M］.北京：人民出版社，2006

[4] 洪波.思想政治教育话语范式转换研究［M］.杭州：浙江大学出版社，2012

[5] 侯愕，闰晓珍.企业大学战略［M］.北京：人民邮电出版社，2009

[6] ［英］路易斯•莫利.高等教育的质量与权力［M］.北京：北京师范大学出版社，2008

[7] 周廷勇.高等教育质量观：生存与变迁［M］.北京：北京出版社，2008

[8] 查尔斯•维尔特.一流大学卓越校长——麻省理工学院与研究型大学的作用［M］.北京：北京大学出版社，2008

[9] 郑永廷，江传月.主导德育论［M］.北京：人民出版社，2008

[10] 周中之，石书臣.现代思想政治教育理论与实践探微［M］.北京：人民出版社，2009

[11] 马惠霞.大学生学业情绪研究［M］.北京：北京师范大学出版社，2011

[12] 刘沧山.中外高校思想教育研究［M］.北京：人民出版社，2008

[13] 张大均，陈旭.中国大学生心理健康素质调查［M］.北京：北京师范大学出版社，2009

[14] ［德］狄尔泰.精神科学引论［M］.南京：译林出版社，2012

[15] 赵志军，于广河，李晓元.思想政治教育管理学［M］.北京：中国社会科学出版社，2009

[16] 黄岩，陈伟宏.新媒体：大学生核心价值观培育的契机与挑战［J］.思想政治工作研究，2011

［17］刘左元，李林英.对新媒体环境下大学生意识形态安全的认知与思考［J］.中青年学者论坛，2012

［18］陈秀章.思想政治理论课与素质教育探析［J］.高等教育研究，2009

［19］陈堂花.高校思想政治教育应当体现科学发展观的本质要求［J］.国家行政学院学报，2007

［20］邓瑾，吕慧霞.传统文化寓于高校思想政治教育方法的探讨［J］.中国科教创新导刊，2010

［21］姜恩来.新媒体环境下的大学生思想政治教育［J］.高校理论战线，2009

［22］李坷.用科学发展观指导大学生思想政治教育的创新［J］.开封大学学报，2006

［23］廖启志.思想政治教育与素质教育的关系研究［D］.武汉：武汉大学硕士论文，2003

［24］廖深基.以科学发展观指导大学生思想政治教育创新发展的思考［J］.思想教育研究，2009

［25］吕立志.文化素质教育与思想政治教育融合初探［J］.江苏高教，2009

［26］陆林.以科学发展观推动大学生思想政治教育创新［J］.思想教育研究，2008

［27］宋元林.网络思想政治教育方法体系的构建［J］.思想政治工作研究，2009

［28］夏建国，邓丹萍.社团导师制的实效性研究——从高校思想政治教育工作载体创新视角进行探析［J］.思想理论教育，2007

［29］杨玉春，官党娟.网络环境对大学生的影响及应对措施［J］.武汉科技学院学报，2006

［30］王燕芳，徐侨妹.新媒体环境下高校辅导员的五种能力［J］.思想政治工作研究，2012

［31］尹自强.基于新媒体的高校校园文化建设［J］.长春教育学院学报，2015

［32］曾长秋，薄明华.网络思想政治教育学：从问题意识走向理论建构［J］.思想教育研究，2006

［33］郑永廷，朱孔军.以科学发展观主导大学生思想政治教育［J］.思想教育研究，2005

［34］周志强.对构建网络思想政治教育学体系的思考［J］.西南大学学报（社会科学版），2008

［35］李红革.高校学生思想政治工作思维模式研究［D］.武汉：华中师范大

学，2012

[37] 关东生，关淑凡，石军.青少年社会教育与学校教育、家庭教育的比较研究——以广东为例 [J].中国青年研究，2013

[37] 郗在廷.西汉思想政治教育模式研究 [D].北京：首都师范大学，2011

[38] 韩军芳.主体间性思想政治教育必然性探讨 [J].前沿，2012

[39] 许瑞芳，杨华欣.论西方主知型德育模式的问题及其理论修正——兼谈对我国德育改革的启示 [J].外国教育研究，2011

[40] 孙强.大学生思想政治教育'TRSPCL'工作模式探讨 [J].扬州大学学报（高教研究版），2001

[41] 杨鑫栓.以人为本：建立新型的四位一体的大学生思想政治教育模式 [J].湖南社会科学，2002

[42] 苏运生.新媒体与思想政治教育的价值传播 [J].教育评论，2012

[43] 黄岩，陈伟宏.新媒体：大学生核心价值观培育的契机与挑战 [J].思想政治工作研究，2011

[44] 石国亮.青年流行语的价值观意蕴研究 [J].中国青年研究，2010

[45] 展涛.我国研究型大学创新型人才培养的思考 [J].高等教育研究，2011

[46] 崔冬翔.浅谈柔性管理在企业人力资源管理中的应用 [J].中国商贸，2012

[47] 王军，李娟，林超英.论用"以人为本"理念淡化高校教育中的"官本位" [J].医学信息，2010

[48] 吴静，颜吾饵.高校思想政治教育队伍建设的思考 [J].思想教育研究，2011

[49] 赵叶珠.高等教育发展的新动力与新思维 [J].中国高等教育，2009

[50] 谢宏忠.文化多样性对大学生思想政治教育的挑战与回应 [J].福建师范大学学报，2010

[51] 李立国，陈露茜.新自由主义对于高等教育的影响 [J].清华大学教育研究，2011

[52] 赵杨.新媒体背景下大学生思想政治教育工作的创新思考 [J].思想教育研究，2011

[53] 闫晓静，袁铸，付秀芬.高校思想政治理论课实践教学模式研究 [J].东方企业文化，2014

[54] 闫晓静，回娅冬，时兴，左俊楠.《形势与政策》网络课程建设研究与探索 [J].经营管理者，2015

[55] 庞国庆.浅谈新媒体环境下高校校园文化的特点及发展趋势 [J].河南教育学院学报，2013

［56］谢毓洁.网络文化环境下高校校园文化建设的思考［J］.中州大学学报，2011

［57］徐渤程.手机媒体对高校校园文化的影响及对策［J］.哈尔滨理工大学学报，2012

［58］谢毓洁.网络文化环境下高校校园文化建设的思考［J］.中州大学学报，2011